泉坂下遺跡

1. 第1号墓壙出土の人面付土器

高さ77.7cmで国内最大の人面付土器。顎の突起など写実的な表現、入れ墨を表現したような目と口の周りの線刻が特徴的。顔面を赤く着色していたと考えられる。

2-1. 第1号墓壙土器群 出土状況（東から）
人面付土器は調査初日に顔を出した。4個の壺型土器がほぼ南東向に口を向け、横位で出土。

2-2. 第2号墓壙土器群 出土状況（北東から）
大型の墓壙から15個の壺型土器が、1個体を除いてほぼ南に口を向け、いずれも横位の状態で出土した。

3-1. 遺跡全景（空中写真，南から）
右は久慈川とその低地，左は那珂台地（中位段丘）。遺跡は低位段丘上に立地。

3-2. SK-23・24・26・30 確認状況（北東から）
再葬墓東群の南東部確認状況。密な分布を示す。

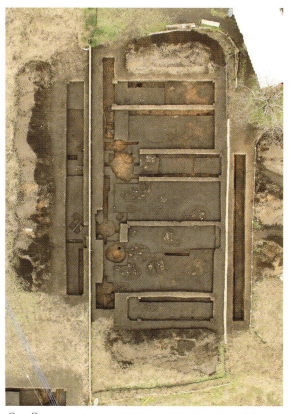

3-3. 調査区中央部（空中写真，上が北）
第3次確認調査時，面的に露出した再葬墓東群。

4-1. 第26号土坑土器群 出土状況（西から）
再葬墓東群の南部に位置。中央右寄りに攪乱を受け、土器が1個失われた可能性が高い。

4-2. 第26号土坑土器群 集合写真
右奥の土器はほかよりも古い様相。右端の土器には籾圧痕が認められた。

雄山閣出版案内

別冊・季刊考古学28　　　　　　　　　　B5判 140頁
本体2,600円

淡路島・松帆銅鐸と弥生社会

石野博信・和田晴吾 監修
兵庫県立考古博物館 編

2015年4月、淡路島の松帆で発見された銅鐸の今日までの調査研究成果を総括。
口絵には初めて7個すべての銅鐸・舌の両面のカラー写真を掲載。個々の専門家による論考と
あわせて、昨秋兵庫県立考古博物館で開催されたシンポジウムで、松帆銅鐸の特徴、松帆銅鐸
が弥生社会の理解に及ぼした影響を議論した内容を収録。

■主な内容■

淡路・松帆銅鐸は何を語るか…………石野博信

第1章　松帆銅鐸と淡路・三原平野の弥生時代
　松帆銅鐸の調査と研究………………難波洋三
　淡路島の青銅器……………………鐵 英記
　淡路・三原平野周辺の弥生時代遺跡の動向
　………………………………定松佳重・的崎 薫
第2章　青銅の鐸と武器からみる弥生社会
　近畿弥生社会における銅鐸の役割……福永伸哉

紀元前の弥生社会における最古の銅鐸埋納
　………………………………………森岡秀人
武器形青銅器の東進…………………吉田 広
第3章　討論
　松帆銅鐸と淡路の青銅器をめぐって
　司会：石野博信
　パネラー：森岡秀人・難波洋三・福永伸哉・
　　　　　　吉田 広・和田晴吾
あとがき………………………………池田征弘

別冊・季刊考古学27

世界のなかの沖ノ島

春成秀爾 編

B5判 152頁
本体2,600円

世界遺産・沖ノ島が秘めている幾多の問題を、
新しい視点から広角的に検討する試み。

■主な内容■

序 章
　沖ノ島の考古学………………………春成秀爾
　沖ノ島の歴史…………………………河野一隆
第1章　沖ノ島と宗像女神
　宗像氏と宗像の古墳群………………重藤輝行
　沖ノ島祭祀の実像……………………笹生 衛
　〔コラム〕大宰府管内の巨岩と社殿………小嶋 篤
　中世の宗像神と祭祀…………………河窪奈津子
　沖ノ島の鏡……………………………下垣仁志
　沖ノ島の金銅製龍頭…………………弓場紀知
　沖ノ島の滑石製品……………………清喜裕二
　沖ノ島の鉄器…………………………東 潮
　沖ノ島の馬具…………………………桃崎祐輔
　〔コラム〕沖ノ島の金銅製高機………福嶋真貴子
　御嶽山と下高宮の祭祀遺跡…………白木英敏
　宗像三女神……………………………新谷尚紀
第2章　沖ノ島祭祀の背景
　磐座─神が依り憑く磐─……………甲元眞之

　〔コラム〕沖ノ島の先史………………宮本一夫
　〔コラム〕沖ノ島の銅矛………………常松幹雄
　古墳の被葬者と祭祀…………………今尾文昭
　平城京と沖ノ島の人形………………庄田慎矢
　海神の原像……………………………春成秀爾
　山の神…………………………………小林青樹
第3章　世界の祭祀遺跡と沖ノ島
　北海道の祭祀遺跡……………………瀬川拓郎
　沖縄の王権祭祀遺跡…………………安里 進
　朝鮮半島の祭祀遺跡…………………高田貫太
　中国の海の祭祀………………………岡村秀典
　ヨーロッパの神，日本の神…………松木武彦
第4章　沖ノ島と世界遺産
　イギリスからみた沖ノ島…………サイモン・ケイナー
　「宗像・沖ノ島」と世界遺産…………中村俊介
　〔コラム〕近代の沖ノ島………………岡 崇
文献改題
　沖ノ島研究の歩み……………岡寺未幾・大高広和

季刊考古学・別冊29

泉坂下遺跡と再葬墓研究の最前線

目次

総　論 ……………………………………………………………… 石川日出志　11

第1章　泉坂下遺跡の調査

石棒から再葬墓へ：2006年 ……………………………… 鈴木素行　21

弥生時代再葬墓の調査：2012〜15年度 ……… 後藤俊一　31

第2章　再葬墓研究の現在

再葬墓研究のあゆみ ………………………………………… 萩野谷悟　41

縄文時代の再葬墓 …………………………………………… 山田康弘　55

土器から見た再葬墓の系譜と展開 ……………… 植木雅博　65

弥生時代における
人面付土器の分類をめぐって ……………………… 設楽博己　75

人面付土器の意味論 ……………………………………… 小林青樹　83

西日本の再葬墓 ……………………………………………… 春成秀爾　93

第3章　弥生時代の代表的な再葬墓遺跡

福島県　鳥内遺跡 ……………………………………………………… 角田　　学　103

福島県　油田遺跡 ……………………………………………………… 梶原文子　107

茨城県　小野天神前遺跡 …………………………………………… 阿久津　久　111

栃木県　戸木内遺跡 ………………………………………………… 森嶋秀一　115

群馬県　再葬墓造営期の遺跡
—洞穴遺跡を中心に— …………………………………………… 関根史比古　119

埼玉県　須釜遺跡 ……………………………………………………… 鬼塚知典　123

千葉県　塙台遺跡 ……………………………………………………… 荒井世志紀　127

第4章　討　論

なんだっぺ？泉坂下〜再葬墓研究最前線〜 ………………………… 131
コーディネーター：石川日出志・中林香澄
シンポジスト：後藤俊一・阿久津久・植木雅博・春成秀爾・小林青樹・森嶋秀一

■表紙写真■
泉坂下遺跡空中写真（第3次確認調査時撮影），同遺跡出土人面付壺形土器

＊本誌は，茨城県常陸大宮市に所在する泉坂下遺跡の国史跡指定および同遺跡出土品の国重要文化財指定を記念して，
常陸大宮市教育委員会が 2017（平成29）年12月に開催したシンポジウム「なんだっぺ？泉坂下〜再葬墓研究最前線〜」
の成果をもとに再構成したものである。討論の部はほぼそのまま収録している。
＊本誌に掲載されている泉坂下遺跡の遺構・遺物写真は，すべて常陸大宮市教育委員会提供。

文化財発掘出土情報

歴史・考古・世界遺産の情報誌

- 全国の新聞（103紙307版）に報道される発掘情報を収集し収録
- 最新の発掘調査の成果を巻頭グラビアで紹介
- 調査報告書刊行案内・歴史や考古に関連する博物館等の特別展案内やシンポジウム、研究会開催情報も満載
- 遺跡の活用に向けた史跡整備や、世界遺産情報も掲載。

◆1983年1月創刊 ◆毎月1日発行 ◆B5判
◆定価 2,200円+税 （※年間購読の場合送料無料）

2019年1月号（通巻452号）

◆収録遺跡・記事
- 館崎遺跡
- 鷲内遺跡
- 大山古墳
- 青谷上寺地遺跡 他

◆巻頭グラビア
福岡県桂川町
コノマ遺跡群

2019年4月号（通巻455号）

◆収録遺跡・記事
- 千田北遺跡
- 小山田城
- 加茂宮ノ前遺跡
- 須玖遺跡群 他

◆巻頭グラビア
徳島県徳島市
一宮城跡

2019年2月号（通巻453号）

◆2018年考古学 発掘この一年
◆収録遺跡・記事
- 幸運5遺跡
- 猪ノ鼻1遺跡
- 初島沖海底遺跡
- 榊差遺跡 他

◆巻頭グラビア
静岡県浜松市
光明山古墳

2019年5月号（通巻456号）

◆収録遺跡・記事
- 前田遺跡
- 若杉山遺跡
- 下原洞穴遺跡
- カマン・カレホユック遺跡 他

◆巻頭グラビア
三重県いなべ市
空畑遺跡

2019年3月号（通巻454号）

◆収録遺跡・記事
- タチカルシュナイ遺跡
- 斎宮跡
- 金閣寺
- 美河東周墓地 他

◆巻頭グラビア
福島県南相馬市
西迫横穴墓群

2019年6月号（通巻457号）

◆収録遺跡・記事
- 四天王寺
- 智頭枕田遺跡
- 周防鋳銭司跡
- 青塘遺跡 他

◆巻頭グラビア
兵庫県豊岡市
耳谷草山古墳群

歴史と考古の書籍・グッズ　☆☆ オンラインショップ ☆☆　https://j-tsushin.co.jp/

- 約1kg　1,800円+税
  （2〜3片に分かれていることもあります）
- 約400g　1,000円+税
  （中片・ケース入り）
- 約150g　500円+税
  （小片・ケース入り）

黒曜石の原石（北海道・白滝産）

- ヒモギリ式　1,500円+税
- キリモミ式　1,800円+税
- ユミギリ式　2,500円+税
- マイギリ式　3,800円+税

火おこしセット（写真はヒモギリ式セット）

株式会社 ジャパン通信情報センター 〒150-0066 東京都渋谷区西原3-1-8 Tel. 03-5452-3243 Fax. 03-5452-3242

泉坂下遺跡と
再葬墓研究の最前線

総　論

明治大学文学部教授
石川日出志

1　本特集の趣旨

　1964年，千葉県佐倉市天神前遺跡の調査を経て提示された「再葬墓」という墓制は，東日本の弥生時代前期から中期前葉段階を特徴づけるものとされた。同時に，再葬墓が分布する東北南部から中部地方では，この段階の竪穴建物など集落関係遺構が著しく稀薄であり，＜顕著な墓跡／稀薄な集落跡＞という不思議な状況であることも明らかになった。1980〜90年代には再葬墓の概念範疇が整理され，縄文時代にも拡張されるようになる。また，1980年代には再葬墓遺跡の新たな調査成果が加わり，再葬墓の理解も大きく修正されたが，その後しばらく保存状態の良好な遺構を入念に調査する事例が乏しく，議論の展開は限定的であった。ようやく2006年に茨城県常陸大宮市泉坂下遺跡が良好な状態で発掘調査され，遺構の広がりなどの調査を経て2017年にはこの種の遺跡としては初めて国史跡に指定され，2006年度出土品を主とする遺物も国の重要文化財に指定された。このダブル指定を記念して2017年12月2・3両日，同市でシンポジウム「なんだっぺ？　泉坂下〜再葬墓研究最前線〜」が開催され，弥生時代再葬墓をどのように考えるのかが議論された。

　本特集は，そのシンポジウムでの報告をもとに再構成し，関連する論考や重要遺跡の調査例を加えて，弥生時代再葬墓研究の現状と課題を把握できるようにした。結論的に言えば，1980年代以来確かなデータに基づく議論の展開はいくつもの新しい解釈や研究の方向性を提示したものの，いまだ多くの制約がある。根幹から議論やデータを整理し，また遺跡・遺構情報を的確に把握するための調査法の共有が必要である。本稿では，まず再葬墓が認識される経緯を簡潔に述べ，次いで再葬墓造営過程を確認したのち，諸課題を整理することとしよう[1]。

2　再葬墓の発見

　東日本の弥生時代初期の遺跡を調査すると，しばしばほぼ完形の壺形（以下壺と略記）を主とする土器がまとまって土坑内に埋設された遺構が検出される。そうした遺構が最初に学界に報告されたのは，1900年の栃木県宇都宮市野沢遺跡である。正規の発掘ではなく聞き取り調査報告であり，「弥生式土器」という名称が用いられるようになってまだ数年しか経ておらず，これが弥生式であると明示されたわけではないが，土器が入れ子状態だったことや，顔面付（人面付）土器や破損した管玉などが伴うことも報告されており，現在の目で見れば再葬墓と判断できる。

　1938年に新潟県六野瀬遺跡（図1），翌39年に群馬県岩櫃山（いわびつやま）遺跡を調査した杉原荘介が，両遺跡で群在する土器群の脇で人骨を検出したことから墓地関連遺構と判断したが，祭祀遺構とみる後藤守一や三森定男が批判して以後，墓地説と祭祀遺構説が並立することになった。戦後，神澤勇一や亀井正道によって洗骨葬の可能性が指摘されるが，決定的証拠を欠いていた。ようやく1963〜64年に，前掲の天神前遺跡の調査で，頸部内径

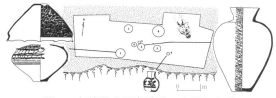

図1　新潟県六野瀬遺跡の土器と人骨
（杉原1968より作成）

が10cmに満たない細形壺の中から四肢骨と頭蓋骨片が見つかって墓地であることが確定するとともに、遺骸をいったん白骨化させたのち、骨を壺に収納して再埋葬する葬制＝再葬と判断され[2]、のち再葬墓と命名された[3]。

現在、東北地方から中部地方まで約80遺跡で遺構が検出されている（図2）が、人骨を検出した事例は10遺跡ほどと少ないものの壺を主とするほぼ完形の土器群が埋設された遺構を再葬墓と認定している。また、耕作などにより偶然掘り出された土器群でも、弥生時代前期～中期前葉のほぼ完形の壺を主とする場合は再葬墓の可能性が高いと判断され、それらを加えると約150遺跡にのぼる。弥生時代の墓制は、弥生文化の特徴を反映して地域的変異が著しいという特色をもつが、再葬墓は東日本の弥生時代初期に特徴的な墓制とされる。

再葬墓遺跡のなかでも茨城県女方遺跡（図3）や栃木県出流原遺跡など大規模再葬墓では100～200個体もの土器が発見されるのに、同時期の竪穴建物など生活遺構が稀薄な点も不思議な現象である。

この再葬墓遺跡にかかわる諸問題を本書で整理して次の研究展開への道を切り開こうと思う。

3 再葬墓という葬法

これら再葬墓はどのような葬法だったのであろうか。またそれはどのようなデータから復元できるのであろうか。

遺骸の扱い 天神前遺跡を調査した杉原は、遺

図2　主な壺再葬墓遺跡と大規模遺跡の集中域

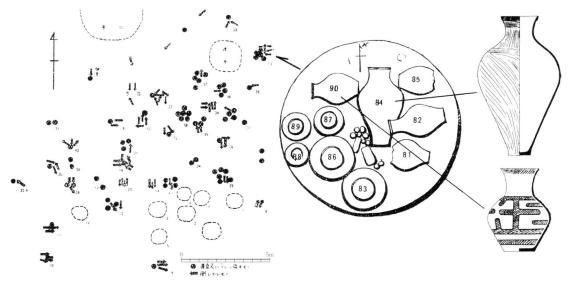

図3　茨城県女方遺跡の遺構分布と第15号竪穴（田中1944）
田中國男は祭祀跡とみたが、墓地説でも遺構と遺跡全容を知る上で貴重な成果であった。

骸をいったん土葬したものと想定し，人骨の保存状態が良好であるにかかわらず，同遺跡1号墓坑第1例土器では，前頭骨中央・左右膝蓋骨・左橈骨・左尺骨しか確認できなかったことから，再葬時には部分骨の納骨で済まされたと判断した。その後の人骨検出例ではどうであろうか。ただし，再葬墓遺跡で天神前遺跡のように焼けていない人骨が確認できた事例はきわめて稀であり，焼人骨は遺存率が高いものの検出例は多くはなく，そこから復元する遺骸の扱いの復元にも大きな制約があることに留意したい。

人骨の遺存率がもっとも高い事例は福島県須賀川市牡丹平遺跡である。中期初頭と思われる，口頸部を欠く壺の中に，頭蓋骨を上にしてほぼ全身の部位骨が納めてあった。百々幸雄・滝川渉の検討結果[4]を図で引用した（図4左）。顔面から左側頭部，両肩甲骨から胸部，腰部周辺，両手足部を欠く。鈴木素行[5]は，初葬時に屈肢姿勢で土葬された遺骸から骨を拾い集めた際に脱落した可能性を考えるが，少なくとも全身骨を納めなくとも葬礼が済まされたことまでは言えよう。左右大腿骨・左腓骨・右脛骨・肋骨が残存した埼玉県熊谷市横間栗遺跡第1号再葬墓例も，遺存確率が高いはずの歯をまったく欠いている。焼人骨が出土した福島県伊達市根古屋遺跡では，100数十点307g出土した2-1号棺がほぼ全身部位片を含み，200余点214g出土した16-4号棺では成人・少年・幼児3体を含んでいた。いずれも，再葬は部分骨の納骨で済まされたことが分かる。

初葬が土葬だけでないことは，根古屋遺跡の焼人骨約42kgが雄弁である。同遺跡資料を検討した茂原信生[6]は，焼骨に激しい変形と亀裂がみられることから軟部組織が付着した状態で焼かれたことを指摘する。また，手の指の中節骨と大腿骨片に切断行為が繰り返された痕跡を見出し，軟部付着状態で解体されたことを示唆した。すなわち，土葬だけでなく石器類で解体したり，火葬したりと，複数の方法で遺骸を解体・細分する手順を経たと考えられる。岩櫃山鷹ノ巣岩陰遺跡では，壺群の中に人骨は確認されず，岩陰の奥側に

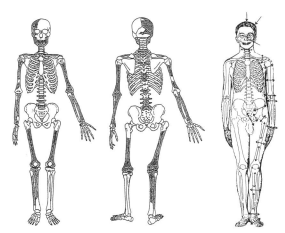

図4　牡丹平遺跡検出人骨の遺存部位（網掛け部：註4）と大浦山洞穴遺跡人骨の解体痕跡部位（鈴木ほか1997）

火葬（推定）骨がまとまっていた事例などは，遺骸を岩陰などに曝す過程（曝葬）を想定させる。再葬に先立つ遺骸処理にはいくつもの場合があったと考えた方がよかろう。

再葬は奇異な葬法か　こうした白骨化や解体行為が行なわれたことを説明すると，奇異な葬法だと感じる方が少なくない。しかし，はたして再葬は奇異な葬法なのであろうか。＜死者の発生→第1次葬礼→解体・骨化→第2次葬礼→骨壺への収納→第3次葬礼→墓内に骨壺の収納＞という現代日本の葬儀の過程は，東日本弥生時代の再葬墓で復元される上記の過程と共通する部分が多い。近世〜近代に三昧所などと呼ばれた，自集落で火葬を行なっていたところが少なくない。弥生時代の再葬を奇異だと感じるのは，解体・骨化行為を現代社会では専門事業者に託しているからにすぎない。

再葬墓遺跡で人の歯や指骨に穿孔してペンダントに加工した事例が各地で発見されているが，これも私の最寄りの斎場である板橋区戸田斎場では提携する日本炉機工業株式会社が，遺骨を石化して「遺石・遺石ペンダント」に加工するサービスを行なっており，北海道でも同様の事例がある。何ら奇異と感じる必要はないのである。

壺と被葬者　壺には遺骸の一部が収納される

場合が多かったであろうが，では墓坑内に収められた壺を主とする土器の数は被葬者数を表しているのであろうか。天神前遺跡第1号墓坑の第1・2例土器（壺）に内蔵された人骨がそれぞれ男・女であったことから，杉原荘介は土器1個体に被葬者1体を納めたであろうと推定した。前記の牡丹平・横間栗両遺跡の場合もこれを支持する。しかしながら，根古屋遺跡では，土器内で人骨がややまとまって検出された事例のうち土器1個体＝遺骸1体とみて問題ない事例7例（2-1・3-3・6-2・7-5・19-3・19-4・21-1号棺）のほかに，小児1体と成人2体を含む8-2号棺や幼児・小児・成人各1体を含む16-4号棺と19-4号棺の3例[7]に複数個体の遺骸が納められていた。1体：複数＝7：3の比率だが，多数の焼人骨が出土した遺跡であることを考慮するとしても，特異な事例と排除することはできないので，土器1個体に少なからず複数個体が納められた場合があったとみておくべきであろう。もちろん反対に1個体の遺骸を複数の土器に分散して納めた可能性はあり得るものの，確認できた事例はない。再葬墓遺跡で発見された土器数と同数もしくはそれ以上の遺骸が埋葬されたとみておくのが順当であろう。

生活の場と再葬墓の土器　再葬墓から出土する土器の組成は壺が圧倒的多数を占めることが知られている[8]。中期に比べると前期は壺の比率が低く，群馬県藤岡市沖Ⅱ遺跡では壺と甕が同数に近い（図5）。しかし，甕は合せ口の上甕として用いられる例が多く，正立位の土器では壺が2/3を占める。沖Ⅱ遺跡では再葬墓域に生活遺物としての土器廃棄場が伴っており，その土器組成も集計されている。それによると壺は約2割を占めるにとどまっており，再葬墓では壺という器種の選択性・指向性が強いことが分かる。

それでは，再葬墓出土土器は，日常生活で使用された土器なのか，それとも再葬用に製作されたのか，あるいはその両方なのであろうか。

この問題を考える起点とすべきは，まず顔面付（人面付）土器である[9]。顔面付土器は縄文時代晩期末の有髯土偶などの系譜をひき，遺構に伴う事例のすべてが再葬墓であることから，日常生活用ではなく葬礼用に製作されたことは疑いない。泉坂下遺跡の人面付土器では胴部外面に煮沸による吹きこぼれ痕がみとめられるが，葬礼に伴う煮沸行為の可能性があるので，葬礼用土器であることを否定する根拠とまではできないであろう。顔面付土器だけでなく，再葬墓出土土器の胴部に抽象的な顔面が表現された「北原型顔面画土器」が，その顔面表現自が土器文様に埋没するかのような表現であることも，再葬墓出土土器のある部分は再葬儀礼用に製作されたことは首肯できるであろう。

では，すべてが葬礼用に製作されたかと言えば躊躇せざるを得ない。再葬墓出土の甕・深鉢などの器種には，壺の煮沸痕とは比べものにならないほど厚く煤が付着する事例があるからである。

しかし，私はかつて新潟県新発田市村尻遺跡の再葬墓出土土器のうち，壺の外面に軽く煤が付着し，内面に被熱を思わせる器面のハジケを再葬儀礼に伴って生じた痕跡である可能性を強調した。その後，東日本の初期弥生土器では壺であっても

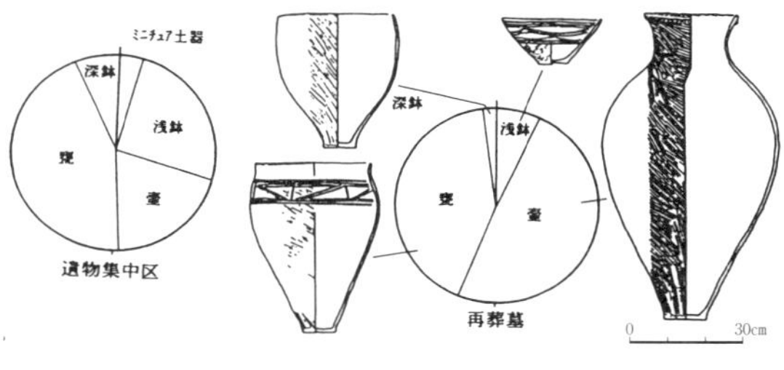

図5　沖Ⅱ遺跡の生活遺物と再葬墓出土土器の組成比（荒巻1986より作成）

図6　佐渡海峡で引き揚げられた再葬墓時代の壺（渡邊2015，写真：新潟市埋蔵文化財センター提供）

煮沸に用いられるとの主張などもあって，判断を留保せざるを得なくなったが決定打もなかった。ところが，2014年に佐渡近海で海底から弥生時代中期初頭の縄文施文壺が引き揚げられた事例は一考に値するものである（図6）。再葬墓出土土器と同様に，球形の胴部の中ほどに帯状に煤が吸着している。この出土状態は，再葬儀礼とみるよりも，むしろ日常生活の中で壺の煮沸行為が行なわれたものが何らかの理由で海に投じられたとみるべきであろう。再葬墓で出土する壺には日常生活の転用が少なからず含まれると考えたい。

納骨後の土器扱い　次に，土器への納骨後，直ちに墓坑内に収められたのであろうか。このことを知る手がかりは，出土土器自体にある。村尻遺跡では出土土器の多くに破損と補修の痕跡がある（図7）。第12号墓坑1の「ヒト形土器」は，ウエスト部の成形時接合部に沿う破損を2孔一対，一周6ヵ所の補修孔を，表裏・側面とも左右対称に穿つ。口縁部の欠損部や腕開口部には器面の荒れがある。共伴した大形壺12-1も胴部の成形時接合部に沿う補修孔が巡る。ほかにも，壺や深鉢の縦・横割れを樹脂で固めたり（土器91-2・4・5，94-1），95-1では底面の割れに粘土を塗りつけて焼いた状況も確認できた。壺の40％に補修が認められる。この原因としては，納骨後に長期にわたって地上に安置された場合と，いったん埋めたのちに掘り起こした際に破損した場合の2通りが考えられる。

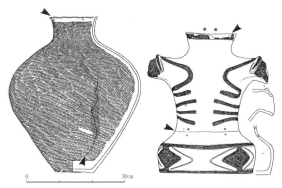

図7　村尻遺跡の補修土器（田中ほか1982）

4　再葬墓を営んだムラは？

稀薄な居住遺構　弥生時代前～中期前葉の再葬墓がもっとも不思議なのは，同時代の居住遺構が検出された事例が著しく稀なことである。再葬墓の多い福島県会津・中通り地域では会津若松市今和泉遺跡で炉跡が検出されたのが唯一の例である。大形の再葬墓遺跡と推定される新潟県阿賀野市大曲遺跡では，その周囲1km圏内に4ヵ所の同時期の遺物散布地があり，そのうち山ノ下・横峯A両遺跡では竪穴建物は検出されていないが，少ないながらも出土した土器片と石器類の内容から生活遺跡と考えられる。群馬県安中市中野谷原遺跡や高崎市神保植松遺跡では竪穴建物（住居）跡が検出されているが，高崎市上久保遺跡や富岡市七日市観音前遺跡のように壺再葬墓遺跡は分布するものの，残念ながら大規模な再葬墓遺跡はみられない。しかし，各地の事例を統合した形で，当時のムラの姿と再葬墓造営の関係を図式的に復元してみよう。

ムラと墓の関係　神保植松遺跡[10]では，ひとつの台地上に約50～100mあまりの間隔を置いて4ヵ所に貯蔵穴群がまとまっている。そのうち10～30基の貯蔵穴が検出されたB・C区，E区，I・J区の3ヵ所ではそれぞれ1基の竪穴建物が確認されているので，散在する3～4基の建物が一つの集落を構成するとみられる。隣接する神保富士塚遺跡では，25基の貯蔵穴が直径20×30mの環状に並んでおり，貯蔵穴の埋土断面図からみて遺構確認面は当時の地表面からだいぶ下位だと復元できるので，竪穴建物が伴っても削平されてしまうほどである。数基の竪穴建物からなる集落と推定される。そして，神保植松遺跡では，1基の竪穴建物と7基の貯蔵穴が検出されたB・C区と，1基の竪穴建物と30基ほどの貯蔵穴が検出されたE区でそれぞれ2基の土坑で，底面近くに壺が2～3個体据えられた壺再葬墓とみるべき遺構が検出されている。これは集落における再葬墓造営の一端を示すものとみてよかろう。

一方，福島県鳥内遺跡・茨城県女方遺跡・栃木

県出流原遺跡では100〜200個体もの土器からなる30〜40基以上の大規模な壺再葬墓墓域を構成しているにもかかわらず，居住域は確認されていない。少数の壺再葬墓を伴う小規模な集落と，居住域を伴わない大規模な壺再葬墓墓域の両者を統一的に理解する一案としての仮説を提示したことがあり[11]，ここに補足しよう。

　神保植松遺跡の事例は，集落内で小規模な壺再葬墓が営まれた例である。4つの居住単位で壺再葬墓が4基，埋設された壺が9点であり，土器1点あたり遺骸1個体と仮定してみよう。この集落が1世代程度の期間維持されたとすると，4基の建物それぞれに4〜5名が住まうと仮定すると9名の死者の発生は順当な数と思われる。したがって，集落と壺再葬墓が完結する事例とみなすことになる。しかし，すべての集落が同様であると，大規模な再葬墓遺跡の形成が説明できなくなるので，神保植松遺跡のように集落内で壺再葬墓が営まれる場合だけではなく，個々の集落から離れた場に壺再葬墓による共同墓地が設けられ，各集落で死者が発生した場合に随時再葬行為が行なわれ，ある段階でいくつもの集落から壺再葬骨が大きな墓地に持ち込まれ，共同で再葬儀礼を執り行なった。遠い祖先をともにすると認識する複数のムラが，死者の再葬儀礼を共同で行なうことで相互の関係を再確認する社会的機能をもっていたと推定するのである。

　縄文晩期集落との重複　葬儀や祖先祭祀の共同執行を想起する時，もう1点留意しておきたいのは，弥生時代の壺再葬墓が縄文時代晩期集落遺跡と重複する事例が少なくない点である。宮城県白石市鍛冶沢遺跡，新潟県新発田市村尻遺跡，福島県会津若松市墓料遺跡・伊達市根古屋遺跡・石川町鳥内遺跡，茨城県常陸大宮市小野天神前遺跡・泉坂下遺跡・稲敷市殿内遺跡，千葉県多古町墙台遺跡・佐倉市天神前遺跡などである。鍛冶沢・村尻・墓料・泉坂下・殿内・墙台・天神前の各遺跡は縄文時代晩期後半〜末の集落遺跡に後続して弥生時代前・中期の壺再葬墓が造営され，ほかの遺跡は晩期後半〜末に空白が介在する。再葬行為が

祖先を介して居住集団どうしを結びつける社会的機能をもつと仮定するなら，遠い共通する祖先への観念を想定するのも夢想とまでは言い切れない。一つの仮説として検討することも無意味とまでは言えまい。

5　用語と範疇の問題

　「再葬墓」という用語の問題　杉原が天神前遺跡の調査速報で直ちに「再葬」という用語を用いた[12]が，1970年代までは改葬・洗骨・複葬などの語が併用された。したがって，用語の整理も必要であろう。私は次のように考える[13]。改葬とは，埋葬によって葬儀が終わったのちに発生した事由によって遺骸が掘り起こされて再埋葬される場合をいう。洗骨葬とは，沖縄〜奄美方面で近世〜現代に行なわれた葬儀で，遺骸を複数回処理する点では再葬墓と同様であるが，水や泡盛などで骨を洗い清める行為が伴うことから命名された葬法であり，弥生時代に適用するのは適切ではない。これに対して複葬は，一回の遺骸処理で葬儀が済む単葬に対して，遺骸を複数回処理する葬儀を指す文化人類学・民族学用語で，時代性や地域性を越えた用語である。したがって，本稿でいう再葬墓は複葬に含まれることになる。

　再葬墓の諸類型　当初東日本の弥生時代前半期に壺を多用する葬儀を再葬墓と呼んでいたものの，1980年代になって遺骸を複数回処理する手法は，東日本では縄文時代後・晩期に遡って認められることが明らかになると，再度用語の整理が必要となった。そこで，私は東日本弥生時代前半期の再葬墓を「壺棺再葬墓」と呼び，縄文時代の盤状集骨葬や多数遺骸火葬とともに再葬墓を構成すると理解するよう提言した[14]。ところが，設楽博己は，遺骨を納めるのは蔵骨器であって，棺は遺骸を埋葬するものだから，壺棺再葬墓の語は適切ではないとして，「弥生再葬墓」の語を用いた。しかし，棺と蔵骨器に関する指摘は適切だが，従来の壺棺再葬墓を弥生再葬墓に改めるのは適切だとは思えない。壺に遺骨を納める方式は弥生時代中期中頃には姿を消すものの，岩陰などに焼けた人骨を納

める再葬習俗はそれ以後も存続する。また，時代区分の問題もあるが，壺を用いる再葬墓は東日本では縄文時代晩期末に始まることは設楽も認めている。弥生時代の異なる再葬類型を時代名称のもとに一括してしまい，なおかつそれが縄文時代に食い込むという矛盾も生じてしまう。単に，壺を多用する再葬墓を「壺再葬墓」とすれば何も問題はない。縄文時代以来，多人数再葬，多人数焼人骨葬，盤状集骨葬，壺再葬，岩陰再葬など，時間的・空間的な変異を見せながら多彩な再葬類型が展開したのであり，壺再葬墓をその中の一つとしてみてはどうであろうか。

壺再葬墓の範疇問題　次に，壺再葬墓の広がりをどの範囲と認めるかについても注意が必要である。これは，壺再葬墓をどの範疇とみるかによって，その南と北への広がりも変わってくるという問題である。現在，弥生時代前～中期前葉の壺が一括して土坑に納められた壺再葬墓の確かな実例の南西端は長野県松本市針塚遺跡である。それ以南の伊那谷南部の高森町大宿遺跡や深山田遺跡，愛知県豊川市麻生田大橋遺跡でも大形壺が単体ながら群集する事例があり，壺再葬墓とみるべきか悩ましい。愛知県田原市吉胡貝塚でかつて弥生時代前期水神平式などの壺の中から焼けた人骨が検出された事例がある[15]ので，再葬事例を含んでいると思われるが，すべてを再葬墓と認定してよいかは疑問である。また，北端は宮城県白石市鍛冶沢遺跡・薬師堂遺跡・青木遺跡，山形県寒河江市石田遺跡・酒田市生石2遺跡だが，岩手県二戸市金田一川遺跡で類遠賀川系土器の壺内から人骨が出土した事例があり，もしこれを壺再葬墓とするならば，地蔵田遺跡など秋田県域の同種の事例も同様の扱いとなる。これも現時点では未確定であり，今後の課題とせざるを得ない。

6　再葬墓・壺再葬墓の始まりと終焉

壺再葬墓の始まり　かつて杉原は，再葬墓が縄文時代からの伝統が著しいと考えたが，その根拠は福島県相馬市成田藤堂塚遺跡で弥生時代前期の再葬墓（S地点）の近く（M地点）で縄文時代晩

期後半の埋設土器を見出したことにあった。しかしその埋設土器は乳幼児用の土器棺（甕棺）であって再葬墓ではない。また，再葬墓の起源を三河方面に求める星田享二も同様に再葬墓ではない同種の遺構を見込んでの想定であった。

縄文時代晩期に再葬墓の起源を考える場合に重要な所見は，愛知県西尾市枯木宮貝塚の盤状集骨葬で，頸椎と腰椎の一部が解剖学的位置をとどめる事例が確認されたことにある[16]。盤状集骨葬は，四肢骨を方形に並べ，その角に頭蓋骨，なかにその他の骨を置くなどの葬法で，縄文時代晩期の三河地域に多い。福島県相馬郡新地町三貫地貝塚には頭蓋14個と9個を円形に並べた実例があるので，両者の中間地帯に検出例はないが，本来存在した可能性が考えられる。従来は，遺骸を埋葬する際に，先行する埋葬人骨に遭遇したのを改葬したものとされていた。しかし，枯木宮貝塚の事例は，いまだ軟部がのこる段階で解体されており，初葬時からさほど時間が経過したとは考えにくい。むしろ複数回遺骸処理する墓制である再葬墓と認めるべきである[17]。

盤状集骨葬が，四辺に頭蓋骨を置くなどの事例から明らかなように，複数個体を再葬する葬礼だと分かると，中部地方の縄文時代後期後半から晩期の配石墓類に伴って多数の遺骸が焼かれて出土する事例[18]に注意の目が向くようになる。新潟県糸魚川市寺地遺跡では，複雑な配石遺構の中央部の円形炉状配石内のピットで焼けた人骨が10個体以上，長野県飯田市中村中平遺跡でも配石墓9で焼けた人骨が3.283kg・17個体以上が集積されていた。

根古屋遺跡と同様に，これらの遺跡で出土した焼けた人骨も変色・亀裂・細片化が著しく，軟部組織が残る状態で焼かれたと考えられるので，多人数の遺骸が集積されていることを含めて，先行する埋葬に偶然遭遇した際の処理とはとうてい考えられず，習俗としての再葬儀礼とみるべきである。こうして，縄文時代においても再葬行為の存在を認めることとなり，縄文時代の各時期にわたって弥生時代とは異なる各種類型の再葬墓が展

開したと考えられるようになった[19]。

施行率の問題　こうして縄文時代から弥生時代へと再葬墓が連続すると分かると，かつて東日本の弥生時代初期に特徴的な墓制だと言われた壺再葬墓は，どのように位置づけるべきであろうか。その際にもっとも注目すべきなのは，再葬施行率の問題である。

　縄文時代の各時代に各種の再葬墓が営まれたとしても，再葬自体が多数派を占めるわけではなく，10体以上の焼けた人骨が検出された寺地遺跡では，一回の遺骸処理で埋葬が済む石囲墓が確認され，中村中平遺跡でも焼けた人骨を集積した配石墓の周囲にも配石墓・土坑墓群が広がる。不十分ながら人骨が確認された縄文時代晩期の長野市宮崎遺跡の墓地では焼けた人骨は確認されていない。これらの事例は，再葬率がそれほど高率ではないことを思わせる。一方，かなり高率となる場合があることを示す，長野県埴科郡榊坂城町保地遺跡1・2・6号墓のような事例もある。同じ位置の上下3層にわたる埋葬があり，6号墓下層に2体の伸展葬，その上の6号墓上層に10体以上の再葬骨と1体の伸展葬が置かれ，その上に配石を伴う1号墓に3体以上の埋葬を行ない，さらに1号墓の脇に重ねて3体以上の合葬墓（2号墓）が設けられる[20]。単葬と再葬を厳密に判別するのは難しいが，合計18体以上のうち再葬された遺骸が10体以上を占めている。

　では，弥生時代の壺再葬墓の場合はどうであろうか。福島県石川町鳥内遺跡・会津若松市墓料遺跡，茨城県筑西市女方遺跡，栃木県佐野市出流原遺跡など，大規模再葬墓遺跡の多くはほとんど壺再葬墓で構成されている。ところが，例えば出流原遺跡では再葬墓の検出はすべてほぼ完形の土器群を検出することによって再葬墓の確認を行なっており，壺再葬墓の土坑を確認する作業は行なわれていない。私が発掘調査に参加した新潟県新発田市村尻遺跡では，壺再葬墓の土坑プランと土器を伴わない土坑を検出する作業を調査期間中に複数回行なって，ようやく土坑墓とみるべき遺構1基を確認したにすぎない。福島県根古屋遺跡では，

98個体の埋設土器をもつ墓坑（壺再葬墓）25基のほかに，埋設土器を伴わない土坑6基[21]を伴う。後者は再葬墓における初葬土坑である可能性を考える意見が多いが，これをもし単葬とみなせば遺構数の比率では再葬率25/31（80.6%）の高率となる。しかし，根古屋遺跡も，じつは土器を伴わない土坑の検出を企図して確認遺構以外の範囲を断ち割りまではしていない。すなわち，弥生時代に壺再葬墓が営まれた時期と地域では，再葬率がかなりの高率になる可能性は高いが，土器を伴わない土坑の検出作業が不十分であるために，見かけよりは低い可能性は考慮しておくべきである。

　しかし，それでもなお，縄文時代晩期よりは再葬率が高くなったとみるのは不当ではなかろう。

壺再葬墓の終焉　これまでの壺再葬墓検出例でもっとも新しい時期に属すのは埼玉県春日部市須釜遺跡・飯塚遺跡・千葉県野田市勢至久保遺跡や，栃木県出流原遺跡・千葉県塙台遺跡の一部であり，池上式土器と併行する弥生時代中期中葉に属す。袖ヶ浦市向神納里遺跡の方形周溝墓群では池上式の壺が出土し，併行期である中里式土器段階では標識遺跡である神奈川県小田原市中里遺跡では方形周溝墓だけで墓地が構成されている。千葉県君津市常代遺跡134号方形周溝墓では，南溝の東端で大形壺1点を含む3点の壺が重ねて立てかけられており，壺再葬墓と酷似する状況が確認されている（図8）。千葉～埼玉県域では，中期中葉に東海方面から四隅土橋形方形周溝墓が波及して定着しつつあり，その一方では壺再葬墓がわずかに併存するが，次の段階には壺再葬墓は姿を消す。

　東海方面から方形周溝墓が波及して再葬墓が姿を消すという見解は，早くに杉原荘介が主張したことがある[22]。

　しかし，方形周溝墓は旧利根川を越えて普及することはないので，栃木・茨城・福島3県域における壺再葬墓の終焉までも方形周溝墓の波及で理解することはできない。それどころか，壺再葬墓の盛行地域である福島県域の壺再葬墓では，関東の池上式に併行する南御山2式土器を伴う確かな壺再葬墓の実例がなく，土坑墓[23]が主流となって

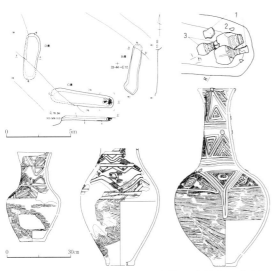

図8 方形周溝墓の溝に壺再葬墓と酷似する土器埋設がみられる（甲斐ほか1996）

いるから，関東よりも壺再葬墓の終焉は早いということになる。むしろ，福島県域の南御山2式土器が仙台平野の高田B式土器の強い影響によって形成されたことと歩調を合わせるように，東北地方中部から南部へと土坑墓・木棺墓が波及することによって壺再葬墓が急速に姿を消したとみるべきである。すなわち，壺再葬墓は，東海から南関東への方形周溝墓の波及と，東北地方中部から南部への土坑墓・木棺墓の分布拡大によって一斉に姿を消し，わずかに関東平野の中央部一帯にモザイク状に残存した状況となる。本格的な灌漑稲作農耕社会が東日本一帯に成立する中で，縄文時代以来の伝統の色濃い再葬墓は終焉を迎えた。

再葬墓のその後　このように壺再葬墓は弥生中期中葉に姿を消すが，再葬自体は弥生時代中期後半以後も類型を異にした形で，三浦半島と，関東北西部～長野県域東部の2地域で存続する。

三浦半島では三浦市大浦山海蝕洞穴遺跡の事例が挙げられる。中期後半宮ノ台期（～後期？）に属す成人骨群が，頭蓋骨から脛骨・腓骨まで切創・打撲痕があって，激しく解体された状況で発見された（図4右）。最小個体数が13体にも及ぶので，偶発的な行為とみるのは困難であり，むしろ前代以来の再葬時の解体が執行されたとみるべきであろう。

方形周溝墓の全盛期である宮ノ台期にあって，大浦山洞穴の再葬例はどのように理解すべきであろうか。弥生時代の方形周溝墓は，被葬者の集落構成員としての系譜を反映して墓域で整然と配列される例が顕著である。こうした宮ノ台期集落に伴う墓域とは別に，日常の居住域は方形周溝墓制を採る集団とともにしながらも，埋葬地は集落を離れた海蝕洞穴を選び，そこで伝統的な再葬を執り行なう小集団が存在するのであろう。

関東北西部～長野県域東部でも再葬習俗が存続する。この地域の山岳地帯に点在する岩陰・洞穴遺跡では，弥生時代中期後半の八束脛洞穴（34体以上の焼人骨），後期の富岡市三笠山岩陰（1体の焼人骨）・只川橋下岩陰（焼人骨を含む2体）が代表例である。

これらの地域では，弥生時代前期～中期初頭に，群馬県岩櫃山遺跡で壺再葬墓に隣接して人骨群が出土した例や，焼けた人骨が見つかった長野県佐久市月明沢岩陰遺跡があり，壺再葬墓の終焉後もそうした再葬行為が存続した。この地域の平野部の遺跡では，中期後半～後期には礫床木棺集合墓や方形周溝墓が普及しており，山間部の岩陰・洞窟遺跡でのみ伝統的な葬礼が存続したことになる。こうした再葬を存続する集団が独立して集落を構えたというよりも，むしろ三浦半島でみたように地域集団のうちの一部のみに継承されたと考えた方がよかろう。さらに類似の葬法は，長野県上田市鳥羽山洞穴遺跡のように古墳時代中期にまで継続する。

中期中頃以後本格的な灌漑稲作農耕社会の出現によって，基本的に再葬はその役割を終える。しかし，集住する集団内の一部だけが，壺再葬という形式は放棄しつつも，限られて地域の限られた集団内で再葬習俗は存続した。

おわりに

以上のように，再葬墓は，当初東日本の弥生時代初期の墓制として特異な位置を占めると理解されていた。しかしながら，遺骸を複数回処理する葬法と認識するように改められると，再葬行為自

体は縄文時代から古墳時代まで連綿と認められることが分かり，従来の東日本の再葬墓は「壺再葬墓」という再葬墓における一類型とみられるようになった。土器群が集中的に埋設するために注目されてきたという経緯があるとしても，集落遺跡が稀薄な時代・地域に墓地だけが目立つという不思議さも手伝って，多くの関心が払われてきた。そして，1980年代以後様々な分析が行なわれることによって，壺再葬墓の具体像がかなり明らかになってきた。しかし，それ以上に不明な点が多く，その原因の最たるものは調査時の観察と記録の不足にある。今後は，的確な調査とそこで得られたデータによって壺再葬墓を根本から描き直すことが必要である。

註

1) これまでの弥生時代再葬墓の研究については設楽博己『弥生再葬墓と社会』（塙書房，2008年）に詳細に論じられており有益である。
2) 杉原荘介・大塚初重「千葉県天神前遺跡における弥生時代中期の墓址」『日本考古学協会第30回総会研究発表要旨』日本考古学協会，1968年
3) 杉原荘介・大塚初重『千葉県天神前における弥生時代中期の墓址群』明治大学，1974年
4) 小片　保・瀧川　渉・百々幸雄ほか「福島県須賀川市牡丹平遺跡出土の弥生時代人骨」『人類学雑誌』108（1），2000年
5) 鈴木素行編・発行『泉坂下遺跡の研究』2011年
6) 馬場悠男・茂原茂生ほか「根古屋遺跡出土の人骨・動物骨」『霊山根古屋遺跡の研究』霊山町教育委員会，1986年
7) 報告では，土器1個体から複数個体の人骨が出土した事例について土器ごととまとめの箇所での記述に不一致がある。
8) 須藤　隆「東日本における弥生時代初頭の墓制について」『文化』第43巻第1・2号，1979年
9) 「人面付／顔面付」土器の両語が併用されている。しかし語彙関係としては，「人面―獣面」，人の「顔面―全身」で体系化するべきだと考えるので，ここでは「顔面付」土器の語を用いる。
10) 谷藤保彦『神保植松遺跡』群馬県埋蔵文化財

調査事業団，1997年
11) 石川日出志「東日本弥生墓制の特質」『新弥生紀行』朝日新聞社，1999年
12) 前掲註2に同じ
13) 石川日出志「再葬墓」『弥生文化の研究』第8巻，雄山閣出版，1987年
14) 前掲註13に同じ
15) 清野謙次『日本民族生成論』日本評論社，1946年
16) 鈴木　尚・赤星直忠ほか『大浦山洞穴』三浦市教育委員会，1997年
17) 前掲註13に同じ
18) 石川日出志「縄文・弥生時代の焼人骨」『駿台史学』第74号，駿台史学会，1988年
19) 設楽博己「縄文時代の再葬」『国立歴史民俗博物館研究報告』第49集，1993年
20) 斎藤達也ほか『金井遺跡群　保地遺跡Ⅱ』坂城町教育委員会，2002年
21) 根古屋遺跡で，1・2号土坑墓と1～4号土坑と報告されたものを合計した。
22) 前掲註2に同じ
23) 東北地方の弥生時代の土坑墓には，樹皮や板材による組合せ式木棺墓がかなり含まれていると考えるべきである。石川日出志「弥生時代・壺再葬墓の終焉」『考古学集刊』第5号，2009年

引用・参考文献

荒巻　実・若狭徹ほか『C11 沖Ⅱ遺跡』岡市教育委員会，1986年

石川日出志「関東・東北における弥生時代中期の顔面画土器」『駿台史学』第133号，駿台史学会，2008年

甲斐博幸ほか『常代遺跡群』君津郡市文化財センター，1996年

設楽博己『弥生再葬墓と社会』塙書房，2008年

杉原荘介「群馬県岩櫃山における弥生時代の墓址」『考古学集刊』第3巻第3号，1967年

杉原荘介 1968「新潟県・六野瀬遺跡の調査」『考古学集刊』第4巻第1号

関　孝一・永峯光一『鳥羽山洞窟の調査』鳥羽山洞窟調査団，2000年

田中國男『弥生式縄文式接触文化の研究』1944年

渡邊明和「佐渡近海発見の弥生土器」『新潟市文化財センター年報』第2号，2015年

第1章 泉坂下遺跡の調査

石棒から再葬墓へ：2006年

常陸大宮市教育委員会
鈴木 素行

1 本覚遺跡から泉坂下遺跡へ

2001（平成13）年に常陸太田市本覚遺跡の学術調査を実施し，縄文時代晩期の石棒研究に着手した。2006（平成18）年の常陸大宮市泉坂下遺跡の学術調査も，同じく石棒製作についての研究を目的に計画したものであった。地主の菊池榮一氏（故人）が採集し資料館などへ寄贈されていた遺物（図1）に7点の石棒が含まれ，剝離（1），敲打（2），研磨（3）という製作段階の資料が認められていたのである。しかし菊池氏によれば，これらは集中していたわけでなく，遺跡の広い範囲から採集したという。小規模な発掘調査のためには，地点を選定する手掛かりを欠いていた。一方，弥生時代中期の壺形土器（4）は，掘り出された地点がほぼ特定された。まずは，これが再葬墓に伴うものであるのか確認するために調査区を設定し，遺跡の状況を見ることにしたのである。現況の水田耕作に支障のない期間を選び，発掘調査は冬季の1月15日に開始した。

2 泉坂下遺跡の再葬墓

当初に設定した幅1m，長さ20mのトレンチを第1トレンチと呼ぶ。南側10mをⅠ区としたのは，このほぼ中央から壺形土器が掘り出されたという聴取に基づく。北側10mのⅡ区は，初日の参加者が多いために，これを延長することになった。午前の作業で，Ⅱ区から壺形土器がまとまって検出され始め，ここが弥生時代の再葬墓遺跡であることは，ほぼ確信ができた。片や，基本土層を把握するためにⅠ区では南端の深掘りを先行させていた。午後には，深掘りの壁面から人面部が検出され，この再葬墓遺跡に人面付土器が伴うことも明らかになった。つまり，再葬墓の確認と人面付土器の検出という，2006年の学術調査の大きな成果は，2つともが初日に達成されることになったのである。

第1トレンチで検出された再葬墓については，部分的に調査区を拡張し，各遺構の全体を捉えた上で土器群の状態を記録し，検出された土器をすべて取り上げた。耕作土の下部に形成されていた固く締まった土層を調査のために抜いてしまっていたので，土器をそのままに埋没させると，水田の耕作に伴い破壊される恐れがあると判断したことによる。調査を実施した遺構は，再葬墓7基（SK1～6，SX1）のほかに，部分的ながら土坑3基と平安時代の住居跡1基である（図2）。発掘調査は，毎週の土・日・月曜日をこれに充て，実質15日間を費やして，2月19日に終了した。調査を実施した再葬墓の概要は，次の通り。

第1号墓壙（SK1） 規模は長軸1.95m・短軸1.45m，平面形態は倒卵形を呈する。北側に集中

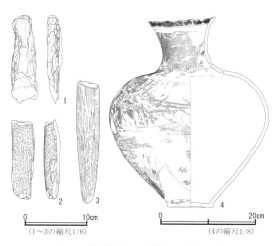

図1 調査以前の石棒と壺形土器

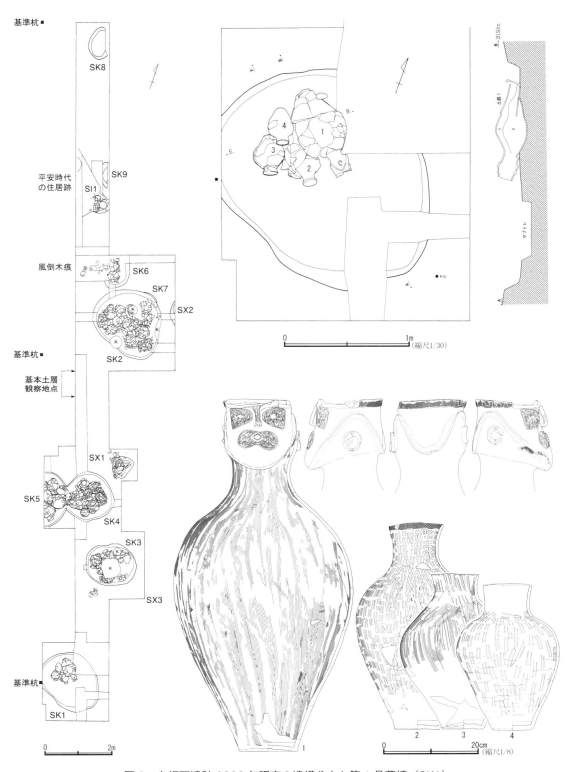

図2　泉坂下遺跡 2006 年調査の遺構分布と第 1 号墓壙（SK1）

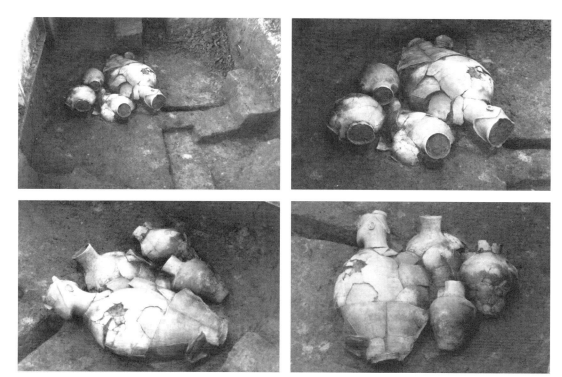

図3 第1号墓壙（SK1）の土器出土状況

して人面付土器を含む4個体の壺形土器が伴う（図2・3）。口縁部がほぼ同一の方向，すべて横位の状態で埋設されていた。

第2号墓壙（SK2） 規模は長軸2.27m・短軸1.87m，平面形態は丸みを帯びた三角形を呈する。14個体の壺形土器が伴い，すべて横位の状態で埋設されていた（図4）。胴上部に絵画のような線刻が施された土器が含まれている。なお坑底からは，別に1個体分の壺形土器も部分的な破片で検出されている。

第3号墓壙（SK3） 規模は長軸1.47m・短軸1.25m，平面形態は楕円形を呈する。坑底からは6個体の壺形土器が出土し，これらはすべて横位の状態で埋設されていた。ここは菊池氏が土器を掘り出した地点に相当し，墓壙の中央部には坑底面を掘り込む大きな攪乱が認められた。墓壙に伴う壺形土器は，7個体であったことが推定される。なお覆土中からは別に，1個体の壺形土器が正位の状態で検出された。

第4号墓壙（SK4） 規模は直径1.50m前後，平面形態は略円形を呈する。坑底からは6個体の壺形土器が出土し，1個体は横位，5個体は正位が推定される状態であった。また，坑底から浮いて2個体の小型の壺形土器が出土し，その1つは底部が穿孔されていた。第5号墓壙と一部が重複しており，第4号が旧く第5号が新しいと推定されている。

第5号墓壙（SK5） 一部が調査区外へ延びることから，半分ほどが調査された。全体の規模は直径1.65m前後，平面形態は略円形が推定される。少なくとも8個体の壺形土器が伴い，そのうち6個体を取り上げた。これらは，口縁部がほぼ同一の方向，すべて横位の状態で埋設されていた。

第6号墓壙（SK6） 風倒木痕と重複し，一部が破壊されている。規模は長軸1.2m・短軸0.8mほど，平面形態は楕円形と推定される。3個体の壺形土器が伴う。その1つは欠損した底部が別個体の底部で補修されていた。風倒木により一部の土器が攪乱されているが，口縁部がほぼ同一の方向，すべて横位の状態で埋設されていたことが推

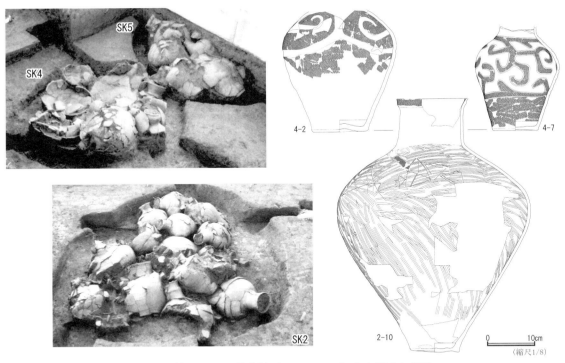

図4 第2・4・5号墓壙（SK2・4・5）の土器出土状況

定される。風倒木痕の流入土に含まれていた土師器の破片から、攪乱は、平安時代以降と考えられる。土器内土壌の水洗選別により、滑石製の玉類5点が検出された。

第1号遺構（SX1） 完形に近い状態の壺形土器が横位の状態で出土し、その周辺に土器の破片が集中していたが、掘り込みが第1～6号墓壙よりも浅いことによるのであろう、遺構の輪郭を捉えることはできなかった。したがって遺構の規模と形態は明らかでない。4個体の土器が伴うと判断され、2個体の甕形土器を含むことが、第1～6号墓壙の土器群と構成を異にする。

再葬墓から出土した土器だけでも48個体を数え、完形に近く復元されたものも多い。その図化を中心とした整理作業に5年を費やし、2011（平成23）年に報告書[1]を刊行した。調査の所見を中心とした考察を付してあるが、その後の知見により、次の2点を補足しておきたい。

1つは、「泉坂下遺跡には、土器を合口にして、上位の土器が蓋の機能を果たしたような事例は見られず、口縁部を塞いでいたのは、例えば布のような有機物であったことが想定される」という蓋には、木葉を有力な候補と考えるようになった[2]。奈良県唐古遺跡では、実際に「木葉で口を包んだ土器」が出土している。

もう1つは、再葬墓の土器内土壌の水洗選別で検出されたベンガラの破片について、再葬墓との関連も考えていた[3]が、後年に第26号竪穴住居跡覆土を水洗選別したところ、ベンガラの破片がいくつも検出されることになった。再葬墓の土器内についても、流入した土壌に伴う縄文時代晩期の遺物と考えて良いのであろう。

泉坂下遺跡の人面付土器は、耕作などの後世の攪乱が少なく保存状態が良好であったこと、出土状況が写真や図面で記録されたこと、そしてなによりも大型で、頭部全体が立体的に造形されていることが注目を集めた。さて、本来の目的であった石棒研究については、調査区内からわずかに遺物が検出されただけなのであった。

3 再葬墓から石棒へ

　常陸大宮市教育委員会は泉坂下遺跡の重要性から、これを保存・整備して活用するため、泉坂下遺跡保存委員会を組織し、2012〜2015（平成24〜27）年に再葬墓遺跡の範囲などの確認を目的とした第1〜4次の発掘調査を実施した。これは、第1トレンチを中心としながらも、遺跡地の広い範囲が調査の対象となる。したがって、再葬墓が目的であっても、結果として今度は、石棒研究のための手掛かりが突き止められるのではないかと期待された。第4次調査までに出土した遺物を総覧し、石棒製作に関わる遺物を抽出したところ、石棒は、点数が207点、重量が7,123.0gであった。

　未成品や剥片、砕片を含めて、泉坂下遺跡における石棒の分布について概観してみる。確認調査は、遺跡の全面を対象としておらず、トレンチの面積も一定しないので、各トレンチにおける1㎡あたりの出土量で比較する。したがって、地表面で採集されたトレンチ外のものは除く。また、原則として遺構内の掘削は実施していないことから、遺構覆土のものを除き、第27トレンチの第26号竪穴住居跡覆土に実施した水洗選別も除く。第1トレンチについては、2006年の調査から同様に選択して加えた。このようにして点数165点、重量4,217.8gの石棒を対象に、地点ごとの出土量を点数と重量で比較した（図5）。点数で最も高い数値は第19トレンチの0.8点/㎡であり、以下は漸移的に数値が減少する。重量で最も高い数値は第17トレンチの30.5g/㎡であり、第4トレンチの15.0g/㎡、第19トレンチの14.5g/㎡、第13トレンチの12.8g/㎡、第12トレンチの11.9g/㎡、第24トレンチの11.6g/㎡の順位を示し、以下は隔絶して数値が減少する。グリッドE6区の東端からF6区の中央にかけて再葬墓が集中する範囲の調査区は、点数、重量ともに低い数値を示した。つまり、2006年の第1トレンチは、石棒の分布が希薄な地点に設定されていたことがわかる。

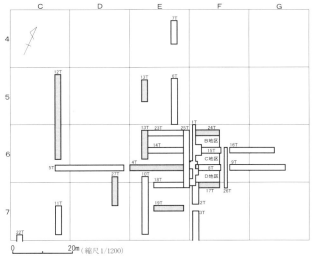

調査区	面積（㎡）	点数	点数/面積	重量（g）	重量/面積
01T	36	12	0.3	107.9	3.0
02T	15	2	0.1	105.8	7.1
03T	92	2	0.0	32.9	0.4
04T	40	18	0.5	598.5	15.0
05T	48	3	0.1	124.6	2.6
06T	32	2	0.1	17.1	0.5
07T	16	1	0.1	65.8	4.1
08T	15	4	0.3	115.4	7.7
09T	36	0	0.0	0.0	0.0
10T	118	6	0.1	143.5	1.2
11T	116	2	0.0	78.4	0.7
12T	59	17	0.3	704.0	11.9
13T	35	12	0.3	449.6	12.8
14T	26	3	0.1	90.8	3.5
15T	13	5	0.4	99.2	7.6
16T	31	0	0.0	0.0	0.0
17T	14	10	0.7	426.9	30.5
18T	20	6	0.3	192.5	9.6
19T	20	15	0.8	289.0	14.5
22T	40	1	0.0	28.3	0.7
23T	24	2	0.1	14.9	0.6
24T	16	5	0.3	186.1	11.6
25T	27	5	0.2	59.4	2.2
26T	14	0	0.0	0.0	0.0
27T	28	18	0.6	149.5	5.3
B地区	32	3	0.1	9.0	0.3
C地区	34	4	0.1	52.1	1.5
D地区	32	6	0.2	76.6	2.4
合計	1029	165	0.2	4217.8	4.1

＊2006年調査を含めて、遺構出土と水洗選別を除いた資料による。網部は、点数密度の第3位まで、重量密度の第6位までを示す。

写真　27トレンチ第26号竪穴住居跡の石棒（図6-7・10・14）と砥石（図6-19）の出土状況

図5　泉坂下遺跡における石棒の分布密度

点数でも重量でも石棒の85%以上を粘板岩が占め，その製作の痕跡が泉坂下遺跡に残されていた。粘板岩の189点から復元された製作工程は，次の通り。

　原石　石材である粘板岩の産地は田切美智雄により，75〜85%が日立変成岩の「鮎川層」，25〜15%が「八溝山地」と推定された。未成品に残る自然面に円摩が進行していることから，その原石は河川礫であったと判断される。原形が棒状，厚い板状それぞれに推定されるものがあり，このような素材礫の異なりは，頭部の断面形状にも影響したと考えられる。

　剝離段階　点数で21%，重量で13%が剝離段階であり，点数と重量の比率の差は，比較的小さな資料が多いことによる。剝片には，長さ10cmを超える大型のものや，背面に大きく自然面を残すものは見られず，剝離成形の初期を示す痕跡は含まれていない。この工程は専ら他所で行なわれて，未成品が持ち込まれたものと推定される。剝離は両極打法によると推定され，出土遺物中には工具に相当するような敲石・台石が見出せる。

　敲打段階　点数で28%，重量で38%が敲打段階であり，点数と重量の比率の差は，比較的大きな資料が多いことによる。剝離が形成した稜などの突出部分を除去する作業が敲打段階の初期に相当し，敲打を繰り返しながら全体の形状が整えられる。細かな衝突痕は，いくつかが列状に並ぶように観察されることから，工具は，礫の縁辺が部分的に剝離され，その端部が敲打により潰れた状態の敲石が相当すると考えられた。

　研磨段階　点数で42%，重量で46%が研磨段階もしくは成品であり，点数と重量の比率はほぼ等しい。第26号竪穴住居跡の覆土中から出土した石剣の未成品（図6-10）は，全体が判明する唯一のものである。長さは411mmで，重量は320.0g。研磨に伴う擦痕は全体的に横位からやや右下がりの斜位に残されており，研磨面の境界には低い稜が形成されている。これは，固定された砥石の上で，当てる箇所を変えながら研磨することにより残された痕跡と考えられた。同じように稜を形成した研磨の痕跡は，石刀の未成品（図6-9）にも観察される。横位の擦痕を残し，固定された砥石

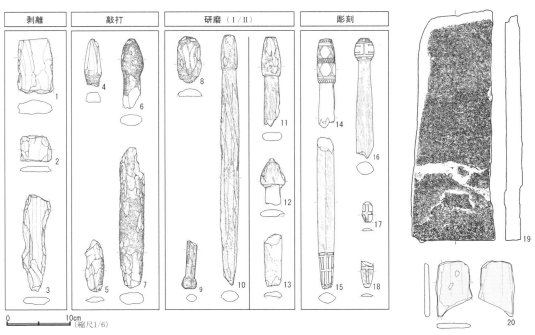

図6　泉坂下遺跡における石棒の製作工程と砥石

による研磨が推定される工程を「研磨段階Ⅰ」と呼ぶ。研磨段階Ⅰの工具には，「置き砥石」あるいは「固定式」と表現される砥石（図6-19）が相当する。全体が判明する唯一のもの（19）は，長さ376mmで，重量は1,791.0g。石材は軟質砂岩である。表裏面および長軸の側面が研ぎ面として使用され，擦痕は明瞭ではないが，対象物を長軸方向に動かして研磨したと考えられる研ぎ面の分布である。一方で，縦位の擦痕を残す研磨が認められる（図6-11〜13）。右下がりの斜位もあるが，それは急傾斜である。文様の彫刻までが施され，成品と捉えられるほとんどに観察される。縦位の擦痕を残し，砥石を動かす研磨が推定される工程を「研磨段階Ⅱ」と呼ぶ。研磨段階Ⅱの工具には，「手持ち砥石」あるいは「可動式」と表現される砥石（図6-20）が相当する。これには，円摩が進行した礫の一部を素材としたもの，板状の礫の破片を素材としたものがあり，置き砥石の破片の再利用も含まれる。石棒の体部の湾曲に相当するような溝状の窪みが認められたものもあり，研磨段階Ⅰが形成した研磨面の稜は，研磨段階Ⅱで削られて，表面が平滑に整えられることになる。

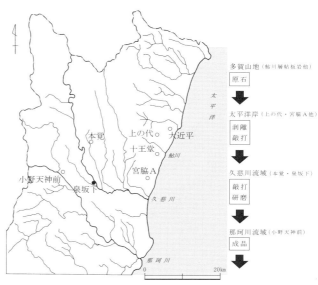

図7　茨城県北部における石棒製作

折断　石棒を横に折断する方法には，「擦り切り」と，敲打で溝を切って細らせる「敲き切り」がある。素材の長さの調整，未成品の破損部分の除去，さらには転用に伴う折断も想定されるが，製作が進行し欠損も見られない端部が折断されていることには，製作工程に組込まれていたことも考えなければならない。擦り切り折断の工具には，硬質な石材で比較的大きな剥片が選択され，鋭利な縁が使用されている。

彫刻　研磨段階の80点のうち点数で13%，重量で21%に文様が彫刻されている。彫刻までが完了したものはほぼ成品と見做せる。ただし一方で，彫刻が施されないまま成品化された事例が少なくないことも知られている。彫刻段階の工具は，硬質な石材の剥片であったと推定されるが，出土した多量の剥片の中から，これを抽出することは困難である。したがって，文様の彫刻が製作工程の一部として連続するのか，これは実証が難しい。連続するという視点からは，基部文様の一部が欠損した石剣（図6-15）に，その可能性を考えておきたい。この石剣は，Ⅰ字文が彫刻された後に，文様の端部を含む基部に欠損が生じた。その欠損部分には研磨が施され，研磨の状態に体部の研磨との明瞭な異なりは認められない。補修ではあっても，製作に伴うものであったと見ている。

泉坂下遺跡における石棒製作には，剥離，敲打，研磨の各段階が認められた。つまり一連の工程が窺えるわけではあるが，剥片や欠損品を生成することがもっとも多いと考えられる剥離段階の痕跡は希薄で，これが少ないと考えられる研磨段階の痕跡の方が濃厚である。一連の工程の中では，おもに研磨段階から彫刻までの仕上げを中心とした遺跡と考えられる。石材は日立変成岩の鮎川層の粘板岩が80%ほどを占めており，これは，太平洋岸沿いの多賀山地に由来する。原産地付近の日立市宮脇A遺跡や上の代遺跡では，おもに剥離・敲打段階の痕跡が残されており，泉坂下遺跡や本覚遺跡とは対照的である[4]。宮脇A遺跡や上の代遺跡から泉坂下遺跡や本覚遺跡[5]へと工程

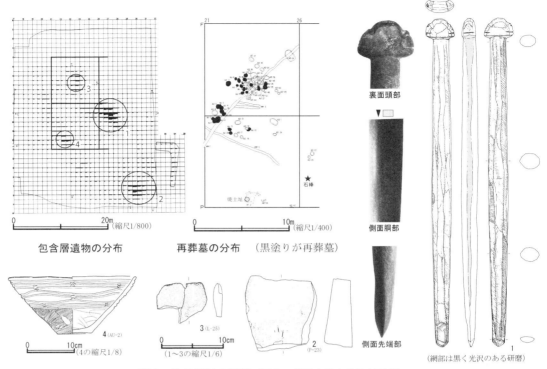

図8 沖Ⅱ遺跡の石棒 (写真：藤岡市教育委員会所蔵)

途中の未成品が持ち込まれて，一連の製作工程が完結するという体制が確立されていたことが推定されてこよう。さらに，小野天神前遺跡では，多量の成品が消費されるとともに，他地域へと流通したことを想定している（図7）。その時期は，縄文時代晩期の中葉までであり，「小山台型」「小野型」[6]と呼ぶ石棒が製作されていた。

4 再葬墓の石棒

泉坂下遺跡においては，縄文時代晩期中葉の石棒製作と弥生時代中期の再葬墓との間に空白の時期が認められる。その縄文時代晩期後葉から弥生時代前期までの石棒の変遷を考える手掛かりは，他地域の再葬墓遺跡に検出されていた。

沖Ⅱ遺跡 遺跡は，群馬県藤岡市に所在する。山地から平野への地形の変換点に相当し，自然堤防上に立地している。1983（昭和58）年，学校建設に伴い発掘調査が実施され，弥生時代前期の，再葬墓と考えられる土器埋設土壙27基ほかの墓跡と，包含層などが検出された。包含層の遺物分布は，4ヵ所に集中地点が認められる。本稿では，これらをブロック1～4と呼ぶ（図8）。ブロック3は，再葬墓ほかの墓跡に重複し，ブロック2は傾斜地に形成された廃棄跡と見られる。ブロック1，4にはともに，焼土址が伴い，住居の遺構は検出されなかったものの，廃棄跡を形成して多種多量の遺物が残されており，これらは居住の痕跡であったことが推定されよう。再葬墓が距離を置いて2群に分布し，居住跡も2つのブロックが形成されていることが興味深い。石棒は，墓跡ではなく，居住跡のブロック1から出土した。長さ534mm，重量679gの完形品である（図8-1）。「非常に軟質」と記載された石材は，八城二本杉東遺跡に似る。頭部は扁平で，略三角形の平面形状を呈し，側面を中心に線刻が施されている。実際に観察してみると，体部には，横位からやや右下がりに擦痕を残した研磨の痕跡が明瞭で，研磨面の境界には低い稜が形成されている。これは，泉坂

下遺跡の研磨段階Ⅰに特徴的であった痕跡に一致する。それでは未成品なのかというと，体部の側面や頸部には，黒みを帯び光沢を有した平滑な研磨面があり，これらは体部の擦痕より古い。したがって，成品を再加工したものと推定される。沖Ⅱ遺跡では，砥石が1点(3)報告され，「石皿」と記載された4点(2)にも砥石の機能を認めることができる。いずれにしても置き砥石であり，これは，再加工が沖Ⅱ遺跡で行なわれたことを支持するとともに，手持ち砥石が欠落することで，研磨段階Ⅰに特徴的な擦痕や稜が残され，頸部などは加工に至らなかったことが考えられた。新たな研磨により，胴端部付近は側縁に刃状の尖りを作出し，その先端部は凸刃の磨製石斧のように仕上げられている。

八城二本杉東遺跡 遺跡は，群馬県安中市に所在する。丘陵上の台地に立地し，沖Ⅱ遺跡からは直線距離で15kmほど鏑川流域を遡った位置にある。1988（昭和63）年，高速道路建設に伴い発掘調査が実施され，弥生時代前期の土坑13基が検出された。そのうちの1基，166号土坑には土器が埋設されており，再葬墓と考えられている（図9）。遺物の分布は，土坑の分布とほぼ重なる状態と報告されており，沖Ⅱ遺跡で見た墓跡とブロック3に相当する遺跡であるらしい。石棒は，墓跡から出土したことになるが，土坑に伴うものではない。長さ437mm，重量398.1gの完形品である（図9-1）。石材は「シルト岩（細粒砂岩）」と記載されている。頭部の膨らみは付属せず，端部に紐状の巻き付けがあった痕跡が認められる。体部は両側縁が刃状に尖り，先端部が凸刃の磨製石斧のような形状であることが，沖Ⅱ遺跡の石棒に共通する。「方形を呈する」と表現された頭部相当の端部は特異な形状であり，擦り切りで頭部が折断された再加工の可能性も考えられる。

これら2つは，弥生時代前期にも石棒が継続する関東地方の確実な事例である。ともに再葬墓を形成した遺跡から出土しながらも墓壙には伴わず，副葬品のような状況にはない。多数の破片が出土するのではなく1点のみで，その状態は完形

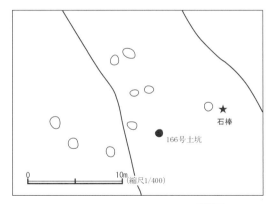

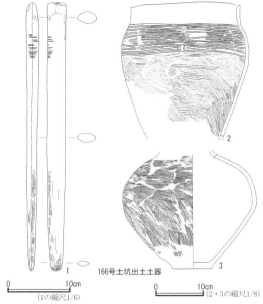

図9 八城二本杉東遺跡の石棒

である。黒みを帯びて光沢を有した表面や，紐状の巻き付けの痕跡を残すのは，使用に伴うものであろう。沖Ⅱ遺跡は長さ534mm，八城二本杉東遺跡は頭部を欠いても437mmと，縄文時代晩期中葉の石棒と比べて法量が大きい。体部は剣形で，端部が磨製石斧の凸刃状を呈する。沖Ⅱ遺跡の頭部は，略三角形の形状とともに側縁への線刻が特徴的であり，「沖Ⅱ型」と呼んで，今後の検討に備えたい。

茨城県北部における石棒製作は，縄文時代晩期中葉の「小野型」に頂点がある。晩期後葉は，日立市十王堂遺跡の大洞A式に未成品が伴うものの，成品の詳細は未だ明らかでない。大洞A'式

石棒から再葬墓へ：2006年　29

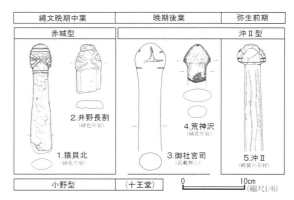

図10 縄文晩期中葉〜弥生前期の石棒

には，石棒製作はおろか遺跡そのものが確認できず，日立変成岩の粘板岩をおもな石材とした茨城県北部における石棒製作は，終焉を迎えたと考えられる。三波川変成岩の緑色片岩（緑泥片岩）をおもな石材とした埼玉県西部における石棒製作も，ほぼ同じ推移を辿ると見られるが，「沖Ⅱ型」の頭部は，「赤城型」[7]の系統上に位置することが推定される。「赤城型」では，「成興野型」の頭部を原型とした対向三角文が太い線刻によるX字状文（図10-1）に変遷し，線刻の交叉が途切れた形象（2）も成立している。「小野型」は石剣と石刀を製作していたが，「赤城型」は石剣に限られていた。群馬県の中里見根岸遺跡や古立中村遺跡，千葉県の池花南遺跡など，晩期後葉が確実に捉えられる遺跡はすべて胴部の破片で，頭部や端部が明らかでない。すべて剣形で，池花南遺跡は，残存部だけで長さ420mmであることから，大きな法量であることが窺える。また，1点乃至2点と出土が少ないことも共通するが，破片の状態で検出されることが弥生時代前期とは異なっている。中部地方でも群馬県に隣接した長野県の御社宮司遺跡や荒神沢遺跡では，晩期後葉に「沖Ⅱ型」に共通する線刻（3）や頭部形状（4）の石剣が見出せる。とくに御社宮司遺跡は，残存部だけでも長さ342mmと大きい。その胴部の丸みが沖Ⅱ遺跡では再加工されることになったのではないかと想像したくなる。縄文時代晩期後葉から弥生時代前期の石棒がどのように供給されたかは未だ明らかにし得ないが，縄文時代とともに石棒はほぼ姿を消し，その極一部が弥生時代前期にまで伝えられたのかもしれない。泉坂下遺跡の再葬墓は，石棒が消滅した後に形成された遺跡である。

註
1) 鈴木素行編『泉坂下遺跡の研究―人面付土器を伴う弥生時代中期の再葬墓群について―』（私家版），2011年。鈴木素行・飯島一生・横倉要次・清水 哲・色川順子「茨城県泉坂下遺跡における人面付土器を伴う再葬墓群の調査」『日本考古学協会第78回総会研究発表要旨』日本考古学協会，2012年，30-31頁
2) 鈴木素行「天か地か―茨城県域における弥生時代の土製蓋―」『茨城県考古学協会誌』第29号，2017年，37-58頁
3) 鈴木素行「泉坂下遺跡―発掘調査までの日々―」『第28回研究発表会資料』茨城県考古学協会，2006年，25-30頁。鈴木素行「常陸大宮市泉坂下遺跡 人面付土器を伴う再葬墓の調査―土器内の堆積土を観察する―」『2006発掘と発見』取手市埋蔵文化財センター，2006年，4-6頁
4) 鈴木素行「イクシオンも落とし物―関東地方東部における縄文時代晩期の石棒製作について・Ⅱ―」『茨城県考古学協会誌』第28号，2016年，149-168頁。鈴木素行「泉坂下遺跡における石棒製作について」『泉坂下遺跡Ⅴ』常陸大宮市教育委員会，2016年，146-160頁
5) 鈴木素行編『本覚遺跡の研究―関東地方東部における縄文時代晩期の石棒製作について―』（私家版），2005年
6) 鈴木素行「ケンタウロスの落とし物―関東地方東部における縄文時代晩期の石棒について―」『婆良岐考古』第24号，2002年，15-38頁。鈴木素行「緑泥片岩の石剣―関東地方西部における石剣の成立と展開―」『考古学集刊』第11号，2015年，37-57頁
7) 前掲註6に同じ
＊紙数の制限により，遺跡の調査報告書類は省略した。

弥生時代再葬墓の調査：2012〜15年度

常陸大宮市役所
後藤 俊一

はじめに（図1）

 泉坂下遺跡は，茨城県北西部にある常陸大宮市の，久慈川右岸の標高約20mの低位段丘上に所在する。2006年に鈴木素行が当遺跡で実施した学術調査により，再葬墓が確認されるとともに国内最大の人面付壺形土器が出土し[1]，注目を集めた。
 これを受けて常陸大宮市教育委員会では，当遺跡の保存・活用の基礎資料を得るため，確認調査を第4次（各1ヵ年，2012〜2015年）まで実施しており，その成果を各次の報告書にまとめている[2]。ここでは，その中から抜粋して紹介する。

図1　遺跡の位置

1　調査の方法

 確認調査は，遺構分布範囲の確認および原地形の確認を主目的とし，2006年調査のトレンチ（第1トレンチ）を調査区の中心に据え，これを東西南北へ延長するようにトレンチを設定し，状況に応じてトレンチを追加して進めた。トレンチの掘削・埋め戻しは人力で行ない，遺構の掘り込みおよび遺構内出土遺物の取り上げは，原則としてしないことを基本方針とした。

2　遺跡の範囲（図2）

 当遺跡周辺では，水田耕作などによって原地形が失われている可能性が考えられたため，原地形の確認を調査の目的の一つとした。西側は比高30m近い那珂台地があるため，東に向かって舌状に延びる地形の，北・東・南側の限界を抑えることが目標となった。
 まず，設定したトレンチ群の北端となる第7トレンチにおいて，ローム上面の北傾が確認できた。また東端となる第16トレンチにおいては，トレンチ東部に広がる攪乱の下に未攪乱のローム上面の東傾が確認できた。これらによって，この付近が舌状地形の限界であることを確認し，北側と東側の原地形を抑えることができた。
 しかし，残された南側については，設定した第3・10・11トレンチでローム上面を追ったが，明瞭な傾斜を見つけることができなかった。このため，北側・東側のような傾斜は示さず，ごく緩やかに南傾しているものと考える。
 これらの結果から，図2のとおり舌状地形の範囲が推測できた。後述する弥生時代遺構集中区は，この舌状地形の中央〜やや東寄りに位置し，北・南側の状況から，尾根付近にあたることが判る。

3　土地利用の変遷

 確認調査では，縄文から近世までの幅広い時代の遺構・遺物を確認しているが，とくに遺構を多

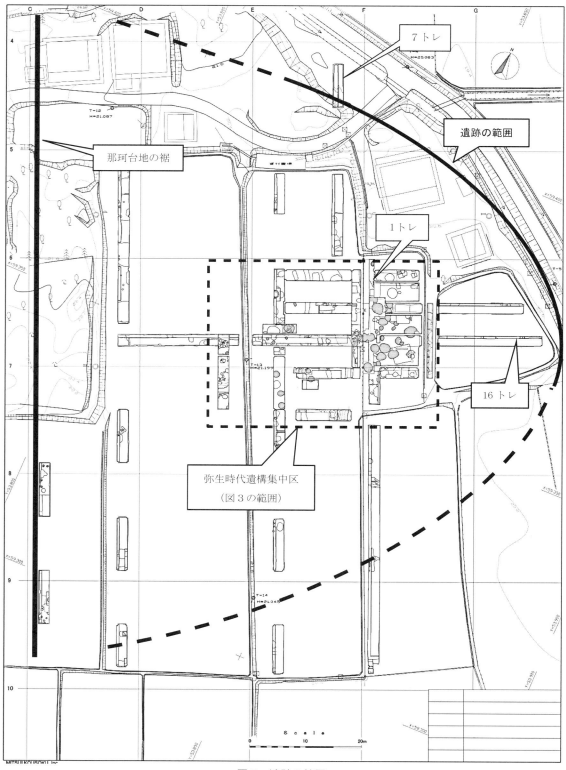

図2　遺跡の範囲

く確認できる時代は，縄文晩期，弥生中期，平安，中近世である。なお，この調査では，遺構が検出された時点で掘り下げを基本的に止めるため，確認面における形状や出土遺物などで遺構の年代を推定している。

縄文時代としては，前期中葉の植房式や中期前葉の阿玉台式の土器片が出土しているが，その数はまだ少ない。しかし，晩期前葉から中葉にかけて遺物量は極端に多くなり，竪穴住居跡5軒といった遺構も確認できるようになる。第27トレンチで確認された第26号竪穴住居跡では，覆土を一部掘り込んで調査したところ，床面直上から安行3a式，覆土上層からは大洞C_1～C_2式土器が出土している。また，当遺跡では石棒類の完成品・未完成品や砥石なども出土していて，石棒製作遺跡の可能性を示す点も，当遺跡を考察するうえで重要である。その後，晩期後葉から弥生時代前期にかけては，遺物の出土量は大幅に少なくなっていく。

弥生時代中期前半になると，再葬墓が営まれるようになる。再葬墓の分布状況や，掘り込んだ第26号土坑については後述する。なお，出土する遺物は再葬墓関連のものばかりで，生活の様子をうかがわせるような遺物は確認できなかった。また，後期後葉と考えられる溝跡が1条（第9号溝跡）見つかっている。

平安時代になると，竪穴住居跡21軒などが当遺跡全域に広く分布することが確認されており，出土遺物から，9世紀後半頃と10世紀後半頃と考えられるものが多い。

中近世では，土坑15基や溝跡6条などが見つかっている。土坑の多くは墓壙，溝跡は区画溝と考えられる。

4 再葬墓群

(1) 分布状況（図3，表1）

弥生時代と考えられる土坑は，2006年調査で確認し完掘されているものを含めて，計46基を

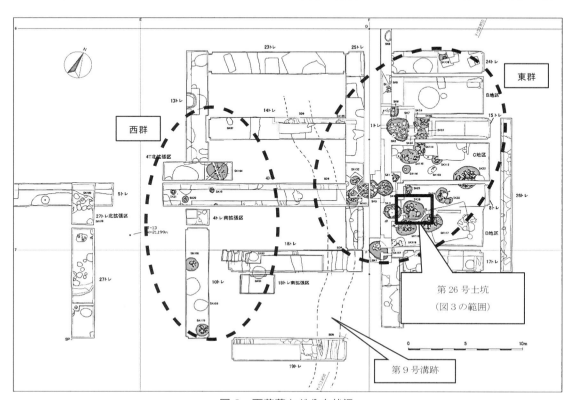

図3　再葬墓など分布状況

表1　再葬墓など埋納土器数別一覧

確認できた埋納土器数	再葬墓区分	東　群		西　群
		泉坂下Ⅰ期（または不明）	泉坂下Ⅱ期	泉坂下Ⅰ期（または不明）
15	大型	ＳＫ23	―	―
14		ＳＫ2	―	―
13		ＳＫ117	ＳＫ5	―
9		ＳＫ153		
8		ＳＫ3・4・26		
6	中型	ＳＫ114	―	ＳＫ164
5		ＳＫ24・118		
4		ＳＫ60・115，ＳＸ1	ＳＫ1	ＳＫ110
3	小型	ＳＫ61	ＳＫ6	ＳＫ108
2		ＳＫ25・113・152		
1	単数型	ＳＫ30・59・116・136	―	ＳＫ19・20・21

＊1基当たりの埋納土器数の平均値は約5点（153点/30基）であるため，4～6点を中型，7点以上を大型，2・3点を小型，1点を単数型再葬墓として便宜的に区分している。

確認した。このうち，確実に再葬墓といえるものは30基，これらへの埋納土器は計153点が確認できた。1基あたりの埋納土器は1～15点とばらつきがある。これらの再葬墓は，2グループに分かれて分布する。第1・8・15トレンチおよびその周辺に所在するグループを東群，第4・10トレンチおよびその周辺に所在するグループを西群と呼称した。

東群は，遺跡の中央やや東寄りに所在し，北端に第136号土坑，南端に第1号土坑（2006年調査時に人面付壺形土器が確認された再葬墓），東端に第23号土坑，西端に第153号土坑が確認されていて，図3中に示した範囲に分布する。東群には，再葬墓24基およびこれらへの埋納土器137点が属する。東群の再葬墓群は，最大で15点の壺形土器を埋納する大型のものから1点の単数型まで規模の差が大きい。再葬墓の分布密度は高く，再葬墓同士の重複も5例が確認できた。また，2006年調査では，縦位短条痕文の有無や重複状況によって泉坂下Ⅰ・Ⅱ期という時期差を指摘しているように[3]，再葬墓埋納の時期差を推測することができる。

西群は，遺跡のほぼ中央に所在し，その分布範囲を図3中に楕円形で示している。西群には，再葬墓6基およびこれらへの埋納土器16点が属する。西群の再葬墓は，最大でも6点の壺形土器を埋納する中型のものまでしか確認できず，東群に比べて全体的に規模が小さく，従って再葬墓ごとの規模の差も小さい。また，再葬墓分布の密度は低いうえ，東群のように再葬墓の時期差を推測することもできていない。

（2）土器の据え置き方（表2）

埋納された土器は，主軸を様々な方位に向けて据え置かれている。土器の向く方位は，同一土坑内でも多様なものがあるが，ここでは，土坑単位の傾向を掴むため，土坑内の過半数の土器が向く方位で分類し，傾向を導くこととした。すると，示す傾向は以下の4種類に分類できた。

（a）おおむね南方向（南東～南西）に向く

（b）おおむね東方向（北東～南東）に向く

（c）おおむね西方向（南西～北西）に向く

（d）その他

（a）に属する再葬墓は8基あり，東群に属する大型～小型のものが主である。泉坂下Ⅱ期の3基のうち，2基がここに属する。（b）に属する再葬墓は9基あるが，うち3基は単数型である。単数

表2 再葬墓土器の向く傾向別一覧

	再葬墓の数	東群		西群
		泉坂下Ⅰ期（または不明）	泉坂下Ⅱ期	泉坂下Ⅰ期（または不明）
(a) おおむね南方向	8	ＳＫ2・26・113・117・136	ＳＫ1・5	ＳＫ164
(b) おおむね東方向	9	ＳＫ23・30・59・60・152・153，ＳＸ1	ＳＫ6	ＳＫ19
(c) おおむね西方向	4	ＳＫ24・25	—	ＳＫ108・110
(d) その他	9	ＳＫ3・4・61・114・115・116・118	—	ＳＫ20・21

型は全体で7基確認されているが，うち3基がここに属する。(c) に属する再葬墓は4基あり，中型〜小型のもので，ここに泉坂下Ⅱ期のものは含まれない。(d) に属する再葬墓は9基あり，うち第4号土坑は直立させた土器が最多で，第116号土坑は直立させた単数型である。また，第3・118号土坑は明確な傾向を掴むことができなかったものである。

　土器の据え置き方には，次の2つの傾向が見える。まず，泉坂下Ⅰ期には向く方位は多様だったものが，泉坂下Ⅱ期には土坑ごとの指向が明確になった点である。2006年調査の際もこの傾向は指摘されており，泉坂下Ⅱ期の第1・5号土坑は南東から南南東，第6号土坑は東から東南東を向くというように，泉坂下Ⅰ期よりも，土器の方向に土坑ごとの統一性も認められる。次に，単数型再葬墓は，おおむね東方向（北東〜南東）に向く傾向があることである。7基のうち3基がおおむね東方向に向けられていて，これは東・西群に共通して見られる傾向である。残る4基のうち，第136号土坑はN－136°－Eと南東を向くが，4方位の区分では南方向に分類している。また，第116号土坑は直立，第21号土坑は倒立し，第20号土坑は北を向いている。

　当遺跡の立地する低位段丘は，東側を久慈川が南流し，西側に比高30mほどの那珂台地がある。この低位段丘は，台地からの湧水によって切断されながら，南東に大きく展開する。この状況から，南や東の方位に土器を向けることは意図的なものを感じる。

5　第26号土坑（図4〜7）

　今回の確認調査においては，遺跡保護のため，遺構の掘り込み・遺構内出土遺物の取り上げは原則としてしない方針で進めていた。しかし，遺跡の性格を把握するためには再葬墓研究が必要との考え方から，文化庁と協議の上，第3次調査では再葬墓1基をサンプル的に掘り込んで調査することとした。その対象として選択されたのが，第26号土坑である。第26号土坑は，第1次調査の時点ですでに存在が把握されており，保存状況はおおむね良好と考えられたためである。

　第26号土坑は，第8トレンチとD地区に跨って所在する。先に東群と呼称した再葬墓群の中央やや南寄り，大型〜小型の再葬墓の密集する区域にありながら，ほかの再葬墓との重複は見られない。現地表面から，水田の耕作土である第Ⅰ層，水田の床土である第ⅠB層を除去し，その下にある攪乱を受けていない層である第Ⅱ層（暗褐色〜黒褐色の縄文遺物包含層）の上面で確認できた。これはほかの多くの再葬墓も同様であるが，水田耕作の影響を受けるか受けないかで，辛うじて土器への攪乱を逃れられる深さである。

　平面は長軸190cm，短軸180cm，長軸の方位はN－71°－Wのいびつな円形である。壁高は最大26cmを測り，外傾して立ち上がっている。底面はおおむね平坦である。埋納の際にかけられたと考えられる土層は2層が確認でき，人為堆積である。上層（図5-1層）は黒褐色で，黄褐色ローム粒子が少量混じり，粘性はやや強い。下層

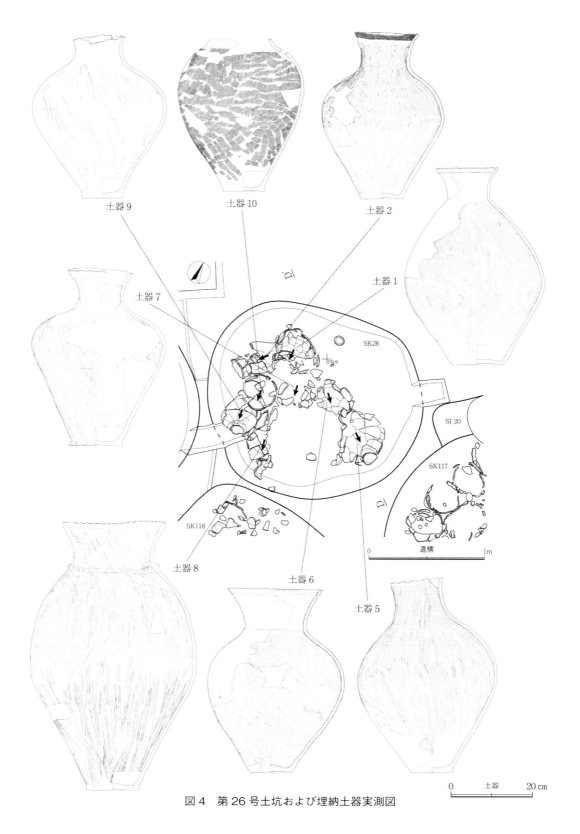

図4　第26号土坑および埋納土器実測図

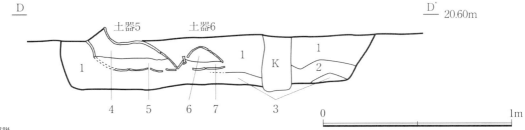

土層解説
1 黒褐色（7.5YR2／1） 黄褐色ローム（10YR8／6）粒子少量，粘性やや強
2 黒褐色（7.5YR2／1） 黄褐色ローム（10YR8／6）粒子多量
3 黄褐色ローム（10YR8／6） 黒褐色（7.5YR2／1）土多量，1・2層と比較すると締まり強。土坑周囲より中央部が高いため，埋納土器を据えるための置き土と考えられる
4 褐色（10YR3／2） ローム粒子少量，ローム小ブロック極少量，Ｎｔ－Ｓ極少量，炭化物粒子極少量，焼土粒子極少量，白色骨粉極少量，締まり弱，粘性弱
5 黒褐色（10YR2／2） ローム粒子少量，ローム小ブロック極少量，Ｎｔ－Ｓ極少量，締まりやや弱，粘性中。5層より黒味が強く，有機質が強い
6 黒褐色（10YR2／2） ローム粒子少量，ローム小ブロック極少量，Ｎｔ－Ｓ極少量，Ｎｔ－Ｉ極少量，締まり中，粘性弱
7 黒褐色（10YR3／2） ローム粒子中量，ローム小ブロック極少量，Ｎｔ－Ｓ極少量，Ｎｔ－Ｉ極少量，締まり中，粘性やや弱

図5　第26号土坑セクション実測図

（図5-2層）も黒褐色で，黄褐色ローム粒子が多量混じる。このほかに，底面付近や埋納土器の下に，土器を据え置いた際の置き土と考えられる層（図5-3層）が見られる部分もある。

　再葬のために埋納された土器は8点（土器1・2・5～10）が確認されている。これら8点の土器は，平坦な土坑底面に同じレベルで，すべて斜めに据えられている。主軸は，土器1・7・8・9はおおむね南，土器2はおおむね南西，土器5・6はおおむね南東を向いていて，南向きの扇状に広がるように並べられている。土器の据え置き方は，南から北へ，東西3列の配列が考えられる。最も南の列は土器5・8の2点で，置かれた順序は確認できない。なお，2点の土器の間には径60cmの攪乱があり，別個体の土器が埋納されていた可能性が高い。南から2番目の列では，土器9・10・7の順に置かれたと考えられ，この3点は西から東への順に置いている。しかし，その東側にある土器6は，土器7より先に置かれたと考えられ，土器9・10との先後は不明である。南から3番目，最も北の列では，土器2・1の順に置かれたと考えられ，これも西から東への順に置いている。

　当遺跡の再葬墓で確認されている壺形土器の胴部文様は，大きく縄文，条痕文，無文に分けられる。底面痕跡は，木葉痕を主として網代痕が混じ

図6　第26号土坑（東から）

図7　第26号土坑土器5セクション

り，新しくなると布目痕も混じり出す。第26号土坑から出土した8点の土器の胴部文様は，土器10が単節縄文LRで，ほか7点は条痕文である。

また底面痕跡は，土器10が無文で，ほか7点は木葉痕である。

これら8点の土器は，すべて土圧によって割れているが，おおむね原位置を保っている。この埋納土器内の土層堆積状況を観察したところ，8点すべてで上下2層に分層できた（図4・7）。これは，土器内に空洞を有したまま埋納され，埋没後に土坑の覆土が流入したためと考えられる。8点の土器のうち，土器1・2・5・6・8・10は土層にローム小ブロックを少〜極少量含んでいるが，先述のとおり第26号土坑の覆土には，黄褐色ロームが粒子状に少量含まれてはいるものの，ブロック状を呈してはいない。土器は原位置がほぼ保たれており，動植物の攪乱などもなく後世の混入も考えにくい状況であるため，埋納土器内土壌にロームがブロック状で所在するのであれば，埋納以前にその由来を求めることとなる。

2006年調査の際の考察では，土器内のロームブロックは，一次葬墓から掘り上げた骨に付着して，再葬時に骨とともに土器内に入ったとしている[4]。ロームの付着したままの骨を土器に入れて埋納し，その骨が腐食する前に土壌が流入して，骨に付着したロームの原位置を残して堆積したため，ブロック状に土層中に残ったという考えである。ロームが付着したままの骨を土器に入れたという状況は，当遺跡では土葬によって骨化したと考えられる根拠としている。

なお，今回の確認調査で確認した再葬墓のほとんどは，（有）三井考測によって三次元計測・図化している。とくに第26号土坑は，この確認調査唯一の掘り込み対象の再葬墓であったため，出土から完掘状況までの記録を三次元計測で残した。

6 第9号溝跡とレーダー探査（図8）

第9号溝跡は，第1次調査で第4トレンチ，第2次調査で第18トレンチ，第3次調査で第19・25トレンチにおいて確認されている。断面はV字型を呈し，確認できた上端の幅は約230cm，深さは約150cmで，走向は一定しないが尾根をおおむね南北に切るように走る。弥生時代中期の再葬墓（第153号土坑）を切り，平安時代の住居跡（第14・15号竪穴住居跡）や中世の溝跡（第8号溝跡）に切られていることが確認できている。遺物は大半が縄文後〜晩期の土器で，少々弥生土器が混じる。遺構の時期を示唆する覆土下層からの出土遺物は，十王台式期の土器片であった。

第9号溝跡は，再葬墓の東群と西群を切るように思われる位置に所在しているため，その性格の解明は，確認調査の課題の一つに浮上していた。そこで，遺跡の損傷を最小限に抑えつつ溝跡の検証をするため，第4次調査に先立ち，（有）三井考測と桜小路電気（有）に委託して地中レーダー探査を実施した。使用したレーダー・アンテナは光電製作所製 GPR−8型で周波数は300 MHzである。第9号溝跡の確認された圃場1枚（南北約90m，東西約20m）を調査対象とした。とくに第9号溝跡を良く捉えたのは80−90 ns（ナノセクション）で，図8のような反応が見られ，走向を捉えることができた。確認調査を通して悩まされた第9号溝跡であるが，再葬墓の分布域を大きく越えて当遺跡を南北に走る様から，性格は不明ではあるが，再葬墓とは直接の関係はないものと考えた。

なお，この探査により，当遺跡南部に埋没谷も確認できた。この埋没谷は，第2次調査で性格不明遺構としていたもので，日光男体山由来の今市スコリアと七本桜パミスで埋没している。

7 自然科学的分析

（1）年代測定

第3次調査では，第26号土坑から出土した土器8点から，採取可能な土器付着炭化物5点で放射性炭素年代測定を実施し，その結果，土器2・8・10の3点から，紀元前3〜4世紀を示す数値が得られた。

この結果を受けて，さらにサンプル数を増やしての年代測定を実施した。試料は，2006年調査および第1〜4次調査において採取した再葬墓など出土土器に付着するもの33点，縄文時代晩期の土器に付着するもの10点，計43点を対象とした。再葬墓など出土土器付着炭化物については，

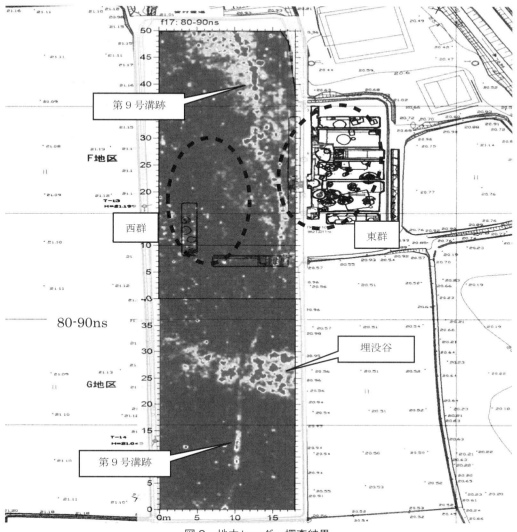

図8 地中レーダー探査結果

33点のうち14点で紀元前3～4世紀を示す数値が得られている。これは，弥生時代中期前半の年代として矛盾しないと考えられる。ほかの試料のうち1点は紀元前2世紀，5点は紀元前5～6世紀の範囲に収まるが，残る試料は大きく古い数値を示した。なお，埋納土器の文様などから推測された泉坂下Ⅰ期・Ⅱ期という再葬墓の時期差については，年代測定では明確な差は確認できなかった。

縄文時代晩期土器の付着炭化物については，10点のうち6点が紀元前9～10世紀を示す数値が得られている。これは，縄文時代晩期中葉の年代としてはおおむね矛盾しない数字である。このほかの試料のうち2点は紀元前6～7世紀を示すが，残る試料は大きく古い数値を示した。縄文時代晩期まで含めて対象とした年代測定は，再葬墓研究の課題である縄文時代晩期遺跡との関連を考える一助とすることを目的に行なったもので，両者に約5～6世紀の時間的隔たりがあることが示された。

これらの年代測定は，すべてパリノ・サーヴェイ（株）に委託して実施した。測定成果に大きく時期を外れるものが混じるのは，試料中の炭素量が少ないこと，古い炭素の影響を受けていることなど，良質な試料の少ない中で測定したことが原因である。

(2) 微細物分析

第3次調査時に掘り込んだ第26号土坑の覆土を水洗選別し，確認できた炭化種実など微細物の分析をパリノ・サーヴェイ（株）に委託して実施した。すると，オニグルミ，クリ，ムクロジ，トチノキといった落葉広葉樹が，同定できたものの大半を占めた。河畔林を形成する木本類が多く確認されたことは，久慈川沿いの低位段丘上という当遺跡の環境をよく示している。

また，イネ，オオムギ，コムギなどといった栽培種の炭化種実も少量ながら確認されており，再葬墓が構築された時期に，周辺でこれらの栽培が行なわれていた可能性が窺われる。

(3) 圧痕分析（図9・10）

第3次調査で出土した第26号土坑の土器10について，胴部外面に2ヵ所の圧痕が確認できた。そこで，この分析をパリノ・サーヴェイ（株）に委託して実施した。レプリカ法による分析の結果，この圧痕はイネの種実と同定されている。

おわりに

この確認調査では，第26号土坑を唯一例外として，当初方針のとおり再葬墓は掘り込まず，土坑内土器は取り上げずに埋没保存した。調査後には，再葬墓などに山砂を数cm載せ，水をかけて馴染ませて，さらにトレンチ全体に今回の調査の目印となるよう山砂を薄く撒いた後，掘り上げた土をかけて埋め戻した。

当遺跡の再葬墓群は，現在の地表面から30cm前後という浅さで確認できる遺構のため，保存には相当な配慮が必要である。これは，水田耕作の攪乱が及ぶかどうかという浅さであり，攪乱が再葬墓内土器の一部に及んでいる例も調査時に散見した。もちろん，調査後には，地権者のご理解のもと水田耕作は行なわれていない。当遺跡を，今後適切に保護・保存し，未来に伝えていくことは，私たちに課せられた大きな課題である。

なお，当遺跡では，常陸大宮市教育委員会による，史跡整備に向けた第5次確認調査が2018年秋に行なわれ，現在整理作業が進められている。

図9　第26号土坑土器10（胴部外面に圧痕）

図10　第26号土坑土器10の外面圧痕レプリカ拡大

その成果に期待したい。

註
1) 鈴木素行編集・発行『泉坂下遺跡の研究―人面付土器を伴う弥生時代中期の再葬墓群について―』2011年（同年，同内容で『泉坂下遺跡』として常陸大宮市教育委員会から発行）
2) 後藤俊一・萩野谷悟・中林香澄『泉坂下遺跡Ⅱ』茨城県常陸大宮市埋蔵文化財調査報告書第16集，2013年。同『泉坂下遺跡Ⅲ』同第21集，2014年。後藤俊一・中林香澄・萩野谷悟『泉坂下遺跡Ⅳ』同第23集，2015年。後藤俊一・中林香澄・萩野谷悟ほか『泉坂下遺跡Ⅴ』同第26集，2016年。
3) 前掲註1に同じ
4) 前掲註1に同じ

第2章　再葬墓研究の現在

再葬墓研究のあゆみ

常陸大宮市教育委員会
萩野谷 悟

はじめに

2017（平成29）年，茨城県常陸大宮市に所在する弥生時代の再葬墓遺跡である泉坂下遺跡が国史跡に，またその出土遺物が国重要文化財に相前後して指定された。常陸大宮市教育委員会はこれを記念し，シンポジウム「なんだっぺ？ 泉坂下〜再葬墓研究最前線〜」を開催した。

本稿は，このシンポジウムの講演等要旨・資料集（常陸大宮市教委2017）に収載した同名の小文（萩野谷2017）を本誌用に改稿したものである。同文は，シンポジウム開催に当たり，再葬墓理解の一助とすることを目的に研究史を簡単にまとめたものであった。本稿も骨子は変えておらず，再葬墓のもつ意味や問題点，研究の現状などを理解する上で助けになれば幸いである。

本稿では，再葬墓研究の歴史を大きく，揺籃期（1890〜1920年代），資料蓄積期前期（1930〜1945年），資料蓄積期後期（1945〜1950年代），「再葬墓」定立期（1960〜70年代），深化・発展期（1980〜2000年），再編期（2000年以降）と捉え，以下，それぞれを6つの節として構成する。ただ，これらの分期はおおよその傾向を示すものであり，研究内容が上記のように整然と分かれるわけではないので，研究の流れなどによっては個別の記述が多少前後することがあるのは御了承願いたい。

なお，用語については，関係文献の表記を優先したため不統一の部分がある。諒とされたい。

1　揺籃期（1890〜1920年代）

現在では再葬墓またはその遺物とされている遺跡・遺物の調査研究は，1894（明治27）年の栃木県宇都宮市野沢遺跡（小林・沼田1900）に始ま

る。人面付土器や管玉・石鏃が出土したことで注目されたが，当時は遺跡の性格は不明のままであった。小林與三郎らは，人面付土器についてはやはり興味をもって見ており，形状からすると「彌生式」土器に近いが，性質からすると「貝塚式」（縄文）土器のようでもあり，人面付の土器は「貝塚式」土器に類例があることから，「貝塚式」土器の一種であろうとしている。立論の中では，「若し或る一派の考古家の云ふが如く彌生式土器を用ひし一種の民族ありとせば従ひて是等の土器は是等民族とコロボックル民族との意匠を混和せるものにして少なくとも両民族の觸接せし時代なるべきか」（前掲，130・132頁）と述べ，人類学的な興味は示しているが，遺跡の性格などには論及がない。そこまで興味が及んでいないようである。発見当時は，1884（明治17）年に東京・本郷の弥生町向ヶ岡で最初の弥生土器が発見されて10年ばかりで，弥生文化の研究が開始されて間もないころのことであり，無理もないことではあった。

2　資料蓄積期前期（1930〜1945年）

同様の遺跡が比較的多く調査されるようになるのは，昭和に入ってからであった。

1932（昭和7）年には，福島県棚倉町崖ノ上遺跡が調査されている（神林1932）。のちに当遺跡出土土器を標式として弥生中期前半の「棚倉式」が設定されているが，遺構については土坑が2基確認されているだけで詳細は明らかではない。

1938（昭和13）年には，杉原荘介が新潟県阿賀野市六野瀬遺跡を調査した（杉原1968a）。杉原は1935（昭和10）年の千葉県市川市須和田遺跡の調査以来，弥生土器の追究に情熱を燃やしており，

その目的に沿った調査であった。杉原は縄文土器の伝統の強い土器群と人骨を確認し，同様の遺跡は埋葬に関係する遺跡ではないかとの推定をしている。

1939～41（昭和14～16）年には，田中國男により茨城県真壁郡伊讃村（現・筑西市）女方遺跡の調査が行なわれた。田中は「竪穴」（土坑）41基から約200個という大量の土器を発掘し，ほぼ完形の人面付壺形土器も初めて出土した。管玉類も出土している。土坑は20m四方の範囲で確認され，各土坑は径80cm程度の円形か隅丸方形で，ローム面からの深さは10～20cmであったという。この調査は，壺形土器が土坑に納められていたことを初めて確認した画期的なものとなった。田中は概報（田中1942）および報告書（田中1944）で，当遺跡の性格を祭祀遺跡としている。現在では再葬墓遺跡の貴重な調査例とされているが，調査者は筑波山を望む立地や管玉の出土などから祭祀遺跡と考えたのであった。

現在の再葬墓研究に直接つながる調査は，群馬県東吾妻町岩櫃山鷹ノ巣岩陰遺跡から始まるといってよい。杉原荘介は，六野瀬遺跡を調査した翌1939（昭和14）年，群馬県岩櫃山山頂近くから特異な土器が出土したことを知り，発掘調査を実施した。調査では，約100㎡の岩陰の岩床から5群19個体（うち2群は単独）の弥生土器が出土した。このうち単独出土の2個の周辺から男子の頭骨の一部と女子の四肢骨の一部が検出され，本来はそれぞれの土器に納められていたと理解されたことから，杉原は埋葬に関する遺跡と考え（日本古代文化学会1941，杉原1950），のちに千葉県天神前遺跡（後述）の調査を経て「再葬墓」として報告する（杉原1967）。土器の様相に注目して始められた調査であったが，結果的には代表的な再葬墓の遺跡として学界から注目されることとなった。なお，この遺跡の土器を杉原は「岩櫃山式」と称し，弥生時代中期前半に編年した。当遺跡の土器について，工字文・変形工字文を施す東北・関東地方の縄文土器の系統を引くもののほかに，条痕文を施す東海地方の丸子式土器の系統の

土器を多く含むことから，東海地方の土器文化が中部高地を介して流入したものと考えている。

田中による女方遺跡の調査や杉原による六野瀬遺跡・岩櫃山鷹ノ巣岩陰遺跡の調査が行なわれたこの時期は，弥生時代中期初頭の土器が土坑からまとまって出土する遺跡の性格について，大きく墓地説と祭祀遺跡説とが並び立つ状況であった。亀井正道によれば，そのほかに貯蔵庫説も存在したようである（亀井1955a，51頁）。

一方，この時期は日中戦争が泥沼化し，太平洋戦争へと突入していく時期でもあった。1938（昭和13）年の国家総動員法公布をはじめとする戦時統制が厳しさを増し，再葬墓研究を含め考古学研究はしばらく中断を余儀なくされた。六野瀬遺跡や岩櫃山鷹ノ巣岩陰遺跡の研究も中断し，成果が出されるのは戦後しばらく経ってからとなる。

3　資料蓄積期後期（1946～1950年代）

戦後，戦争への反省から科学的・実証的歴史研究の気運が高まる中，考古学界では1947（昭和22）年から静岡県登呂遺跡の発掘調査が行なわれ，それを契機に，翌年，日本考古学協会が発足する。戦後考古学の黎明期である。これに前後して再葬墓関連の調査も再開される。

この時期の調査例としては，1948（昭和23）年の亀井正道による神奈川県平沢遺跡の調査がある。芋の貯蔵穴掘りで集中して8個の土器（うち壺6個，うち1個は甕転用か）が発見され，うち壺1個からは乳児骨の細片が出土した。亀井は周辺を試掘し，土器などがまったく出土しないことを確認している。1955（昭和30）年にはこの調査の報告をし，のちに平沢式と呼ばれるこれらの土器を杉原荘介のいう弥生時代中期・須和田式の範疇で捉え，遺構の性格としては乳児骨の検出や出土状況から墓と理解した（亀井1955b）。さらに同年「東日本弥生式文化に於ける墓制に就いて」（亀井1955a）を発表し，改めて平沢遺跡における「一種の甕棺葬法」（前掲，58頁）の存在を主張し，一方で同種の遺跡についての祭祀遺跡説を，特異な出土状態や土器内からの人骨の未発見などの諸

条件から「遺跡に対する妥当な解釈を下す事が出来なかったと云ふ，一見素朴な理由に拠るものであった」（前掲，54頁）と切って捨てた。なお，派生的に土偶形容器と人面付土器の関連について述べ，前後関係にある両者は遺骸・遺骨の収納という同一の目的のもとに製作・使用されたとしているのは興味深い。

1949（昭和24）年には，復員した杉原荘介が，戦前から計画していた福島県北会津郡門田村（現・会津若松市）南御山遺跡の調査を実施している（杉原1954）。杉原は，戦後考古学の黎明期において，登呂遺跡の発掘調査や日本考古学協会の発足に中心的な役割を果たしたが，同時期に南御山遺跡の調査を敢行したのであった。そこでは重複する多くのピットから出土する，北関東系の土器や地方色の強い弥生土器を確認した。ただ，「ピットは有機土層中に止まるので，どのピットがどのピットを切っているかという観察は困難であって，土器の埋没状態から，それがピットであると分かるだけである」（前掲，71頁）という状況で，遺構の状況は明らかにはならなかった。多くの再葬墓遺跡の調査に伴う困難を杉原は痛感することになったのである。土器については2時期に分け，弥生時代中期の前葉・中葉に位置づけた。また，壺外から管玉・勾玉の出土を確認するとともに，管玉の太形・中形のものはすべて破砕された上で埋納されていることを確認した。

さらに1952（昭和27）年，福島県相馬市成田遺跡が調査される。地元の小学生による土器片の発見から福島県立相馬高等学校郷土研究室が調査し（S地点），さらに杉原荘介が別地点（M地点）を調査した。両地点で縄文晩期の土器が集中して出土し，M地点の大型の鉢からは骨片が認められた。杉原はこの成果を1968（昭和43）年に「福島県成田における小竪穴と出土土器」（杉原1968b）として報告するが，そこでは現場の状況から径1m程度の円形の小竪穴の中に土器が人為的に入れられていたものと理解している。報告の時点では千葉県天神前遺跡の調査を経ており，杉原は両地点を再葬墓の墓壙とした。ただ，時期的

にはM地点の土器は晩期中葉・大洞C₂式，S地点の土器は晩期終末・大洞A′式に属することから，杉原は弥生時代の再葬墓とは若干意味が異なるとしながらも，「再葬墓の葬制の起源が，縄文時代にあった」（前掲，28頁）と結論付けた。これは再葬墓の起源に関する重要な指摘であった。

神澤勇一は，当時の日本考古学の到達点を示す『日本考古学講座』（河出書房）に「弥生時代の生活—墳墓（東日本）」（神澤1955）を執筆した。その中で，岩櫃山鷹ノ巣岩陰遺跡を墳墓と認めたうえで，その状況について「さらに検討を要すること」としながらも「洗骨の風習」と関連させて考えている（前掲，194頁）。この段階では，同様の遺跡が墓地遺跡と確定するには至らなかったが，神澤のこの指摘は，後述する天神前遺跡の調査により墓地遺跡であることを確認した杉原がこの種の葬法とその墓を「再葬」（杉原・大塚1964），「再葬墓」（杉原1967）と呼ぶ発想の源泉となった。なお，神澤は，成田遺跡が縄文晩期土器を出土することから，同様の遺跡は「縄文文化の伝統をひくもの」（神澤1955，195頁）との指摘をしており，このことにも注目しておく必要がある。

この時期，新潟県北蒲原郡京ヶ瀬村（現・阿賀野市）猫山遺跡なども，工事中に土器群が発見されたことから簡単な調査がなされている（上原1959）。1958（昭和33）年のことで，壺を主体とする8個体の土器群（うち3個体は蓋と蓋に転用された浅鉢・台付鉢を伴う）と単独の壺が，深鉢1個体が倒立していたほかは，すべて直立して出土した。土器内に人骨などは遺存しなかったが，チャートや硬質頁岩の剥片，円礫などが出土しており，周囲から落ち込んだものと考えられている。なお，翌年にも，蓋として浅鉢を伴う壺と，合わせ口と推定される深鉢2個体が出土している。これらはのちに再葬墓と判断された（新潟県1983）。

4 「再葬墓」定立期（1960～70年代）

これまでの一連の研究を踏まえ，かつ新たな事実をもとに「再葬墓」という概念が定立され，研究が活気づいた時期である。

(1)「再葬墓」定立と一連の調査研究

　再葬墓研究上もっとも画期的な調査は，杉原荘介によって1963（昭和38）年末と翌1964（昭和39）年初めに行なわれた，千葉県佐倉市天神前遺跡の調査である（杉原・大塚1964，同1974）。契機となったのは，佐倉市で弥生式土器と人骨1片が発見されたという新聞報道であった。土器は，杉原が以前から強い関心を持って追い続けていた須和田式土器であった。人骨の出土も，岩櫃山鷹ノ巣岩陰遺跡以来持ち続けていた同種遺跡の性格についての関心から，調査の原動力になったと思われる。この発掘調査では，墓壙7基と弥生土器20個を検出した。墓壙はおおむね径1m前後の不整円形で，それぞれ1個から8個の土器を納めていた。土器は，壺17個，甕3個で，「納骨器」として役立つと思われるものは16個であった。そのうち9個の土器からは人骨が出土した。性別が明らかになったものは男性2例，女性1例で，すべて成人であった。ある壺の中からは成人の頭蓋骨や四肢骨が出土したが，壺の頸部が成人の遺骸を入れるには細すぎ，「死体をそのまま容れられないから，それは再葬に違いなく，当時洗骨に似た風習のあったことを認めざるを得ない」（杉原・大塚1964，8頁）との結論を得た。そして杉原は，上述したようにこれを「再葬墓」と呼称したのであった（杉原・大塚1974）。なお，人骨の出土状況から1個の土器には1人の人骨が納められているとし，天神前遺跡の再葬墓には16人の被葬者が葬られているとした。

　こうして天神前遺跡の調査はこの種の遺跡の性格を墓地遺跡として定立し，以後，「再葬墓」の呼称も一般化することになった。上述した岩櫃山鷹ノ巣岩陰遺跡の報告（杉原1967）は「再葬墓」の一般化に中心的な役割を果たしたとみてよい。

　その後も，杉原は再葬墓あるいは初期弥生土器に関する調査を継続し，1964〜65（昭和39〜40）年には栃木県佐野市出流原遺跡の調査を行なった（杉原1981）。34m四方の範囲から径1m前後の土壙が計37基発見され，未発掘地の分まで加えると40基を超えると推定される。土壙には土

器が1〜11個埋置され，11個の土器を納めた11号土壙では小型の人面付壺形土器も出土した。埋納土器は，南関東地方の弥生時代中期前半に編年される須和田式土器を主体としていた。人骨を納めた土器4例，碧玉製管玉を副葬した土器14例，石鏃を副葬した土器3例も確認されている。

　1968（昭和43）年11月には，茨城県稲敷郡桜川村（現・稲敷市）殿内遺跡の発掘調査が明治大学考古学研究室により行なわれた（杉原・戸沢・小林1969）。縄文時代晩期の層を切り込む再葬墓10基を調査し，それ以外に2〜3基，総計12〜13基の存在が推定された。それらを含む再葬墓の分布は南北18m，東西10mの小範囲に限定される。埋設された土器は縄文時代晩期から弥生時代中期初頭に属し，土器の内部から人骨片・歯などが検出された。碧玉製管玉などの副葬は見られなかったが，頁岩製の剝片が副葬されていた（第7号小竪穴中の壺形土器内）。報文では，頁岩製剝片の副葬例が4例になったことに触れ，「剝片を副葬することに，何か呪術的な意味でもあるのであろうか」（前掲，41頁）との問題意識が表明された。また小型土器の共伴について，従来は副葬品と見ていたが，第10号小竪穴の小型壺形土器中に7個の歯を入れた例が明らかになったことから，「容骨器」としての使用が充分ありうることが認識された。1小竪穴に1遺体を納める葬法も本遺跡の特色とされた。これらのことから同遺跡は早い段階の再葬墓の好例となった。なお，本遺跡の時期について，最近，明治大学博物館は「弥生時代前期後半」としている（明大博2016）。

　杉原らの調査が続く中，1965（昭和40）年には，群馬県松井田町（現・安中市）上人見遺跡（梅澤1986）が群馬県立博物館と東京大学文化人類学研究室によって調査された。1960（昭和35）年に農作業中に弥生土器が発見されすでに一部で注目されていたが，この調査で同じ一群に属する土器が出土し，再葬墓であることが明らかにされた。確認された再葬墓は1基であったが，再葬墓遺跡の一部と想定された。また，付近に同時期の土器片が集中する地点があり，梅澤重昭は集落の

存在を示唆している。土器の様相としては東海地方西部の条痕文系の壺と関東地方東・南部の変形工字文系の甕が併存し，遺跡は梅澤により弥生時代中期初頭，群馬県地域における東海地方西部の水神平式土器の伝播期の遺跡と位置付けられた。甕の中から剝片石器１点が出土し，石鎌（石庖丁）とされている。

（2）調査事例の蓄積

　この時期はまた，高度経済成長を背景に各地で開発が進み，発掘調査が急増した。さらに自治体史編纂の動きなどもあって，再葬墓調査例の蓄積が進んだ時期であった。

　1966（昭和41）年には，福島県表郷村（現・白河市）滝ノ森B遺跡が調査された。1940（昭和15）年に人面付土器が出土していた（亀井1957）が，この調査により墓と考えられる土坑や抽象化された人面付土器などが検出され，再葬墓と考えられた（江藤・目黒ほか1967，目黒1969）。

　1967・68（昭和42・43）年には，福島県大沼郡金山町宮崎遺跡の調査が町史編さん事業として行なわれている（周東ほか1977）。再葬墓の数は明確ではないが，60個体以上の土器や破砕された管玉などが出土している。報告の中で周東一也は，管玉の破砕や小型土器の比率の高さなどを根拠に，宮崎遺跡を「祭祀的性格の濃厚な遺跡」（前掲，96頁）としている。

　1970（昭和45）年には，福島県鳥内遺跡の調査が行なわれた（目黒ほか1998）。開田事業に伴う調査で，縄文時代晩期，弥生時代前期および中期の再葬墓34基を確認している。土器は表面採集品を含め約100個体が出土した。大規模な再葬墓遺跡として，また１基の土坑からの当時最多となる14個の土器の出土，西日本の遠賀川式や東海地方の水神平式などの系統の土器の出土，破片ではあるが人面付土器の出土，破砕された碧玉製管玉の出土，あるいは人骨・獣骨などの出土で注目された。

　1971・74（昭和46・49）年には福島県会津若松市墓料遺跡が調査された（会津若松市教委1977）。15～16ヵ所から，壺形土器を主とする100点を超える弥生土器や，破砕された管玉が出土した。

人面付土器も破片ではあるが出土している。遺構や遺物出土状況が明確に捉えられていないが，土器は前期のものを多く含み，一部畿内第Ｉ様式の破片が含まれているとして注目された。

　1976（昭和51）年には，常陸大宮市小野天神前遺跡の調査が茨城県歴史館の事業として阿久津久を中心として行なわれた（茨城県歴史館1978，阿久津1977・1979・1980・1991）。農耕に伴い人面付土器が出土し，それが収集家の手を経て歴史館に持ち込まれたことを発端とした調査で，16m四方を調査し，20基の土壙から75個体の土器を発掘した。この調査でも，破片のみのものも含め２例の人面付土器が出土し，当遺跡では都合３例の人面付土器が出土したことになる。１遺跡で３例は，唯一・最多の人面付土器出土例となっている。また，16号土壙から出土した壺からは滑石製臼玉２個が検出された。なお，川崎純徳らは小野天神前遺跡の再検討をし，再葬墓説を否定し，祭祀遺跡と考えている（川崎・鴨志田1980）。

　同じく1976（昭和51）年には，栃木県下野市芝工業団地内遺跡が調査されている（石川ほか1982）。再葬墓6基が確認され，十数個の土器，石鏃・勾玉・臼玉が出土した。土器はほとんどが弥生時代前期に属するものであった。早い時期の再葬墓として注目される。

　1977（昭和52）年には，福島県須賀川市牡丹平遺跡で水道工事に伴い大型壺が出土し，中から成人の頭骨・肋骨・腰骨・四肢骨など１体分の人骨のうちのかなりの部分が検出された（永山1977，小片ほか2000）。全身骨から主要な部分を万遍なく選択して再葬する葬法は，人骨のごく一部を再葬（部分骨再葬）すると考えられてきた従来の見方に一石を投じるものとなった。必ずしも牡丹平遺跡の在り方が一般的ではないが，再葬のプロセスの中の遺骸の取り扱いに関する一つの重要な例となった。

　同じく1977（昭和52）年には，埼玉県深谷市上敷免遺跡の調査が行なわれ，2基の再葬墓から7個体の土器，人歯骨，破砕された管玉などが出土している（深谷市教委1978）。なお，同遺跡

では調査以前に人面付土器を含む28個体の土器が出土しており，1984（昭和59）年に関義則により資料調査報告が行なわれている（関1984）。その後，青木克尚が調査前の出土資料の再検討を行ない，共伴関係や人面付土器の詳細が明らかにされた（青木1999）。

1979〜80（昭和54〜55）年には，新潟県西蒲原郡黒埼町（現・新潟市）緒立遺跡が，道路改良工事に伴って調査された。墓と考えられるピットや土坑約10基が確認され，それに隣接して焼人骨3体以上が出土している。人骨には抜歯が認められ，人骨で作られた垂飾約10個も出土して注目された。そのほか人面付土器や管玉が出土し，管玉の一部は破砕された状況で出土している。埋葬遺構の詳細が不明であるが，その状況から再葬墓または再葬墓関連遺跡と考えられている（磯崎1979。新潟県1983，79-80頁，図版489-494）。

その他，この時期の調査としては，1978（昭和53）年の福島県高郷村（現・喜多方市）上野遺跡がある（古川1979）。

（3）再葬墓をめぐる論争

1960年代ごろまでの調査研究は遺跡の性格や土器に関する研究が中心であったが，1970年代にはその研究を基礎として再葬墓の起源や系譜に関する論考も出始め，論争も起こってくる。

その代表的な論争が杉原荘介と星田享二の論争であった。杉原は福島県成田遺跡の調査をもとに土器の検討を行ない，東日本の縄文文化の伝統が強いことを指摘し（杉原1968b），再葬墓が「縄文晩期における一部の墓制からの発展」（杉原・大塚1974，38頁）であるとした。これに対し星田は，須和田式土器の検討から「愛知県小牛牧遺跡でみられる縄文時代晩期の墓制（洗骨葬と考えられるが，（中略）壺形土器はまだ参画していない）が，農耕技術を導入した段階において，農耕祭祀と密接な結びつきをもって（この段階で壺形土器が参画すると考えられる）生まれてきた墓制」（星田1976，37頁）として弥生時代再葬墓の起源を東海地方の縄文時代晩期の再葬に起源を求めた。根本的には農耕文化とともに西から波及する文化複

合の一つと捉えたのであった。これら再葬墓の源流に関する論争を小柳正子はそれぞれ「縄文文化伝統説」，「弥生文化東漸説」と仮称して整理した（小柳1979）。星田は，杉原も弥生文化の波及を前提にしているし，星田自身も縄文文化からの伝統をまったく無視しているわけではないとする（星田1979）が，どちらに重点を置くのか，考え方の図式的整理としては小柳の整理も一定の意味があろう。いずれにせよ，この時期は，遺跡の性格というもっとも基本的な問題についての議論に一応の決着がつき，次の段階の研究・議論が盛んになってきた，ということなのであろう。

5　深化・発展期（1980〜90年代）

調査例の蓄積と研究の進展は，調査にフィードバックされ，精度への意識を向上させた。これまでの再葬墓の調査では，遺物の埋納状態を含めた遺構そのもの，すなわち再葬墓の具体像の把握が不十分であった。土器への関心が強かったという学史的な背景もあり，また深度が浅いため遺構の確認が困難であるという現実もあって，現在の視点から見れば，結果的に再葬墓そのものの把握が十分とは言えない調査も多かったのである。そういう中にあって再葬墓の実態を詳細に捉え，人歯骨の加工なども含め，再葬のプロセスを明らかにしようとする調査研究も行なわれるようになる。再葬墓研究は質的な転換が行なわれ，深化・発展の段階を迎えたと言える。

（1）調査精度の向上と事例の蓄積

発掘調査で注目されるのが，1981（昭和56）年の新潟県新発田市村尻遺跡（関・田中ほか1982）の調査である。調査では，墓壙内から潰れた状態で出土する土器の慎重な観察から埋設時の状態が復元された。調査者のひとり，石川日出志が，後に自ら「遺跡の中に遺構と遺物がどのような状況にあるのかをさぐり，土器に残された痕跡も観察して，再葬墓造営の具体な姿を追究することを意識した最初の試みであった」（石川2004a，3頁）と述べているとおり，意欲的な調査であった。土器研究の傾向の強かった再葬墓研究に新風を吹き

込んだ画期的な調査と言っても過言ではない。

　1981・82（昭和56・57）年には福島県伊達郡霊山町（現・伊達市）根古屋遺跡が調査された（霊山町教委1982，霊山根古屋遺跡調査団1986）。40㎡ほどの狭い範囲で25基もの再葬墓や2基の土坑墓などが確認され，120個を超える埋納土器が出土した。東北地方南部の縄文時代終末期ないし弥生時代前期の再葬墓群として注目された。土器内から焼人骨が出土し，中には単一の土器から複数個体の人骨が出土する例があり，注目される。別に焼人骨が集中する地点があり，また人歯骨に穿孔した装身具も出土している。足指の骨と歯に穿孔したものそれぞれ2点と4点があり，頸飾か腕輪と想定された（大竹1983）。これらは，前述した緒立遺跡でほぼ同時期の再葬墓から出土した人骨製垂飾などとともに，初期弥生時代文化の装身具としてだけでなく，再葬社会における遺体への意識などを探る上でも重要な資料と考えられる。その後，設楽博己が再検討し，本遺跡を弥生時代最古の再葬墓遺跡と位置づけた（設楽1991）。

　この時期の調査としては，ほかに1983（昭和58）年の群馬県藤岡市沖Ⅱ遺跡（荒巻ほか1986），1984〜86（昭和59〜61）年と1988（昭和63）年の栃木県粟野町（現・鹿沼市）戸木内遺跡（石川ほか1985・86，内山1997），1987（昭和62）年の埼玉県熊谷市横間栗遺跡（鈴木1999），1994・95（平成6・7）年の栃木県下都賀郡野木町清六Ⅲ遺跡（上原・篠原1999）の調査などがある。

（2）再葬墓研究の進展

①歴史的意義

　この時期，再葬墓の歴史的意義を探ろうとする論考が注目される。弥生文化は農耕文化として規定され，再葬墓は弥生時代初頭の葬制とされるが，社会・文化総体のダイナミックな変化の中で再葬墓を論じようとするものである。社会・文化の変化は，開始とともに，終焉にも影響を及ぼさずにはおかない。

　再葬墓の終始に関する論考としては，笹田裕の論（笹田1980）がある。笹田は，再葬墓は東北縄文文化と東海弥生文化の接触により成立する呪術的性格が強い墓制であるが，畿内の先進的文化の移入ないし権力の波及に伴う墓制の祭祀的性格への転換によって，方形周溝墓に移行するとした。

　方形周溝墓をおもな研究テーマとしてきた山岸良二も，同様の文脈の中で再葬墓の終焉を扱った（山岸1982）。山岸は「「再葬墓」に使用される土器を縄文土器とは言い難い」としながらも，再葬墓の本質は「所詮縄文時代の遺制であり，農耕社会の所産とはいえない」と断じ，関東における農耕社会の成立は農耕文化を所持し方形周溝墓を築造する集団が西日本から進出してきた中期後葉・宮ノ台式期に求められるとし，方形周溝墓こそが「南関東における農耕社会成立の表徴」（前掲，92頁）であるとした。

②人歯骨加工と再葬のプロセス

　1980年代の研究の一端は人歯骨の穿孔に向かう。群馬県内の洞窟遺跡の調査に端を発した飯島義雄らの研究は再葬墓にも及ぼされ，出土人骨，とくに穿孔人歯骨の分析から遺体処理のプロセスを中心とした葬送儀礼の復元を目指した（宮崎ほか1985・86，飯島ほか1986・87，外山ほか1986・89，荒巻ほか1988，飯島1988）。八束脛洞窟遺跡（山崎1959）は多量の焼人骨とともに，副葬品と想定される貝輪や管玉などが出土しており，墓域であったと考えられているが，人骨の中には穿孔されたものが含まれる。穿孔された指骨は生前に切り落とされたのではなく焼けた部分に穿孔している例があることから，火熱を加えた後に穿孔したと推定している。一次葬（埋葬または風葬）後，穿孔予定の歯を抜き取り，骨を焼いて二次葬（再葬）する。この過程で採取された歯・指骨が穿孔され，それは肉親が護符として着装していたと想定した。そして着装者が死んだ際に副葬されたものと推定している。

　再葬のプロセスのうち白骨化については，春成秀爾の論が注目される。生肉が付いた段階での剝片石器による解体の場合があることを述べ，土器での煮沸の可能性にも言及した（春成1986・1993）。

③総括と課題の抽出

　研究成果が蓄積されてくると，これまでの調査

研究を総括し，今後の方向性を探る動きも出てくる。設楽博己は 1987（昭和 62）年の日本考古学会例会で講演し，再葬墓研究について広い視野から総括・整理してみせた（設楽 1988）。初源期の再葬墓は縄文晩期樫王式期の三河地方と大洞 A'式期の南奥地方に存在し，再葬墓はその後そこから拡散していくことを，文化動態の中で，とくに土器の動きからダイナミックに示したのであった。課題としては，土器の系譜の解明，再葬の具体相や社会組織に関する縄文晩期の墓制との比較検討，再葬墓の終焉などを挙げている。

翌 1988（昭和 63）年には，第 9 回三県シンポジウムが「東日本の弥生墓制—再葬墓と方形周溝墓—」をテーマに行なわれた。上記した日本考古学会における設楽の講演と同様，再葬墓の調査研究が深化と発展を遂げ，一定の成果を出しつつあることの一つの表れであろう。資料集には各地の再葬墓の調査例が多数集成されており（北武蔵古代文化研 1988），また，書上元博が再葬墓についての問題点をまとめている（書上 1988）。

その翌年の，石川日出志による研究課題の洗い直し（石川 1989）も同様の動きである。

その後，国立歴史民俗博物館が共同研究「葬墓制と他界観」を展開し，1993（平成 5）年にはその成果を『国立歴史民俗博物館研究報告』第 49集として発表した。再葬墓はそのテーマの一部でしかないが，周辺地域も含め，また各時代を通じた葬墓制研究の中に位置づけられたこと自体，再葬墓研究が一定の到達点に至ったことを示しているように思う。直接再葬墓に関係するものとしては，設楽博己「縄文時代の再葬」（設楽 1993a），春成秀爾「弥生時代の再葬制」（春成 1993）がある。設楽は，縄文時代後・晩期の再葬として集骨葬・土器棺再葬・盤状集骨葬・焼人骨葬など多様な葬法があり，近畿地方から中部高地では土器棺再葬と焼人骨葬が晩期終末まで継続するとして弥生時代の再葬墓成立との関連を示唆している。春成は再葬のプロセスを復元し，集団，系譜などについて論じた。再葬のプロセスの中では，遺骸解体・骨化の一つの方法として土器での煮沸の可能

性に触れている。この内容は衝撃的で物議をかもしたが，骨化が土葬に限ったものではなく，死霊の災厄を防ぐため短期間に再葬に至るプロセスがあったのではないかという文脈の中で論じられたのであった。系譜としては，愛知県伊川津貝塚などにおける縄文時代晩期の再葬との関連から，「中部地方の縄文晩期の再葬制の普遍化にほかならない」（春成 1993，84 頁）とした。

設楽は同年，別に「壺棺再葬墓の基礎的研究」（設楽 1993b）を著し，時期区分，分布論，再葬のプロセスと再葬墓の形成過程など基本的な問題を整理・検討した。この論文は再葬墓の調査および研究に必要不可欠な視点を整理した形で提示し，大きな影響をもつことになった。

④集落・社会

この時期，再葬墓遺跡の調査ではないが，再葬墓社会の解明に必要な集落遺跡の調査もあった。1978・81（昭和 53・56）年には，埼玉県熊谷市池上遺跡の調査が行なわれ，弥生中期前半・須和田期の環濠集落が確認された（中島ほか 1984）。再葬墓と同時期の集落跡がほとんど不明な中で，再葬墓並行期集落の貴重な調査例となった。従来看過されていた低地に集落が立地することを明らかにし，水田などの生業関連遺跡の存在も想定させることから，当時の地理的環境を復元した上で集落・生業・葬制など，当時の社会の在り方を総合的に理解する必要があることを認識させた。

また，1984（昭和 59）年から断続的に，群馬県安中市横野台地に所在する注連引原遺跡群・中野谷原遺跡・大上遺跡などが調査されている（大工原ほか 1987・1988，井上 2001・2004，井上・小林ほか 2003，安中市教委 2014）。これらは，再葬墓として注目された上人見遺跡に隣接する遺跡群で，広範囲が調査されていることから再葬墓の時期の集落の全貌が解明されつつある。これらの調査成果をもとに，再葬墓の背景にある集落や社会についての論考が，とくに次の段階に出てくることになる（小林 2004a，井上 2014）。なお，一連の調査では環境復元も試みられた。弥生時代の稲作の存在を確認するには至らなかった（古環境研 2004）

が，こうした分析は再葬墓社会の存在基盤復元のための基礎作業であり，今後の課題となろう。

石川は，1999（平成11）年，「東日本弥生墓制の特質」（石川1999）を発表した。短文ながら注目すべき内容を多く含んでいる。再葬の理由については，同時期の集落跡がほとんど見つからないことから，それは「当時の人々の通常時の集団規模がじつに小規模であったこと」を示していると理解し，普段は分散して生活している同族集団がある時点で集合して共同で再葬を行なうのではないか，と論じた。「再葬行為は普段別々に生活する複数のグループが同族意識を確認し合う重要な儀式であったのではないか」（前掲，175頁）というのである。再葬墓の社会的意味付けとして興味深い理解といえる。また，出現と消滅の経緯にも触れている。出現については，「弥生時代の再葬墓は，縄文時代後・晩期の墓制の伝統を受け継ぐ墓制であり，新たに出現した壺形土器を多用する方式（壺棺再葬墓）に様変わりしたものである」（前掲，176頁）とした。弥生時代の東日本に特有の葬制と考えられてきた再葬は，実は縄文時代の再葬である盤状集骨葬や焼骨葬などの系譜の上にある一連の墓制である，としたのであった。再葬墓を縄文文化との関係で捉えようとする説は，すでに見たように杉原荘介らの研究に著しいが，土器論の延長という傾向が強かった。これに対し石川の論は，自らの縄文時代墓制の研究に基づいており，より具体的で説得力のあるものになっている。一方，消滅については，中期中頃以降，各地域とも「壺棺再葬墓」は消滅し，利根川以西では西日本から波及した方形周溝墓，東関東から東北地方では縄文時代以来伝統の土坑墓と壺棺，群馬・長野県地域では集合木棺墓や集合礫床木棺墓などの墓制が採用される状況を整理し，縄文時代以来の伝統的葬法も存続し，その中には再葬も一部存続していくとした。

6　再編期（2000年以降）

2000年以降も再葬墓研究の深化・発展は続くが，経済状況悪化の影響もあり調査は前段階より減少した。そのためか，一旦立ち止まり改めて研究課題などを見直そうという傾向が感じられる時期である。深化・発展期の動きも踏まえつつ，再葬墓だけを取り出して論じるのではなく，社会全体の動きの中でより総合的に理解しようとする傾向がうかがえる。ここでは，これを研究の再編と捉えておく。

（1）調査例

数少ない調査例の一つが，2000（平成12）年と2002〜04（平成14〜16）年に行なわれた千葉県多古町塙台（はなわだい）遺跡の調査である（荒井2006，荒井ほか2006）。埋納土器を伴う再葬墓は2群に分かれ，北群43基，南群14基，合計57基が確認された。その外にも湮滅した再葬墓が数基あるとみられる，大規模な再葬墓遺跡である。土坑は径1m前後の円形を基本とし，北群は26×12m，南群は9×5mという狭い範囲に集中して分布している。土坑同士の重複はほとんどない。土器は92個体，副葬品とみられる遺物は土器内外から管玉・石庖丁形石器・敲石・石鏃などが出土している。

2001（平成13）年には，埼玉県庄和町（現・春日部市）須釜（すがま）遺跡で耕作中に土器が出土し，町史編纂に伴う学術調査が行なわれた（長谷川ほか2003）。中川支流の自然堤防上に10基が重複なく分布するのが確認され，土器からは籾圧痕が検出された。再葬墓が初期の稲作を背景に造営されていることを立証する遺跡として貴重な事例である。

2002〜05（平成14〜17）年には，福島県大沼郡会津美里町油田（あぶらでん）遺跡が調査された（阿部ほか2007）。再葬墓17基，土坑墓115基などが調査されている。再葬墓の多くは弥生時代前期のものである。ほとんどの再葬墓が土器1・2個体を埋納するのに対し，340号土坑は土器10個体を埋納しており，その他滑石製平玉1点，焼骨片が出土した。土器10個体のうち4個体は3度にわたる追葬によるものとされているが，こうした所見は詳細な調査のもたらした成果である。

2006（平成18）年には，鈴木素行らにより，茨城県常陸大宮市泉坂下遺跡の学術調査が行なわれ

た（鈴木2011）。小規模ながら緻密な調査により再葬墓7基や一次葬用と推定される土坑などを確認し，人面付土器をはじめとする埋納土器群を検出した。さらに常陸大宮市教育委員会による確認調査によって再葬墓遺跡の全体像が把握された（後藤ほか2013・2014・2015・2016）。確認調査は，遺跡の保存・整備・活用を最終目的とし，国史跡指定申請のための資料収集を直接的な目的としていたため，基本的に遺構の確認を主眼とした調査であった。そのため埋納土器の存在は確認しても掘り上げての詳細な観察はできないなど限界はあったが，学術調査分を含めて2群30基の再葬墓を確認するなど成果を挙げた。再葬土器から籾圧痕を検出し，自然科学的分析により確認している（パリノ・サーヴェイ2015）が，これも大きな成果である。

（2）研究課題の再検討

2001（平成13）年に石川は「関東地方弥生時代中期中葉の社会変動」（石川2001）を著した。神奈川県小田原市中里遺跡を主として扱いながら，中期中葉には「本格の稲作対応集落」「低地占地型集落」が南関東から埼玉県北部にかけての広域に形成され，それが核となって中期後半の各地域社会が編成されるなど急激な社会変動が進み，墓制の面では再葬墓から方形周溝墓への転換が進んでいく，とした。再葬墓を中心的に扱った論文ではないが，社会の動きの中で総合的に考えることが必要であることを痛感させるものであった。

2004（平成16）年には，『考古学ジャーナル』（ニューサイエンス社）が特集「「再葬墓」研究の現状と今後の課題」を組み，石川が特集テーマに沿った論文で再葬墓に関する議論と課題の整理を行なった（石川2004a）。続いて，設楽が縄文時代の再葬に関する新知見を踏まえ再葬のシステムが縄文時代から継続していることを論じ（設楽2004a），小林青樹が再葬墓の時代における小規模で移動性の高い居住システムの存在を論じた（小林2004b）。品川欣也は，再葬墓に対応する居住の痕跡がほとんど捉えられないことに関し，再葬墓の周辺に居住の痕跡が遺物集中区として捉えられ

ることがあることを述べ，それらの把握を基礎とした遺跡の構造論的研究を志向すべきことを論じた（品川2004）。2000年代に入って間もない時期であり，石川らの論文は，本稿で深化・発展期とした時期の調査研究を主として扱っており，いずれも今後の課題などについて重要な指摘を含んでいた。

同じく2004年には，設楽は「再葬の背景―縄文・弥生時代における環境変動との対応関係―」（設楽2004b）を発表している。副題からもわかるとおり，再葬の行なわれる背景のひとつを環境変動に求めた。寒冷化が集落の減少や分散化，小規模化を引き起こし，再葬を誘発するとみた。斬新な視点を提供したと言える。

2008（平成20）年には設楽の『弥生再葬墓と社会』（設楽2008）が出版された。設楽のそれまでの再葬墓および同時代社会に関する研究をまとめたもので，現段階で再葬墓をもっとも包括的に扱った基本的文献となっている。なお，弥生時代の再葬墓を，壺棺再葬墓や岩陰の再葬墓を含める形で「弥生再葬墓」と称した。

2013（平成25）年には，栃木県立博物館が企画展「弥生人の祈り―東国の再葬墓―」を開催した（栃木県博2013）。この時期の新たな調査研究に触発され，古い時期の調査にも改めて光を当てた展示であった。再葬墓研究をめぐるこの時期の雰囲気を体現していたように思う。

2015・17（平成27・29）年には梅澤重昭らによる上人見遺跡の再報告と総括が行なわれた（新井・梅澤・井上ほか2015，同2017）。上人見遺跡の墓群は2基の「土器棺墓」を中心とし，周辺に存在する9つの「土坑墓群（ユニット）」で形成されているとした。この構造を一次葬の土坑墓，二次葬の土器棺墓（再葬墓）として理解し，併せて土器文様などから弥生人の精神的側面に迫ろうとした。

2017（平成29）年には，再葬墓をテーマとしたシンポジウムが，2ヵ所で行なわれた。一つは，千葉県天神前遺跡の調査50年（実際には50余年）を記念し，「東国弥生文化の謎を解き明かす～佐倉市岩名天神前遺跡と再葬墓の時代～」と題し

て，遺跡所在地である佐倉市で行なわれた（佐倉市天神前シンポ実行委2017，八千代栗谷研2017）。調査当時のエピソードから現在の再葬墓研究の最前線にかかわる内容まで，きわめて幅広い内容に及ぶ講演と討論であった（大塚2017，石川2017a，設楽2017a，春成2017a）。

もう一つは，冒頭でふれた，茨城県常陸大宮市泉坂下遺跡関連のシンポジウム「なんだっぺ？泉坂下～再葬墓研究最前線～」である。泉坂下遺跡の調査成果をはじめ，茨城県および周辺地域の再葬墓，人面付土器の意味，再葬墓の在り方とその社会などについて報告・講演・討論が行なわれた（阿久津2017，石川2017b，植木2017，後藤2017，小林2017，鈴木2017，春成2017b，森嶋2017）。設楽は資料集への寄稿で，人面付土器や土偶形容器の分類を論じた（設楽2017b）。

おわりに

以上，研究史を時系列的に簡単にまとめてみた。再葬墓研究は，再葬墓そのものの研究から社会全体やその動きの中で理解するような流れになってきている。浅学のため理解が充分でない部分があることは自覚しているが，研究史の大まかな流れは抑えられたのではないかと思う。本稿が再葬墓理解の一助になれば，これに過ぎる喜びはない。

引用・参考文献（刊行年順）
＊掲載順は刊行年順とし，同一年の中では著者の五十音順とした。本文では（編著者 刊行年）で示した。
＊発行者については，容易に判明する場合などは一部または全部を省略した。なお，代わりにシリーズ名・番号を示した場合もある。
＊人名や一部の固有名詞以外の旧漢字は，原則として新字体に直した。

1900（明治33）年
小林與三郎・沼田頼輔「下野國河内郡野澤村発見の土器に就て」『東京人類学会雑誌』第15巻第166号（通巻），129-132頁・付図

1932（昭和7）年
神林淳雄「磐城棚倉町崖上石器時代の遺蹟に就いて」『上代文化』第8号，國學院大學上代文化研究会，

83-88頁

1941（昭和16）年
日本古代文化学会「東京支部第2回例会　上野岩櫃岩陰弥生式遺跡　杉原荘介君」『古代文化』第12巻第4号，60頁

1942（昭和17）年
田中國男「常陸國女方遺蹟の発掘について」『古代文化』第13巻第5号，日本古代文化学会，28-39頁

1944（昭和19）年
田中國男『弥生式縄文式接触文化の研究』大塚巧藝社（1972田中國男博士遺著刊行会再版）

1950（昭和25）年
杉原荘介「東日本弥生式土器文化に於ける葬礼―上野岩櫃山の墳墓群―」『日本考古学協会第5回総会研究発表要旨』21-22頁

1954（昭和29）年
杉原荘介「福島県北会津郡南御山遺跡」『日本考古学年報』2（昭和24年度），誠文堂新光社，71頁

1955（昭和30）年
亀井正道a「東日本弥生式文化に於ける墓制に就いて」『國學院雑誌』第56巻第2号，國學院大學，50-61頁
亀井正道b「相模平沢出土の弥生式土器に就いて」『上代文化』第25輯，國學院大學考古学会，13-22頁
神澤勇一「弥生時代の生活―墳墓（東日本）」『日本考古学講座』第4巻（弥生文化），河出書房，192-196頁

1957（昭和32）年
亀井正道「人面付土器の新例」『考古学雑誌』第43巻第1号，45-47頁

1959（昭和34）年
上原甲子郎「新潟県猫山遺跡調査の概要」『日本考古学協会第24回総会研究発表要旨』4-5頁
山崎義男「群馬県利根郡八束脛遺跡」『日本考古学年報』8（昭和30年度），78頁

1964（昭和39）年
杉原荘介・大塚初重「千葉県天神前遺跡における弥生時代中期の墓址」『日本考古学協会第30回総会研究発表要旨』7-8頁

1967（昭和42）年
江藤吉雄・目黒吉明・穂積勇蔵「福島県表郷村滝の森遺跡調査報告」『福島考古』第8号，福島考古学会，14-36頁
杉原荘介「群馬県岩櫃山における弥生時代の墓址」『考古学集刊』第3巻第3号，東京考古学会，37-56頁

1968（昭和43）年
杉原荘介a「新潟県・六野瀬遺跡の調査」『考古学集刊』第4巻第1号，東京考古学会，77-91頁
杉原荘介b「福島県成田における小竪穴と出土土器」『考

古学集刊』第 4 巻第 2 号，東京考古学会，19 - 28 頁

1969（昭和 44）年

杉原荘介・戸沢充則・小林三郎「茨城県・殿内（浮島）における縄文・弥生両時代の遺跡」『考古学集刊』第 4 巻第 3 号，東京考古学会，33 - 71 頁

目黒吉明「第三章弥生時代　第二節遺跡と遺物」『福島県史』第 1 巻（通史編 1），福島県，122 - 146 頁

1974（昭和 49）年

杉原荘介・大塚初重『千葉県天神前における弥生時代の墓址群』明治大学文学部研究報告　考古学第 4 冊

1976（昭和 51）年

星田享二「東日本弥生時代初頭の土器と墓制―再葬墓の研究―」『史館』第 7 号，10 - 52 頁

1977（昭和 52）年

会津若松市教育委員会編集・発行『墓料』

阿久津久「小野天神前遺跡」『大宮町史』大宮町，141 - 153 頁

周東一也ほか『岩代の国　宮崎遺跡』（金山町史別巻），金山町教育委員会

永山倉蔵「弥生中期の甕棺から人骨を発見」『考古学ジャーナル』No.140，35 頁

1978（昭和 53）年

茨城県歴史館編集・発行『茨城県大宮町小野天神前遺跡（資料編）』（学術調査報告書 1）

深谷市教育委員会編集・発行『上敷免遺跡』

1979（昭和 54）年

阿久津久「大宮町小野天神前遺跡の分析」『茨城県歴史館報』6，26 - 54 頁

磯崎正彦「緒立遺跡　新潟・燕線道路改良工事にかかる緒立遺跡第二次発掘調査実績報告書』黒埼町教育委員会

小柳正子「複葬に関する一考察」『史館』第 11 号，39 - 50 頁

古川利意『会津上野遺跡調査報告』高郷村教育委員会

星田享二「小柳論文に対するコメント」『史館』第 11 号，51 - 53 頁

1980（昭和 55）年

阿久津久「大宮町小野天神前遺跡の分析（2）」『茨城県歴史館報』7，1 - 20 頁

川崎純徳・鴨志田篤二『小野天神前遺跡の研究』勝田文化研究会

笹田裕「再葬墓から方形周溝墓へ」『金鈴』第 22 号，早稲田大学考古学研究会，20 - 23 頁

1981（昭和 56）年

杉原荘介『栃木県出流原における弥生時代の再葬墓群』明治大学文学部研究報告　考古学第 8 巻

1982（昭和 57）年

石川　均ほか『下都賀郡国分寺町柴工業団地内遺跡調査報告』栃木県埋蔵文化財調査報告第 43

関　雅之・田中耕作・石川日出志ほか『村尻遺跡 I』新発田市埋蔵文化財調査報告第 4

山岸良二「「再葬墓」と「周溝墓」の接点―南関東地方を中心に―」『史学』第 52 巻第 2 号，三田史学会，83 - 93 頁

霊山町教育委員会編集・発行『霊山・根古屋遺跡―福島県霊山町根古屋における再葬墓群の調査概報―』

1983（昭和 58）年

大竹憲治「人骨加工―人骨を加工した装身具」『季刊考古学』第 5 号，口絵

新潟県編集・発行『新潟県史』資料編 1（原始・古代一考古編）

1984（昭和 59）年

関　義則「須和田式土器の再検討」『埼玉県立博物館紀要』10，26 - 71 頁

中島　広ほか『池守・池上』埼玉県教育委員会

1985（昭和 60）年

石川　均ほか『戸木内遺跡』粟野町埋蔵文化財調査報告第 1 集

宮崎重雄・外山和夫・飯島義雄「日本先史時代におけるヒトの骨および歯の穿孔について―八束脛洞窟遺跡資料を中心に―」『群馬県立歴史博物館紀要』第 6 号，77 - 108 頁

1986（昭和 61）年

荒巻　実ほか『C11　沖 II 遺跡　藤岡市立北中学校校舎・体育館建設工事に伴う埋蔵文化財発掘調査報告書』藤岡市教育委員会

石川　均ほか『戸木内遺跡 II　昭和 60 年度範囲確認調査報告』栃木県粟野町教育委員会

飯島義雄・宮崎重雄・外山和夫「八束脛洞窟遺跡出土人骨における抜歯の系譜」『群馬県立歴史博物館紀要』第 7 号，45 - 74 頁

梅澤重昭「上人見遺跡」『群馬県史』資料編 2（原始古代 2　弥生・土師），群馬県，513 - 518 頁

外山和夫・宮崎重雄・飯島義雄「八束脛洞窟遺跡」『群馬県史』資料編 2，579 - 584 頁

春成秀爾「弥生時代」『図説発掘が語る日本史』第 2 巻関東・甲信越編，新人物往来社，116 - 156 頁

宮崎重雄・外山和夫・飯島義雄「群馬県八束脛洞窟遺跡出土の弥生人骨における抜歯について」『人類学雑誌』第 94 巻第 2 号，45 - 74 頁

霊山根古屋遺跡調査団編『霊山根古屋遺跡の研究―福島県霊山町根古屋における再葬墓群―』霊山町教育委員会

1987（昭和62）年

飯島義雄・宮崎重雄・外山和夫「所謂「再葬墓」の再検討に向けての予察―特に出土人骨類に焦点をあてて―」『群馬県立歴史博物館紀要』第8号，21-50頁

石川日出志a「再葬墓」・「土器形容器と顔面付土器」『弥生文化の研究』第8巻，148-153・160-164頁

石川日出志b「人面付土器」『季刊考古学』第19号，70-74頁

大工原豊ほか『注連引原遺跡』安中市教育委員会

1988（昭和63）年

荒巻　実・若狭　徹・宮崎重雄・外山和夫・飯島義雄「沖Ⅱ遺跡における「再葬墓」の構造―出土骨類の分析から―」『群馬県立歴史博物館紀要』第9号，59-98頁

飯島義雄「人歯骨穿孔資料の問題点―群馬県八束脛洞窟遺跡と福島県遺跡出土例の比較」『利根川』9，9-15頁

書上元博「東日本弥生文化黎明期の墓制に関する覚書―いわゆる再葬墓制を中心として―」『第9回三県シンポジウム　東日本の弥生墓制―再葬墓と方形周溝墓―』（下記）744-749頁

北武蔵古代文化研究会編『第9回三県シンポジウム　東日本の弥生墓制―再葬墓と方形周溝墓―』群馬県考古学研究会・千曲川水系古代文化研究所・北武蔵古代文化研究会

設楽博己「再葬墓研究の現状と課題」『考古学雑誌』第74巻第2号，108-109頁

大工原豊ほか『注連引原Ⅱ遺跡』安中市教育委員会

1989（平成元）年

外山和夫・宮崎重雄・飯島義雄「再葬墓における穿孔人歯骨の意味」『群馬県立歴史博物館紀要』第10号，1-30頁

1991（平成3）年

阿久津久「小野天神前遺跡」『茨城県史料』考古資料編＝弥生時代，131-135頁

設楽博己「最古の壺棺再葬墓―根古屋遺跡の再検討―」『国立歴史民俗博物館研究報告』第36集，195-238頁

1993（平成5）年

設楽博己a「縄文時代の再葬」『国立歴史民俗博物館研究報告』第49集，7-46頁

設楽博己b「壺棺再葬墓の基礎的研究」『国立歴史民俗博物館研究報告』第50集，3-48頁

春成秀爾「弥生時代の再葬制」『国立歴史民俗博物館研究報告』第49集，47-90頁

1994（平成6）年

設楽博己「壺棺再葬墓の起源と展開」『考古学雑誌』第79巻第4号，383-422頁

1997（平成9）年

内山敏行『戸木内遺跡第4次調査　県営圃場整備事業「永野地区」に伴う埋蔵文化財発掘調査』栃木県埋蔵文化財調査報告第195集

1998（平成10）年

目黒吉明・柴田俊彰・芳賀英一ほか『鳥内遺跡』福島県石川町教育委員会

1999（平成11）年

青木克尚「深谷市上敷免遺跡出土土器の共伴関係」『埼玉考古』第34号，埼玉考古学会，15-22頁，PL1-7

石川日出志「東日本弥生墓制の特質」『新 弥生紀行』朝日新聞社，175-176頁

上原康子・篠原祐一「清六Ⅲ遺跡」（縄文・弥生・古墳時代編），栃木県教育委員会

国立歴史民俗博物館編『新 弥生紀行』朝日新聞社

鈴木敏昭『横間栗遺跡』熊谷市教育員会

2000（平成12）年

小片　保・瀧川　渉・百々幸雄ほか「福島県須賀川市牡丹平遺跡出土の弥生時代人骨」『人類学雑誌』第108巻第1号，17-44頁

2001（平成13）年

石川日出志「関東地方弥生時代中期中葉の社会変動」『駿台史学』第113号，57-93頁

石川日出志・大谷良昌・斎藤弘道・鈴木正博「弥生中期顔面付土器の新類型」『日本考古学協会第67回総会研究発表要旨』65-68頁

井上慎也『中野谷地区遺跡群発掘調査概報7』安中市教育委員会

2003（平成15）年

長谷川清一・鬼塚知典『須釜遺跡―弥生時代中期の再葬墓群の調査と古環境の復元―』庄和町文化財調査報告第9集

2004（平成16）年

石川日出志a「再葬墓研究の現在と今後の課題」『考古学ジャーナル』№524，3-6頁

石川日出志b「茨城県北原遺跡再葬墓の研究」『明治大学人文科学研究所紀要』第54号，1-45頁

井上慎也「中野谷原遺跡」『中野谷地区遺跡群2』安中市教育委員会

井上慎也・小林青樹ほか『大上原地区遺跡群』安中市教育委員会

古環境研究所「Ⅵ　自然科学分析」『中野谷地区遺跡群2』安中市教育委員会

小林青樹a「農耕開始期の居住システムと住居構造―中部高地・関東を中心に―」『帝京大学山梨文化財研究所研究報告』第12集，243-259頁

小林青樹b「弥生再葬墓にかかわる集落と居住システム」

『考古学ジャーナル』№.524，12-15頁

設楽博己a「弥生再葬墓における縄文文化の伝統」『考古学ジャーナル』№.524，7-11頁

設楽博己b「再葬の背景─縄文・弥生時代における環境変動との対応関係─」『国立歴史民俗博物館研究報告』第112集，357-379頁

品川欣也「弥生再葬墓と同時代遺物集中区」『考古学ジャーナル』№.524，16-20頁

2006（平成18）年

荒井世志紀『志摩城跡─多古町遺跡群発掘調査報告書─』多古町教育委員会

荒井世志紀ほか『志摩城跡・二ノ台遺跡Ⅰ』千葉県香取農林振興センター・多古町・香取郡市文化財センター

2007（平成19）年

阿部健太郎・梶原圭介・梶原文子・猪狩俊哉『油田遺跡』会津美里町文化財調査報告書第2集

2008（平成20）年

設楽博己『弥生再葬墓と社会』塙書房

2009（平成21）年

石川日出志「弥生時代・壺再葬墓の終焉」『考古学集刊』第5号，明治大学文学部考古学研究室，21-38頁

2011（平成23）年

鈴木素行編集・発行『泉坂下遺跡の研究─人面付土器を伴う弥生時代中期の再葬墓群について─』（同年，同内容で『泉坂下遺跡』として常陸大宮市教育委員会から発行）

2013（平成25）年

後藤俊一・萩野谷悟・中林香澄『泉坂下遺跡Ⅱ』常陸大宮市埋蔵文化財調査報告書第16集

栃木県立博物館編集・発行『弥生人の祈り─東国の再葬墓─』

2014（平成26）年

井上慎也『西横野東部地区遺跡群』安中市教育委員会

井上慎也「群馬県横野台地における農耕開始期の集落構造について」『法政考古学』第40集，43-59頁

後藤俊一・萩野谷悟・中林香澄『泉坂下遺跡Ⅲ』常陸大宮市埋蔵文化財調査報告書第21集

2015（平成27）年

新井　仁・梅澤重昭・井上慎也・淺間　陽・井上　太「安中市上人見遺跡における弥生再葬墓の考察（1）」『群馬県立歴史博物館紀要』第36号，75-96頁

後藤俊一・中林香澄・萩野谷悟『泉坂下遺跡Ⅳ』常陸大宮市埋蔵文化財調査報告書第23集

設楽博己「縄文時代の再葬墓と弥生再葬墓」『季刊考古学』第130号，雄山閣，65-68頁

パリノ・サーヴェイ株式会社「弥生土器の圧痕分析」『泉坂下遺跡Ⅳ』常陸大宮市埋蔵文化財調査報告書第23集，208-209頁，図版65-68

2016（平成28）年

後藤俊一・中林香澄・萩野谷悟『泉坂下遺跡Ⅴ』常陸大宮市埋蔵文化財調査報告書第26集

明治大学博物館編集・発行「企画展「再葬墓と甕棺墓」解説シート」

2017（平成29）年

阿久津久「茨城の再葬墓」[2]，33-48頁

新井　仁・梅澤重昭・井上慎也・淺間　陽・井上　太「安中市上人見遺跡における弥生再葬墓の考察（2）」『群馬県立歴史博物館紀要』第38号，11-36頁

石川日出志a「東日本弥生文化の変革」[1]，20-26頁

石川日出志b「弥生時代再葬墓研究の現状と課題」[2]，5-10頁

植木雅博「土器から見た再葬墓の系譜と展開」[2]，77-94頁

大塚初重「岩名天神前遺跡発掘の思い出」[1]，4-5頁

後藤俊一「泉坂下遺跡確認調査の成果」[2]，23-32頁

小林青樹「人面付土器の意味論」[2]，95-104頁

佐倉市岩名天神前遺跡公開シンポジウム実行委員会編集・発行『公開シンポジウム「東国弥生文化の謎を解き明かす～佐倉市岩名天神前遺跡と再葬墓の時代」予稿集』

設楽博己a「再葬墓集団のくらし」[1]，14-19頁

設楽博己b「人面付土器の定義をめぐって」[2]，107-114頁

鈴木素行「泉坂下遺跡学術調査の成果」[2]，11-22頁

萩野谷悟「再葬墓研究のあゆみ」[2]，147-160頁

春成秀爾a「再葬の世界」[1]，6-13頁

春成秀爾b「西日本の再葬墓」[2]，67-75頁

常陸大宮市教育委員会編集・発行『泉坂下遺跡国史跡並びに出土遺物国重要文化財指定記念シンポジウム「なんだっぺ？泉坂下～再葬墓研究最前線～」講演等要旨・資料集』

森嶋秀一「周辺地域の再葬墓」[2]，49-66頁

八千代栗谷遺跡研究会編集・発行『やちくりけん』第2号

[1]：八千代栗谷遺跡研2017所収。同名の講演予稿が佐倉市天神前シンポ実行委2017に収載されているが略す。『やちくりけん』第2号は同シンポジウムの記録集である。

[2]：常陸大宮市教委2017所収

縄文時代の再葬墓

国立歴史民俗博物館教授
山田 康弘

はじめに

縄文時代における葬法の一つに，一度遺体を埋葬するなどした後，骨化した遺体（遺骨）を取り出して，再び墓に納めるという特殊なものがある。従来，このように遺体を複数回にわたって取り扱い（人骨の部位選別，加熱を含む），墓ないしはそれと同様の施設に安置する葬法は，再葬あるいは改葬などと呼ばれてきた。縄文時代の事例では，古くは大正年間に青森県域における土器棺再葬墓の事例が報告されるなど[1]，これまでにも多くの研究が発表されている[2]。筆者は埋葬行為が一回のみで終了している事例を単葬と呼び，複数回行なわれたと考えられるものを，単葬に対して複葬と呼んでいるが，本稿では編集者の指示に従い再葬と呼ぶこととし，縄文時代における再葬例・再葬墓を概観することにしたい。

1 再葬の認定

葬法としての再葬の認定方法を厳密に考えるのであれば，それは人骨出土例から判断するほかはない。墓から出土した人骨が，解剖学的な位置関係を残しているのであれば，それは埋葬行為が一度で終了している単葬と判断することができる。再葬はこれとは異なり，出土した人骨の各部位が解剖学的な位置関係にないという点から判断が可能である。しかしながらこの場合，単に人骨各部位の一部が解剖学的な位置関係にないということではなく，おもに頭蓋や四肢骨の位置関係がバラバラであるという点に判断基準が置かれることになる。埋葬時に遺体周辺に空間が存在した場合，腐敗や土砂の侵入などで頭蓋が転移したり，指骨などの小さな骨が移動する可能性があるからであ

る。本稿では，おもに頭蓋および下顎，四肢骨などの大きな部位が解剖学的位置関係にないものを総合的に検討し，再葬と捉えることにしたい。

また，縄文時代の人骨出土例には，しばしば被熱痕跡を持つものや，いわゆる焼骨が確認される。このような事例も，遺体に複数回にわたる処置が伴うことが確実視されることから，最終的に墓に埋葬されていると判断できる場合，再葬例として取り扱うこととしたい。

上記のように再葬を定義した場合，再葬は人骨の出土状況によって認定されることになる。また，再葬は出土した人骨における埋葬属性のあり方から，たとえば以下の様に区分することが可能である。

1) 遺体数：再葬された遺体の数から，単独・再葬例と合葬・再葬例に区分することができる。また，合葬・再葬例については，2〜3体程度の少数合葬例と5体以上となる多数合葬例に分類することもできるだろう。

2) 遺骨各部位の取り扱い方：再葬時に遺骨の各部位をどれだけピックアップするかといった点によっても区分が可能であろう。この場合，指骨や肋骨，各種椎骨などを含めた全身骨再葬と，基本的に頭蓋・下顎および四肢骨を中心とする部分骨再葬に分けることができるだろう。

3) 人骨収納施設などによる分類：再葬時に人骨を土壙内に納めるもの以外に，土器棺内に納めるもの，石棺内に納めるものなどに区分することができる。

4) 人骨の意図的損傷の有無：再葬を行なうにあたって，人骨そのものを傷つける，あるいは関節交連しているものを解体するため

のカットマークがついているといった事例には枚挙に暇が無い。しかし、これとは別に人骨を加熱する（火にかける）行為は、遺体のさらなる意図的破壊を目指したものとして、注意しておくべきであろう。

以下、このような区分が可能であることを考慮しつつ、筆者自身が確認することができた事例を中心に時期ごとに再葬の様相を概観してみよう。なお、縄文時代の再葬例については設楽博己がすでに集成を行なっており、その内容を詳しい一覧表にしているので参照されたい[3]。

2 再葬の初現

上記の定義にあてはまる事例は、すでに縄文時代早期には確認されている。愛媛県上黒岩岩陰遺跡 [森本ほか1980] や大分県二日市洞穴遺跡 [橘1980、竹野・綿貫2004]、長崎県岩下洞穴 [麻生1968] では複数体の遺体が再葬されている合葬・再葬例が確認されている。また、近年國學院大學考古学研究室によって調査が進められている群馬県居家以岩陰遺跡においても再葬例が確認されていると聞く。

二日市洞穴の場合、押型文土器が主体を占める第4文化層から検出された2号墓と3号墓が再葬墓である。2号墓は、成年男女各1、小児（約7歳）1が埋葬された3体合葬・再葬例である。これらのうち2号女性人骨は、報告書を見る限り頭蓋と頸椎および胸椎と肋骨が解剖学的に自然な位置関係にあり、腐敗が進行してはいたものの、上半身において関節交連を残していたと思われる。ほかの2体は四肢骨が主体となるため、おそらくは死亡時期の異なる3体を同時に再葬したのであろう。これら3体の社会的関係性については不明である。3号墓には、5体の人骨が埋葬されており、頭蓋と四肢骨を中心とし、各部位はすべてバラバラとなった状況で出土している（図1）。5体合葬・再葬例の人骨の内訳は、成年男性が3、成年性別不明が1～2歳未満の幼児1である。また、3号墓の上には上部構造として礫が置かれていた。

早期の事例は、基本的に洞穴・岩陰遺跡からの確認例が多く、開地遺跡からの検出例は少ない。その意味では、早期の再葬例は洞穴・岩陰遺跡に集中する傾向があると言える。ただし、岩下洞穴V層12・13・14号人骨の出土状況を報告する中でもすでに指摘されているように、このような洞穴や岩陰遺跡の事例は、埋葬を行なう空間が限定されており、それ故に先に埋葬された遺体を掘り起こしてしまったために行なわれた、いわば偶発的な事例も含まれると想定され、葬法および墓制として確立していたかどうかという点については判断が難しい。

3 前中期の再葬墓

そのような中、何らかの意図を持って再葬が行なわれたと判断できる資料が、縄文時代前期には確認できるようになる。

前期の再葬墓は、栃木県大谷寺洞穴（5体合葬・再葬例）[栃木県史1976]、大分県二日市洞穴（単独・再葬例）[橘1980、竹野・綿貫2004]、大分県横尾貝塚（単独・再葬例および5体合葬？・再葬例）[塩地ほか2008]、岡山県彦崎貝塚（3体合葬・再葬例）[池葉須1971]、富山県小竹貝塚（単独・再葬例および部分骨合葬例）[町田2014] などにおいて確認されている。

大分県横尾貝塚では、1979（昭和54）年の調査で確認された埋葬人骨12体のうち、9体が再葬例である。これらのうち7～9号人骨とされた事例は、1ヵ所に何回も再葬を繰り返し、その都度全体

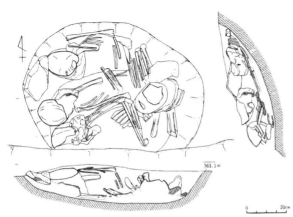

図1　大分県二日市洞穴3号墓実測図
（竹野・綿貫2004より）

として合葬が行なわれているという特殊なものである（図2）。このことは、再葬の契機が、先行する埋葬例を偶発的に掘り当ててしまったためというようなものではなく、むしろ意図的に同じ場所に繰り返し再葬を行ない、合葬したことを示している。

岡山県彦崎貝塚では、1948年における発掘調査において、頭蓋および四肢骨を中心とした3体合葬・再葬例が確認されている。これらの人骨は1～3号人骨であり、四肢骨を井桁状に組み、その中央部に頭蓋3点が置かれていたとされるものである。これら3体の人骨の関係性であるが、頭蓋形態小変異として、1号と2号には前頭縫合と右頭頂孔が確認でき（図3）、1号、2号と3号には頭蓋冠後部で後頭骨と右の頭頂骨を結ぶラムダ縫合小骨が、1号と3号には左頭頂孔が確認できる。彦崎貝塚では、頭蓋形態小変異を共有するものが合葬されていたということができるだろう。

富山県小竹貝塚からは、単独・再葬例のほかに、頭蓋や四肢骨など視覚的に大きな骨を、単独・単葬例の土壙中に意図的に合葬させる事例が確認されている。このような事例も特殊ではあるが、見方によっては再葬例として捉えることもできるだ

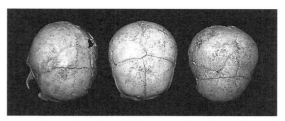

図3　岡山県彦崎貝塚1～3号人骨の頭蓋
（国立科学博物館にて著者撮影，左から1～3号）

ろう。筆者はこのような事例を部分骨合葬と呼んでいるが[4]、富山県小竹貝塚では、9号・14号・16号・26号人骨などがそれに該当する。とくに9号人骨には、胸部に別個体の頭蓋が載せられていた。さらに、18号人骨や19号人骨からは頭蓋が見つかっておらず、これは頭蓋が部分骨合葬用に除去された可能性を示すものである。また、数だけで言えば、部分骨合葬例は特定の埋葬小群中に多く確認できることも興味深い。

中期の再葬墓としては、岩手県上村貝塚（6？体合葬・再葬例）[小田野ほか1991]、福島県大畑貝塚（単独・再葬例）[いわき市教委編1975]、千葉県加曽利北貝塚（単独・再葬例）[杉原編1977]、千葉県下太田貝塚（合葬・再葬例）[菅谷編2003]、長野県梨久保遺跡（単独・再葬例、被熱あり）[会田ほか1986] などが確認されている。

岩手県上村貝塚からは、住居跡内に掘られた土壙から、頭蓋・下顎・四肢骨を中心とした6体分

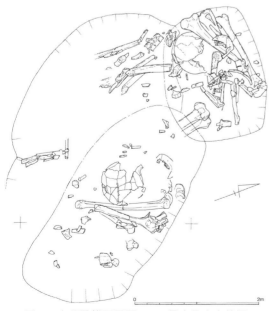

図2　大分県横尾貝塚7～9号人骨出土状況
（塩地ほか2008より）

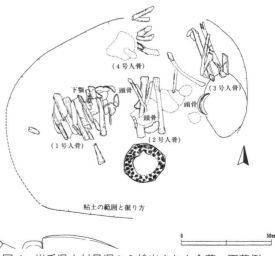

図4　岩手県上村貝塚から検出された合葬・再葬例
（小田野・高橋1991より）

縄文時代の再葬墓　57

以上の人骨が出土している（図4）。報告書に掲載された図を見る限り，これらの人骨は四つにまとめられて土壙内に置かれていたようである。なお，土壙内には高さ31.2 cm，最大径27.2 cmの底部穿孔された大木8b式の深鉢が逆位の状態で立てられていた。

梨久保遺跡の事例の場合，土壙内から被熱した人骨が出土しており，再葬を行なう際に人骨を火にかける行為が存在したことをうかがわせる。また，焼けた人骨の多くは部分骨であるが，中には頭蓋，四肢骨以外に指骨などの細かい骨も入っているものもあり，丸々一体が加熱された事例も存在したと推定される。

4 後晩期の再葬墓

後期の再葬墓は青森県薬師前遺跡（土器棺墓への単独・再葬例を合葬したもの）[市川編 1996]，青森県下平遺跡（土器棺墓への単独・再葬例）[市川編 1996]，青森県堀合Ⅰ号遺跡（土器棺墓への単独・再葬例）[葛西 1974]，岩手県八天遺跡（単独？・再葬例，被熱あり）[林ほか 1979]，秋田県八木遺跡（単独・再葬例，被熱例あり）[百々・木田 1989]，宮城県田柄貝塚（3体合葬・再葬）[阿部 1986]，茨城県三反田蜆塚貝塚（単独・再葬）[勝田市教委 1983]，茨城県冬木Ａ貝塚（単独・再葬例）[茨城県教育財団 1980]，茨城県中妻貝塚（96体以上合葬・再葬）[宮内・西本 1995]，千葉県権現原貝塚（18体合葬・再葬）[花輪ほか 1987]，千葉県祇園原貝塚（5体以上合葬・再葬例が2例）[米田 1980，鷹野 1983]，千葉県下太田貝塚（多数合葬・再葬？が3例）[菅谷編 2003]，千葉県古作貝塚（14体合葬・再葬例ほか）[森本ほか 1983]，千葉県宮本台貝塚（3体以上合葬・再葬例が2例）[岡崎ほか 1974]，千葉県西広貝塚（単独・再葬例）[米田ほか 1977]，千葉県誉田高田貝塚（多数合葬・再葬）[鷹司ほか 1954]，埼玉県坂東山遺跡（単独・再葬例，土器棺墓）[並木・小片 1973]，神奈川県称名寺貝塚（3体合葬・再葬）[吉田・肥留間 1968]，長野県北村遺跡（単独・再葬例および合葬再葬例，被熱例あり）[平林 1993]，長野県保地遺跡（合葬・再葬例が4例）[塩入ほか 2002：

図5 青森県薬師前遺跡における土器棺再葬墓出土状況（五戸町教育委員会所蔵，市川 1997 より転載）

註13]，京都府伊賀寺遺跡（合葬・再葬例，被熱例）[岩松 2009：註14]，大阪府森の宮遺跡（合葬・再葬例）[難波宮址顕彰会 1978]，広島県寄倉岩陰遺跡（多数合葬・再葬が2例）[戸沢ほか 1976]，山口県神田遺跡（合葬・再葬例）[富士埜ほか 1971]，熊本県沖ノ原遺跡（単独・再葬例）[隈ほか 1984]などから確認されており，またそのあり方も多様化する。設楽博己がすでに指摘しているように，中でも東北地方北部の土器棺再葬例と関東地方の多数合葬・再葬例が目を引く[3]。

東北地方北部の後期における土器棺再葬墓は，これまでにも葛西勵によって精力的に研究が行なわれている[5]。たとえば青森県薬師前遺跡からは，1つの土壙に土器棺を3点埋設した事例が確認されている（図5）。うち2点は逆位であり，1点は複数個体の土器を利用していたが，すべての土器棺より単独・再葬されたと思われる人骨が出土している。被熱痕跡は確認できない。これらのうち3号人骨は遺存状態の良い壮年期の女性1体分であり，指骨なども納入されていたことから，ほぼ全身骨埋葬例であったと考えられる。イノシシ犬歯を加工した，おそらくは首飾りであったと思われる垂飾り12点が土器棺内より出土し，人骨の左上腕部には貝輪7点が着装されていた。彼の地に発達した特殊な墓制であったと考えることができよう。葛西によれば，これらの土器棺再葬墓は石棺墓と関係があり，石棺墓が一

次葬の場所であったとされる[5]。ただ，現在まで
の土器棺再葬墓の検出数からみて，当時のすべて
の人々が土器棺再葬の対象となったとは考えにく
い。その場合，薬師前遺跡出土3号人骨における
装身具のあり方からみて，通常の単独・単葬例に
もこのような装身具を着装する事例はなかなかな
いことから，「特別な人物」が対象となったなど，
被葬者が選択された可能性は高いだろう。

　一方，関東地方の縄文時代後期前葉の遺跡から
は，時として多数の遺体を1ヵ所に再度埋葬した
墓が検出されることがある。このような墓のこと
を，筆者は多数（遺体）合葬・複葬（複数回の埋
葬，本稿では再葬）例と呼んでいる。この時期に
おける確実な多数合葬・再葬例は，現在までに管
見にふれた限りにおいて，5遺跡（中妻・権現原・
祇園原・古作・誉田高田）から検出されている。
中でも1992（平成4）年に中妻貝塚において検出
された事例は，頭蓋だけで96体分にもおよぶ規
模の大きなものであり，人骨の損傷が少ないこと
が指摘されている（図6）。このことからみて，
当時の人々は埋葬人骨の当初の埋葬場所をかなり正
確に知っており，そこから丁寧に人骨を取り上
げ，合葬を行なったことがうかがわれる。また，
その男女比はおよそ2：1であり，男性が多いこ
とも指摘されている。

　晩期になると，全国的に，中でも東海地方以東
の地域に再葬例が目立つようになる。とくにいわ
ゆる火葬骨の出土例は多くなる。また，近畿地方
を中心に，土器棺再葬例と思われる事例も多くな
る。また，東海地方においては盤状集骨葬という
特徴的な再葬例が出現する。

　晩期の再葬例としては，北海道緑ヶ丘遺跡（合
葬・再葬例）[宇田川1977]，岩手県大洞貝塚（合
葬・再葬例）[長谷部1925]，岩手県熊穴洞穴（単
独・再葬例および合葬・再葬例）[岩手県博1985]，
福島県三貫地貝塚（合葬・再葬例）[森ほか1988]，
千葉県西広貝塚（単独・再葬例）[米田ほか1977]，
長野県宮崎遺跡（合葬・再葬例）[矢口ほか1988]，
長野県中村中平遺跡（単独・再葬例？，被熱例）[馬
場ほか1994]，愛知県吉胡貝塚（単独再葬例および

図6　茨城県中妻貝塚における多数合葬・再葬例
（取手市教育委員会所蔵，宮内・西本1995より転載）

合葬・再葬例，土器棺への合葬・再葬例，盤状集骨葬
例を含む）[清野1943・1949・1969，増山ほか2007]，
愛知県伊川津貝塚（合葬・再葬例，盤状集骨葬例）
[小野田ほか1988]，愛知県稲荷山貝塚（単独・再
葬例および合葬・再葬例）[清野1949・1969]，愛知
県堀内貝塚（合葬・再葬例）[斉藤編2004]，愛知
県枯木宮遺跡（単独・再葬例，盤状集骨葬例）[住
吉ほか1981]，愛知県本刈谷貝塚（盤状集骨葬例）
[加藤ほか1972]，愛知県宮東貝塚（盤状集骨葬例）
[矢田ほか1989]，滋賀県滋賀里遺跡（単独・再葬例
および合葬・再葬例）[加藤ほか1973]，大阪府鬼塚
遺跡（合葬・再葬例）[多賀谷1997]，大阪府日下遺
跡（単独・再葬）[吉村ほか1985]，広島県帝釈猿神
岩陰遺跡（合葬・再葬例）[川越1978]などを挙げ
ることができるだろう。ここでは合葬・再葬墓と
して，筆者ら保美貝塚発掘調査団が発掘した保美

図7　愛知県保美貝塚における
多数合葬・再葬例（註6より）

貝塚の事例について紹介しておきたい[6]。

　保美貝塚発掘調査団が発掘を行なった場所は，B貝塚と呼ばれる場所である。ここから単独・単葬例と多数合葬・再葬例が検出された（図7）。多数合葬・再葬例を伴う土坑は，3.3 m×2.3 mほどの楕円形をなし，深さは40cmほどの規模を持つ。

　この多数合葬・再葬例には，およそ7基の盤状集骨葬例が含まれていた。また，本例には少なくとも14個体が含まれており，うち13体は成人，1体は未成人であった。したがって本例は，盤状集骨葬としては過去最大級の規模のものといえる。いずれの盤状集骨も，四肢骨を四角形に組み，頭蓋を縫合線で割り折り，四辺の隅などに置いている。この点は，ほかの遺跡の例と共通している。

　これまでに盤状集骨葬列は，渥美半島を中心とした三河地方において10例ほどが検出されているが，本例はその中でも特異な葬法をとっていることが明らかになった。以下，その特徴をほかの例と比較しながら箇条書きにまとめておきたい。

1) 楕円形の土坑に沿うようにして，複数の盤状集骨が多角形に配置されている。盤状集骨は重なり合っている部分がある。多角形の盤状集骨としては，保美貝塚の1965年の調査事例があるが，これほど多数の集骨がそれも重なるようにして配置されていた例は初めてである。

2) 一つの盤状集骨には，ほぼ1体分の骨が集められていると思われるが，この点についてはまだ未確定としておきたい。また，四肢骨を盤状に組んだ中に，肋骨をリング状にし，その中央に下顎を置いたものがある。これは，本刈谷貝塚に類例がある。

3) 多角形に配置するために，平行四辺形に組み，それを連ねていくなど，空間設計に入念さが認められる。これはほかに例がない。

4) 本例の上部からは，多量の焼人骨が散布されたかのような状況で出土している。このように焼人骨が多量に伴う事例も，この地方のこの時期には確認できない。

5) 本列を覆う焼人骨のさらに上からは，土器

の破片があたかも蓋をしたような状況で出土している。このような事例は，愛知県宮東貝塚例にその可能性が指摘できるものの，これを検証することは難しく，その意味で本例が良好な初めての事例となる。

6) 本列の中には抜歯人骨も含まれており，これは2C系に限られる。この点は，ほかの盤状集骨と共通しており，2C系抜歯の集団に特有の葬法であったことがわかる。

　再葬に最も用いられていたのは頭蓋であり，計14体分が含まれている。ついで下肢（10～12体），上肢（9体）がこれに続き，上肢帯や下肢帯の利用も少なくない（8体）。

　四肢骨は，長く太いものが選択的に用いられた傾向が認められる。骨の左右の偏りは認められず，どちらか一方の側を意図的に使用した形跡はない。

　保存された成人骨盤7体分の性別は，男性4体，女性3体である。一方で，保存の良い大腿骨の骨幹のみに着目すると，右側・左側のいずれも個体数は10体となり（成人9体，未成人1体），さらに成人についてはサイズをもとにして男性7体，女性2体と判別される。したがって，本列に含まれる男女数という観点では，かなり男性に偏在するようである。この傾向は後期前葉の多数合葬・再葬例に通じるかもしれない。また，未成人骨は，骨幹の長さから1才半程度の乳幼児であると判断される。

　なお，B貝塚では以前にも本例の付近から多数合葬・再葬列が検出されており，また近接して環状木柱列や大型の木柱跡なども確認されていることから[7]，B貝塚そのものが，特殊な場であった可能性がある。

　もう一つ，本書の眼目である弥生再葬墓との関連の中で押さえておきたいのが，土器棺を使用した再葬墓の事例と被熱痕跡のある焼人骨の事例である。中村健二は近畿地方における墓制を概観する中で晩期前半から中頃に多くなる土器棺墓について触れ，滋賀里遺跡における人骨頭蓋出土例を引きながら，これらが部分骨再葬墓であることを主張した[8]。また，中村は部分骨の集骨葬例を，

先の土器棺再葬に使用した人骨の残余であり，片付けたものであると，土器棺再葬墓を構造的に理解している。

設楽は，中部高地地方における焼人骨出土例を含む部分骨再葬例と土器棺への再葬例をリンクして考えており，晩期前半に多かった再葬例から土器棺を用いる再葬例へと変化していったと想定している[3]。そして長野県中村中平遺跡事例などから，①一次葬→②再葬（焼骨葬）→③部分骨再葬→④残余骨の配石墓および土坑への埋納，というプロセスを復元し，縄文時代晩期の再葬例がシステマティックなものであったことを指摘している。そして，いくつかの限定を付す中で，このようなシステマティックな墓制が弥生時代にも引き継がれ，弥生再葬墓となっていくことを見通している。

5　再葬の意義

以上，各時期における再葬墓について概観してきた。ここで，それらの資料を踏まえながら何故に再葬が行なわれたのか，その意義について考えてみたい。

前期の岡山県彦崎貝塚では，前頭縫合などの頭蓋形態非計測的小変異を共有する３体合葬・再葬例が確認されている。とくに，前頭縫合の出現率は現代人においては約4.5％であることから[9]，ランダムに選んだ２体に存在する確率は0.2％ほどとなり，本例が単なる偶然であったとは考えにくい。おそらくは，この３体が偶然に合葬されたのではなく，何らかの遺伝的，場合によっては血縁的なつながりを有する人々であったため，合葬・再葬が行なわれたものと推定される。

また，前期の横尾貝塚では意図的に同じ場所に繰り返し再葬を行い，合葬をした事例が確認されている。先の彦崎貝塚の事例を考え合わせたとき，その理由を遺体間に存在した血縁関係あるいは系譜的な関係性に求めることもあながち無理なことではないだろう。

合葬・再葬例にこのような血縁関係・系譜的な関係を考慮したと推定される事例が存在するとなれば，小竹貝塚などで確認されている部分骨合葬例も，同様の文脈で理解することが可能となる[4]。筆者は部分骨合葬が行なわれた理由として，埋葬が行なわれる際に「夫婦や親子，祖父母と孫など，その両者の現世における系譜的・社会的関係性を死後においても確認し，維持・強化するために部分骨合葬が行なわれ，それと同時に部分骨となった故人に対して新規の拠所が提供された」と考えているが[4]，小竹貝塚においても特定の埋葬小群に多く見られることについては，右記のような系譜的な関係性が当該集団において重要視されていたことの反映であると思われる。

関東地方後期前葉における多数合葬・再葬例の場合も，上記の文脈を敷衍することで解釈が可能である。たとえば中妻貝塚の事例は以下のように理解できるだろう。

民俗学的な知見によれば，自分達の直接的な祖先として祀られている世代の深度は基本的に三世代以上には遡らないとされており[10]，このような個人への追憶のあり方が縄文時代も同様であれば，多数合葬・再葬を行なった当事者たちから遡って，おそらく三世代以内の人々を対象に再葬が行なわれたと考えることができる。これを是とするならば，中妻貝塚の事例のように，再葬を行なった当事者達と先行する二世代の間に100人もの死者を出しうる集団の規模は，かなり大きなものであったと想定せざるをえない。無論，単一の血縁集団内における死亡者のみを埋葬したとは考え難く，中妻貝塚の多数合葬・再葬例には，幾つかの異なった血縁関係にある人々を含んでいると思われる。

これらの人骨が再葬された時期は，堀之内式期とされている。この時期に先行する土器型式としては称名寺式が若干数出土しているのみであり，土器の出土量から考えた場合，中妻貝塚では堀之内式期から本格的な集落の形成が開始されたものと思われる。それではなぜ，集落の形成開始期にこのような葬送儀礼が執り行なわれたのであろうか。

関東地方における該期の集落の動向については，すでに山本暉久の研究がある[11]。山本は，該期の集落は中期中葉から継続して営まれる事例が

縄文時代の再葬墓　61

極めて少ないと述べ，中期終末期に至って集落が営まれ，しかも，この時期に限られる遺跡事例が多いとしている。また，山本は「中期以来の集落の崩壊→移動＝後期集落の形成」へとスムーズに移行するものではなく，小規模な集落が分散する状態があった後に後期の集落が形成されたと考えている。多数合葬・再葬例が検出された集落は，中期から後期にかけて長期にわたって継続してきた集落ではなく，多くの場合後期の初頭から前葉に至って新しく開設された集落である。この点を考慮すると，多数合葬・再葬が行なわれた集落は，人々が新規に集まってできた集落であると読み変えることができる。人々が集合し，新しい場所で，新しく集落を開設する堀之内1式期を前後する時期に，すでに埋葬されていた人骨を持ち寄り，一時に一つの土壙に再埋葬したのであろう。血縁関係者を含む特定集団の人骨を1ヵ所に集めて，一緒に祀るということは，単独に埋葬されていた遺体の個性を消失させ，生前の血縁関係や集団関係を撤廃するということである。そのように理解した場合，多数合葬例については次のような解釈が可能である。多数合葬・再葬例は，新しく集落を開設する時に異なる血縁関係者を含む集団が複数集合し，執り行なわれた葬送儀礼である。このことによって各集団が相互に親密な絆を求めたのであろう。そして，おそらく集積された人骨は祖霊として，集団統合のシンボルとなった。

中妻貝塚における多数合葬・再葬例の土壙には壁際に板材を廻らせ，細い柱を立てたような痕跡が存在するが，これは上部構造の痕跡であろう。これらの上部構造は，多数合葬・再葬例の位置を明示し，祖霊の存在を指し示す象徴的な意味を持っていたと思われる。その意味では，多数合葬・再葬例は祖霊崇拝のためのモニュメントであり，集団の帰属意識を高める装置として機能したと想定できる。縄文・弥生の再葬墓を精力的に研究している設楽も「一体だけの再葬にはまた別の説明が必要だが，埋葬小群成立以降の再葬の理由の一端は，血縁関係や社会組織のありかたを背景とした合葬にあったと考えたい」と述べ[12]，この

図8　長野県保地遺跡における
1・2・6号墓址人骨出土状況（註13より）

種の合葬・再葬例が血縁関係に基づき，社会構造の再構築・維持に利用されたことを示唆している。一方で，千葉県牧ノ内遺跡例など，比較的規模の小さな合葬・再葬例も散見されるので，このような集団統合のための埋葬儀礼は，多様な場面において執り行なわれたものと考えることができるだろう。

後期以降，このような系譜的関係性の再構成および系譜的死生観の応用を図ったと思われる事例が次第に目立つようになる。たとえば，長野県保地遺跡の1・2・6号墓址の場合では，特定の場所に合葬・単葬→合葬・再葬→合葬・再葬と少なくとも3回の埋葬行為が繰り返されており[13]（図8），そこでは遺構の累積関係，被葬者の選択が重要視されたものと推察される。この場合，前期の横尾貝塚例のように，いわば追葬としての合葬・再葬が繰り返し行なわれ，その都度系譜的関係が確認されたものと考えることができよう。

また，京都府長岡京市伊賀寺遺跡の場合は，状況がより複雑である[14]。SK26では，複数の人骨が他所で焼かれて一緒に埋葬されたと考えられるものの，焼人骨は一体分ずつがまとめられて土壙内に置かれたらしい。火葬という遺体破壊の最たるものが行なわれたのに対して，各人骨の個別性は確保されたことになる。この場合，各遺体の人格・個人的記憶は維持されていたものと判断され，合葬することによって死者の集団化を図った一方で，死者たちの個性もまた尊重された状況，

図9 京都府伊賀寺遺跡SK03における人骨出土状況
((公)京都府埋蔵文化財調査研究センター提供,註14より転載)

図10 新潟県寺地遺跡の炉状配石遺構における
人骨出土状況（糸魚川市博物館所蔵,註15より転載）

いわば祖霊化の一歩手前の埋葬・祭祀行為として理解することができよう。これとは逆にSK03では，SK26と同様に人骨が他所で焼かれて土壙内に埋葬されたのだが，この場合は人骨が一括されており，各遺体の人格や個人的記憶については消失し，逆に一体化が図られたものと思われる（図9）。SK03のような事例は，たとえば晩期の新潟県寺地遺跡の炉状配石における焼人骨のあり方（11体以上の焼人骨が一括して埋納される）とも類似し[15]（図10），死者の人格や個人的記憶を消失させる，祖霊化のための埋葬・祭祀行為と位置づけることができるかもしれない。このことは，先に述べた中妻貝塚などの多数合葬・再葬例も同様である。

晩期の保美貝塚の場合，盤状集骨葬例のうち11点から保存状態のよいコラーゲンを得ることに成功した。米田穣がこれを用いて年代測定を実施したところ，未較正の値で3090〜3270BPの値を示した[6]。さらに炭素同位体比を基準として海洋からの炭素寄与率を推定し，大気・陸上生態系の較正曲線IntCal13と海洋の較正曲線Marine13を混合して，それぞれの個体について較正^{14}C年代を推定すると，1標準偏差に相当する確率分布は3044〜3009cal BP（68.2%），2標準偏差に相当する確率分布は3056〜2997cal BP（95.4%）となった。また，盤状集骨葬例に含まれた人骨11点の年代がもちうる時間幅は，1標準偏差で0〜112年，2標準偏差で0〜190年と推定され，盤状集骨葬例は，100年から200年程度の時間幅をもった人骨で構成されていると推測される。一世代を約30年と見積もれば，この値は，3〜6世代程度の時間幅となる。最も短い時間幅をとるならば，先に検討を行なった後期の多数合葬・再葬例の事例における推定と整合的である。

先にも述べたように，筆者は後期における多数合葬・再葬例を縄文時代における祖霊祭祀のモニュメントであったと考えており[16]，晩期における本例のような多数合葬・再葬例もそれに類似した事例と想定をしておきたい。

以上，個別具体的な事例を踏まえながら，再葬の意義について検討してきた。これらの理解を総合すると，偶発的な事例は除外するとして，再葬墓，とくに合葬・再葬墓は，生前における血縁関係ないしは系譜的関係に基づき，これらの関係性の再構成を企図するために行なわれたものであり，その意義は埋葬を行なった集団の統合，紐帯の強化，帰属意識を高めることにあったと推定される。

おわりに

以上，縄文時代の再葬墓について，はなはだ雑駁な検討を行なってきた。これまで見てきたように，そのあり方は非常に多様である一方，時期と地域を限って盛行するものなどを確認することができた。また，その意義について，とくに合葬・再葬例を中心に筆者の意見を開陳してきた。しかしながら，春成秀爾も述べているように「縄文時

代の再葬習俗については，その起源地をただ一個所に限定したり，単一の理由を想定することは，むしろ危険であり」[17]，単独・再葬の事例を含めて個々の事例のあり方に即した形で解釈を行なっていくことが重要である。

註

1) たとえば，笠井新也「陸奥国発見の石器時代墳墓について」『考古学雑誌』第 9 巻第 2 号，1918 年など。

2) たとえば，石川日出志「縄文・弥生時代の焼人骨」『駿台史学』第 74 号，1988 年。設楽博己「縄文時代の再葬」『国立歴史民俗博物館研究報告』第 49 集，1993 年。設楽博己「再葬の背景―縄文・弥生時代における環境変動との対応関係」『国立歴史民俗博物館研究報告』第 112 集，2004 年。設楽博己『弥生再葬墓と社会』塙書房，2008 年。春成秀爾「縄文合葬論」『信濃』第 32 巻第 4 号，1980 年。春成秀爾「埋葬の諸問題」小野田ほか編『伊川津遺跡』渥美町教育委員会，1988 年，395 - 420 頁。春成秀爾『縄文社会論究』塙書房，2002 年。花輪　宏「縄文時代の「火葬」について」『考古学雑誌』第 87 巻第 4 号，2003 年。山田康弘「多数合葬例の意義」『考古学研究』第 42 巻第 2 号，1995 年。山田康弘『人骨出土例にみる縄文の墓制と社会』同成社，2008 年。山田康弘「縄文時代における部分骨合葬」『国立歴史民俗博物館研究報告』第 178 集，2013 年。山田康弘「「モニュメント」としての多数合葬・複葬例再考―下太田貝塚における多数遺骸集積土坑の検討を中心に―」『国立歴史民俗博物館研究報告』第 208 集，2018 年。渡辺　新『縄文時代集落の人口構造―千葉県権現原貝塚の研究Ⅰ―』1991 年。渡辺　新「権現原貝塚の人骨集積から集落の人口構造を考える」『シンポジウム縄文人と貝塚・関東における埴輪の生産と供給』学生社，2001 年。渡邊朋和「縄文時代の複葬制について」『新潟県考古学談話会会報』第 2 号，1988 年など。

3) 前掲註 2 設楽 2008 に同じ

4) 前掲註 2 山田 2013 に同じ

5) 葛西　勵「縄文時代中期・後期・晩期（葬制の変遷）」『青森県の考古学』青森大学出版局，1983 年。葛西　勵『再葬土器棺墓の研究―縄文時代洗

骨葬―』再葬土器棺墓の研究刊行会，2002 年

6) 山田康弘「愛知県保美貝塚（B 貝塚）における人骨集積遺構の調査」『考古学研究』第 65 巻第 4 号，2019 年

7) 増山禎之・清水俊輝・山本かな子編『保美貝塚―渥美半島における縄文時代晩期の大貝塚―』愛知県田原市教育委員会，2017 年

8) 中村健二「近畿地方における縄文晩期の墓制について」『古代文化』第 43 巻第 1 号，1991 年

9) 現代日本人頭骨研究班編『現代日本人頭骨の地理的変異に関する総合調査報告』，1981 年

10) 櫻井徳太郎「柳田国男の祖先観」『歴史民俗学の構想』櫻井徳太郎著作集第 8 巻，吉川弘文館（初出は 1974・1975『季刊柳田国男研究』第 7・8 号），1989 年など

11) 山本暉久「縄文時代中期終末期の集落」『神奈川考古』第 9 号，1980 年

12) 前掲註 2 設楽 1993 に同じ

13) 塩入秀敏・助川朋広・齋藤達也『金井東遺跡群　保地遺跡Ⅱ』坂城町教育委員会，2002 年

14) 岩松　保「伊賀寺地区の調査」『京都府遺跡調査報告集』第 133 冊，京都府埋蔵文化財調査研究センター，2009 年

15) 寺村光晴・青木重孝・関　雅之『史跡　寺地遺跡』青海町，1987 年

16) 前掲註 2 山田 1995・2018 など

17) 前掲註 2 春成 1998 に同じ

引用・参考文献

麻生　優『岩下洞穴の発掘記録』中央公論美術出版，1968 年

市川金丸『薬師前遺跡―縄文時代後期集合改葬土器棺墓調査―』倉石村教育委員会，1997 年

小田野哲憲・高橋義介『上村貝塚発掘調査報告書』岩手県文化振興事業団埋葬文化財センター，1991 年

塩地潤一・永松正大・古川　匠『横尾貝塚』大分市教育委員会，2008 年

竹野孝一郎・綿貫俊一『大分県二日市洞穴―分析編―』大分県九重町教育委員会，2004 年

宮内良隆・西本豊弘『中妻貝塚』取手市教育委員会，1995 年

渡辺　新『多数人骨集積の類例追加と雑感』ひつじ書房，1994 年

＊事例を挙げた際の遺跡報告書については紙数の関係で割愛し，［森本ほか 1980］のように著者，刊行年のみを示した。設楽 2008 などをあたられたい。

土器から見た再葬墓の系譜と展開

船橋市教育委員会
植木 雅博

1 再葬墓の系譜論における土器の位置づけ

再葬墓[1]という墓制を，系譜や展開という観点から議論するうえで，その理解に土器が果たしてきた役割とは何か。

再葬墓では，その葬送プロセスの特徴も作用してか，被葬者あるいは葬送行為の主体者について，その階層や世帯・グループ構成など，個人や集団の帰属などを推し量る要素がきわめて認識しにくいところである。

墓制の系譜や展開を追跡するうえでは，遺骸の処理過程や，墓地空間の造営原理，抜歯など遺骸の属性，一遺構あたりの埋納土器数といった「墓」としての属性抽出や比較が中心とされてきた。土器研究がもたらす知見はおもに，編年による時間軸の提供であったが，墓坑内で複数系統の土器が共存する状況を墓制の特徴として重視する意見もある[2]。

1970年代後半から提起された，再葬墓の起源に関する議論では，東海地方か，それとも東北地方の縄文晩期終末期の墓制を起源とするかで意見が分かれた。

星田享二は土器系統の出自に，文化動態との関係性を見出そうとする観点から，東海地方からの農耕波及と共に，土器と密接な関係をもちながら墓制が受容されたとする[3]。

設楽博己は浮線文土器分布圏と大型壺をもつ地域の接触による再葬墓の成立を主張し，両者の土器が融合したものが遺骸集容器として用いられたとする見解を提示した[4]。

このように，再葬墓の成立過程を検討するにあたり，土器の系譜からみた影響関係は判断材料の一つとして貢献した。ただし，再葬墓が成立した後の展開や消滅への過程を描くうえで，そうした役割は果たしにくいようである。それは弥生中期初頭〜中葉の期間において，土器系統が複雑に錯綜し，細かな地域色が形成されることにもよるのだろう。

だが，時間軸の提示や，他地域からもたらされる要素からうかがえる地域間交流の様子など，土器から提供しうる情報も決して小さくない。

2 再葬墓の範囲における土器の展開

(1) 弥生前期 （図1）

筆者の力量ではとても全体像を示せないが，再葬墓の期間・分布範囲において，時期ごとの土器様相の大筋を述べておく。

先述の通り，再葬墓の分布範囲が東北地方南部〜中部高地にかけて，縄文晩期終末期における浮線文土器の分布圏とおおむね重なることは度々指摘されている。弥生前期末では，浮線文構図が沈線文化するとともに消失傾向を示しつつ，外的な影響として砂沢式など東北地方由来の変形工字文土器が普及する。併せて，東海地方西部からの条痕文系土器の拡散が顕著である。

条痕文系土器成立期の樫王式や前段階までの突帯文土器は，再葬墓の分布圏内では僅少だが，次段階の水神平式には搬入・模倣品が広範囲に拡散する。その影響を受けて，中部高地と関東地方（とくに北西部）では器面を条痕調整し口縁部に突帯のある大型壺が組成に加わり，条痕調整の甕も広く普及する。

なお，遠賀川系土器は長野県松本市針塚遺跡，高山村湯倉洞窟，群馬県渋川市押手遺跡，福島県三島町荒屋敷遺跡，会津若松市墓料遺跡などに散見され，福島県域には石川町鳥内遺跡，伊達市根

古屋遺跡などに類遠賀川系土器もみられるが，いずれも希薄な存在とみられる。

（2）弥生中期初頭～前葉（図2）

福島県域を中心として，東北地方南部では縄文晩期以来の，彫刻手法を伴う非変形工字文系の文様が変容し，磨消縄文手法として普遍化する[5]。

磨消縄文の発達は，中部高地と関東地方でもみられる。条痕文系土器の影響も継続するが，中部高地～日本海側は伊勢湾周辺地域の岩滑式，関東地方は遠江～駿河方面の丸子式からと，影響の母体が2分化する。

なお，茨城県域では，中期に条痕文系土器との接触は確認できるものの，関東地方の他地域とは異なり，在来土器には条痕文系土器の影響はみられない。

（3）弥生中期前葉～中葉（図3）

中期前葉には，条痕文系要素と磨消縄文要素を併せ持つ平沢式が中部高地～関東地方で形成され，再葬墓の分布範囲を超えて，模倣品・搬入品がみられるなど広く展開する。

これを契機に，上敷免タイプなど磨消縄文手法と条痕文系要素の融合現象も各地でみられ，出流原式など細長い頸部をもつ壺が中部日本で広範囲に普及・定着するが[6]，個体差も強く，類型化がむずかしい。なお，茨城県域では，長頸器形の壺の定着は明瞭でない。

一方，東北地方南部では磨消縄文主体の状況が継続する。南御山1式，棚倉式などの型式名が提唱されてはいるが，前後との接続性の不明瞭さなどで課題を残す。

中期中葉に至ると，再葬墓は，方形周溝墓や土坑墓など新たな墓制と一時的に共存しつつ終焉を迎えるが，関東地方では，遠隔地との交流に伴い，北陸地方の小松式や東海地方の貝田町式，東部瀬戸内系土器の搬入や模倣，要素の取り込みなどがみられる。

東北地方南部では，南御山2式など，磨消縄文手法を特徴としつつ文様構図が定型化する傾向がみられる。周辺地域との接触もあり，関東地方での出土も確認でき，関東地方東部に影響が顕著で

ある。なお，影響は顕著ではないが，太平洋側に分布する龍門寺式の関東地方南部への搬入も千葉県君津市常代遺跡，千葉市へたの台貝塚など複数例みられる。

3　泉坂下周辺における弥生土器研究史の概要

次に，再葬墓の出土土器のうち，泉坂下遺跡と関係する内容として，茨城県域における土器研究の歩みを振り返る。

再葬墓の土器研究に関する嚆矢は，田中國男による茨城県筑西市女方遺跡の調査報告だろう[7]。田中は女方遺跡の土器を，A類（条痕文を主体とする一群）とB類（磨消縄文や沈線文による装飾性の高い一群）の2系統に分類し，A類が主体となり少数のB類が組み合わさる構成から，時間の経過とともに両系統が融合していく流れを想定し，女方遺跡出土土器を3期に区分した。

時期区分の内容をみると，女方前期（筑波台式）は亀ヶ岡式土器終末期の土器を伴いつつ，遠賀川式土器の要素と在来要素が融合したもの，女方中期（一本桐式）は装飾性の高い壺を中心に構成され，栃木県宇都宮市野沢遺跡や福島県棚倉町崖の上遺跡の出土土器に対比できるもの，女方後期（仁神堂式）は文様の簡素化および条痕の消失，附加条・結節縄文の増加を特徴として挙げ，久ヶ原式との類似性を強調し，弥生後期への接続的位置づけをもつもの，としている。

その後，中村五郎は，平沢式に由来する文様構図など広範囲で共通性があり，かつ広域編年上の位置づけが明瞭な土器群として，野沢遺跡資料を標識とする，中期前葉の野沢1式に着目したうえで，対比しうる資料を広域に抽出し，東北～中部地方の広範囲における並行関係を提示した[8]。

さらに，縄文晩期終末の大洞A'式と野沢1式の間に2型式が介在するとし，女方遺跡34号竪穴資料を女方1式として弥生前期末に置き，田中の女方前期を追認した。つづく弥生中期初頭には女方遺跡15号竪穴を位置づけ，東海系条痕文壺の共伴を重視した。野沢1式に並行する具体的資

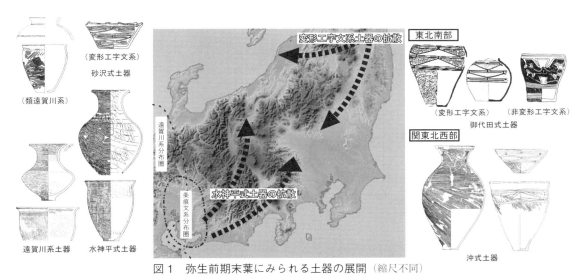

図1 弥生前期末葉にみられる土器の展開 (縮尺不同)

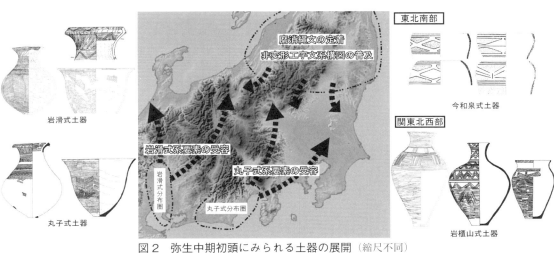

図2 弥生中期初頭にみられる土器の展開 (縮尺不同)

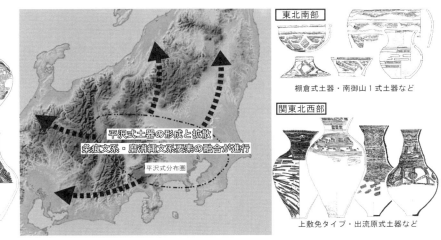

図3 弥生中期前葉にみられる土器の展開 (縮尺不同)

表 1　泉坂下遺跡における粗製壺の属性一覧

遺構名	番号	口唇部	口縁部 外面	口縁部 内面	頸部	頸・肩部 区分	肩部 調整の種類	肩部 方向	胴部 調整の種類	胴部 方向	底面
SK1	2	無文	肥厚+LR	無文	短線	段・稜線なし	短線	縦	短線	縦	木葉
	3	押捺	縦条痕	無文	条痕+ナデ	段・稜線なし		縦・斜	条痕	縦	木葉
	4	無文	無文	無文	無文	段・稜線なし	短線	縦	短線	縦	木葉
SK2	1	(欠損)	(欠損)	(欠損)	(欠損)	(欠損)	LR縄文	横	LR縄文	横	無し
	2	無文	肥厚+LR縄文	無文	無文	段・稜線なし	LR縄文	横・斜	LR縄文+結節縄文	斜	無し
	4	無文	肥厚+LR縄文	無文	無文	斜	RL縄文	斜	RL縄文	横	木葉
	5	無文	LR縄文	無文	無文	段・稜線なし		斜	LR縄文+結節縄文	斜	無し
	6	波状口縁	肥厚+LR縄文	LR縄文+凹線	ミガキ+LR縄文	段・稜線なし	LR縄文	横	LR縄文	横	(欠損)
	7	無文	肥厚+LR縄文	無文	無文	段・稜線なし	LR縄文+結節縄文	横・斜	条痕→ケズリ	斜	無し
	8	(欠損)	(欠損)	(欠損)	無文	段・稜線なし	LR縄文+結節縄文	横・斜	なし		無し
	9	LR縄文	肥厚+LR縄文+結節縄文	無文	無文	結節縄文	LR縄文+結節縄文	斜	条痕	横	無し
	10	LR縄文	肥厚+LR縄文	無文	無文	段・稜線なし	条痕+線刻	横	条痕	斜	無し
	11	(欠損)	(欠損)	(欠損)	(欠損)	(欠損)	条痕	横	条痕	横	羽状?
	12	波状口縁	肥厚+斜条痕	無文	無文	段・稜線なし	条痕	斜格子	条痕	斜格子	木葉
	13	無文	肥厚+LR縄文	無文	無文	段・稜線なし	条痕	横	LR縄文+条痕	横	木葉
	14	無文	肥厚+LR縄文	無文	無文	結節縄文	LR縄文+線刻	横	LR縄文	横	木葉
	15	キザミ	無文	無文	無文	段・稜線なし	なし		無文		なし
SK3	1	無文	肥厚+LR縄文	無文	無文	段	LR縄文+結節縄文	横	LR縄文+結節縄文	斜	木葉
	2	押捺	斜条痕	無文	斜条痕	段・稜線なし	条痕	横	条痕	斜	(欠損)
	3	LR縄文	無文	肥厚+凹線	無文	結節縄文	条痕	横	条痕	横	木葉
	4	無文	肥厚+LR縄文	無文	無文	段・稜線なし	条痕	斜+斜格子	条痕	斜	(欠損)
	5	(欠損)	(欠損)	(欠損)	(欠損)	(欠損)	条痕	縦・斜	条痕	縦	(欠損)
	6	波状口縁	肥厚+LR縄文	無文	無文	段	条痕	縦・斜	条痕	縦	無し?
	K	(欠損)	肥厚+LR縄文	無文	条痕	-	条痕	縦・斜	条痕	横	木葉
SK4	3	キザミ	肥厚+RL附加条縄文	無文	無文	段・稜線なし	条痕	縦	条痕	縦	木葉
	4	LR縄文	無文	無文	縦条痕	段・稜線なし	条痕	横・斜	条痕	縦	木葉
	6	無文	無文	無文	無文	段・稜線なし	条痕	縦	条痕	縦	布目
	8	無文	無文	無文	無文	段・稜線なし	ミガキ	横	ミガキ	斜	木葉
SK5	1	無文	肥厚+LR縄文	無文	短線	段・稜線なし	条痕+短線	縦・斜	条痕+短線	縦・斜	木葉
	2	LR縄文	無文	肥厚+凹線	結節縄文	結節縄文	LR縄文	斜	LR縄文	斜	木葉
	3	波状口縁	肥厚+横条痕	LR縄文+凹線	無文	段	条痕	斜	条痕	斜	布目
	4	(欠損)	(欠損)	(欠損)	無文	結節縄文	条痕	横+縦	条痕	縦+斜格子	木葉
	5	無文	肥厚+LR縄文	無文	無文	結節縄文	条痕	横	LR縄文	横	不明
SK6	1	無文	連続押捺	無文	縦条痕	-	条痕	縦	条痕	縦	木葉
	2	無文		無文	無文	稜	短線	縦	短線	縦	木葉
SK26	1	押捺	肥厚	無文	無文	-	条痕	縦	条痕	縦	無し
	2	無文	肥厚+LR縄文	無文	縦条痕	-	条痕	縦	条痕	縦	木葉
	5	押捺	凹線	無文	縦条痕	-	条痕	縦	条痕	縦	木葉
	6	キザミ	肥厚+斜条痕	凹線	無文	段	条痕	斜	条痕	斜	木葉
	7	押捺	肥厚	肥厚+凹線	無文	-	条痕	斜	条痕	縦	木葉
	8	押捺	肥厚	無文	斜条痕	押捺突帯	条痕	縦	条痕	縦	木葉
	9	(欠損)	(欠損)	(欠損)	無文	なし	条痕	斜	条痕	斜	木葉
	10	(欠損)	(欠損)	(欠損)	無文	稜	LR縄文	横	LR縄文	斜	木葉

料は明示していないが、胴下半部を条痕調整し、頸部に文様帯のある女方遺跡の土器が基本形としている。

これにより、茨城県域における弥生時代前半期の土器編年の基盤が構築されたといえよう。

鈴木正博は、両氏の見解をさらに深化させ、女方式土器を5型式6細分した[9]。女方遺跡出土土器の文様構図のうち、渦巻文の変遷過程を基軸として、女方1式（34号竪穴：縄文晩期末）→（+）→（+）→女方2式（28号竪穴：弥生前期末）→女方3a式（15号竪穴：弥生中期初頭）→女方3b式（8号竪穴：弥生中期初頭）→女方4式（3号、41号竪穴：弥生中期前葉）→女方5式（14号、20号竪穴：弥生中期中葉）との見解を提示した。一部の竪穴資料については組み合わせの全体像が不明瞭との指摘もあるが[10]、条痕文系土器や平沢式系土器との交差編年も視野に入れた内容であり、ここにおいて一つの到達点をみたと言えるだろう。

その後、さらなる資料の充実として、茨城県常陸大宮市小野天神前遺跡の調査報告[11]、筑西市北原遺跡の資料報告がある[12]。北原遺跡の土器は採集資料のため出土状況の詳細が不明という制約に加え、搬入・模倣資料など他地域との直接的な並行関係を把握する材料に乏しく、女方2～4式の範囲内という大まかな時期比定に留めたものの、各資料の比較事例を関東・東北地方から逐一ピックアップして個別要素の成り立ちを論じ、重要な視点を提示した。

女方遺跡よりも後出するとみられる、再葬墓終末期にあたる弥生中期中葉の資料としては、茨城県ひたちなか市狢遺跡を標識とする狢Ⅰ式（狢式）土器が設定され[13]、その後、鈴木によりさらに細分された[14]。

広義の磨消縄文による渦巻文をおもな特徴とする狢式土器は、千葉県大多喜町船子遺跡、多古町墹台遺跡や東京都三宅村大里東遺跡などでも出土し注目される。

石川日出志は墹台遺跡資料の一部が、女方式を基盤としつつ他系統の要素を取り込んだ一群であるとして墹台タイプを提唱し、再葬墓終末期に位

	SK26（古段階）	SK3〜5（中段階）	SK2（新段階）
口唇部	押捺，キザミ	押捺，キザミ，縄文，無文，波状口縁	縄文，無文，波状口縁
口縁部（外面）	肥厚＋無文，肥厚＋条痕	条痕，肥厚＋縄文	肥厚＋無文，縄文
口縁部（内面）	無文，凹線，肥厚＋凹線	無文，肥厚＋凹線，縄文＋凹線	無文，縄文＋凹線
頸部	無文，条痕（体部調整と一体）	無文，条痕（体部調整と一体）	無文（ナデ・ミガキ）
頸〜肩部の区分	段，稜線，押捺突帯	段，段・稜線なし，結節縄文	段・稜線なし，結節縄文
体部調整	条痕主体	条痕主体，縄文	縄文主体，結節縄文，縄文＋条痕
条痕調整方向	縦・斜めに一定方向	一定方向，斜格子など複方向	一定方向，斜格子・羽状など複方向

図4　粗製壺属性の組合わせ傾向による時期区分（縮尺不同）

置づけた[15]。また，再葬墓の資料ではないが，鈴木は日立市明神越遺跡資料を検討し，磨消縄文手法を用いつつ狢式に先行する型式として明神越式を設定した[16]。

振り返ると，基本的な時間軸は1980年代にはすでに構築されており，その後は資料の充実が徐々に得られている状況である。しかし，再葬墓の時期に通有の課題として，集落などの生活遺跡に恵まれず，墓域の土器を中心に論じるしかない状況は続いている。一部が未報告の資料や，正確な出土状況が不明瞭な資料も多い。泉坂下遺跡の土器が議論の深化を促すことを期待し，若干の検討を行ないたい。

4　泉坂下遺跡における土器の系譜と展開

(1) 粗製壺の検討

泉坂下遺跡の弥生土器は，器種構成では壺が圧倒的主体を占め，ほかに少数の甕，深鉢，鉢，浅鉢，蓋がある[17]。

壺には磨消縄文や沈線文で装飾するもの，器面調整のみで文様を描かないものの2者があり，本稿ではそれぞれ精製壺，粗製壺と呼称する。

粗製壺は壺の主体を占めており，遺構単位で時間的推移の傾向がみられるか，部位ごとの特徴を属性として分類した（表1）。

その結果，遺構ごとで属性の組み合わせ傾向に差がみられる（図4）。

SK2の粗製壺には口縁部に縄文を施文し，頸部は研磨されるなど無文で，体部には縄文を施文するものが多い。口縁部は肥厚するものとしないもの両者があり，波状口縁の個体を含む。また，頸部と肩部の境界区分として，結節縄文を施す個体が目立つ。口縁部内面には，凹線を引き縄文を施文するものがあり，口唇部に縄文を施文するものがある。体部を条痕調整する個体では，条痕の向きを肩部と胴部で変えるものや，斜格子状など，複数方向に施すものがある。

一方，SK26では口縁部に条痕を施すか無文とする。頸部は無文でなく，体部と一体的に条痕調整されたものが多い。また，結節縄文はみられず，頸部を無文とするものは，頸部と肩部の境界に段差や稜線を作り出して区分するほか，突帯をめぐ

らすものもある。口縁部の内面を肥厚させたり，凹線を引くものはあるが，縄文の施文はみられない。口唇部にはヘラや指頭によるキザミ・押捺を施すものはあるが，縄文施文はみられない。体部の条痕調整の向きは，いずれも縦または斜方向にほぼ一定である。また，体部に縄文施文する壺は少ない。

この違いを考慮してSK3，SK4，SK5をみると，SK2とSK26の中間的な特徴を示し，両遺構の特徴が個体上で共存するものがみとめられる。

体部に結節縄文を施す一方で，頸部と肩部の境界に稜線を作り出すものがある（SK3-1）。口縁部内面に凹線を引くが，頸部と肩部の境界を結節縄文で区分するもの（SK3-3），口縁部に縄文施文しつつ，口唇部にキザミがあるもの（SK4-3），口縁部内面を肥厚し無文帯としつつ，口唇部に縄文，頸部と肩部の境界を結節縄文で区別するもの（SK5-2），波状口縁かつ口縁部外面に条痕，内面に凹線と縄文を施すもの（SK5-3），がある。また，頸部から体部まで一体的に条痕調整する壺と，頸部が無文の壺が共伴関係にある。

こうした遺構ごとの特色は，厳密な区分には至らないとはいえ，時間差の傾向を示すものとしてよいだろう。とくに条痕の消失，縄文の採用を新しい傾向として考え，泉坂下遺跡の粗製壺の時系列を古段階（SK26）→中段階（SK3・4・5）→新段階（SK2）としておきたい。

なお，泉坂下遺跡の粗製壺には，ほかの遺跡で類例のない独自のものがあり（図5），外面を断続的な短線で覆うことを特徴とする。鈴木素行により「泉坂下類型」と呼称されており[18]，一見すると短線は条痕調整に類似している。

しかし，条痕調整は通常，上→下，または下

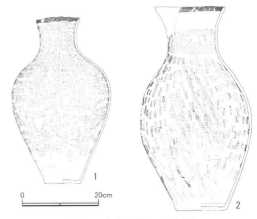

図5　泉坂下類型の実例

→上など工具の方向が基本的に一定しているのに対して，これらの短線には同一個体上でも別方向に引かれたものが混在する。長いストロークの条痕を器面の一部に引いた後に，別の工具で器面全体に短線を引き直した個体もあり，条痕とは異なる扱いとみられる。口縁部を肥厚して縄文施文するもの，頸部を無文とするもの，頸部にも短線を引くものなど若干のバリエーションはあるが，小破片でも識別が容易で，泉坂下遺跡では量的にまとまるにもかかわらず，近隣の小野天神前遺跡，中台遺跡ではまったくみられない。

現時点では系譜も特定できず，前後に連続性をもたない一過性のものと推察される。出土遺構からみて，粗製壺の時系列では中～新段階の幅に収まるとみられる。

また，泉坂下および周辺遺跡の土器と，鬼怒川流域の女方式を比較すると，いくつかの点で違いがみられる。壺の器形の差として，前者に背が低く肩が張るもの，後者に長胴で肩が張らないものが顕著なことはすでに指摘されている[19]。

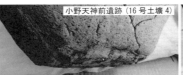

図6　泉坂下遺跡の周辺における粗製壺の底部成形
（中央：茨城県立歴史館所蔵，右：常陸大宮市教育委員会所蔵）

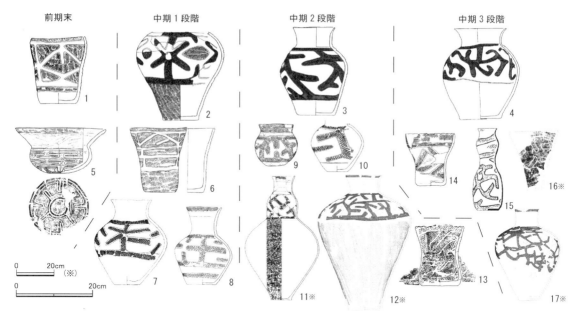

図7 精製土器の変遷過程

1～4：福島県石川町鳥内遺跡 5：茨城県稲敷市殿内遺跡 6・9：茨城県筑西市北原遺跡 7・10：茨城県常陸大宮市小野天神前遺跡 8・11・15：茨城県筑西市女方遺跡 12～14・17：泉坂下遺跡 16：栃木県上三川町殿山遺跡

筆者が実見したところ，このほかに成形時の仕上げ方にも違いがある。泉坂下遺跡周辺の粗製壺は底部成形時の仕上げが甘く，こびりついた粘土粒，強い凹凸や粘土のめくれなどを明瞭に残す（図6）が，女方遺跡近隣の北原遺跡ではこのような仕上げはみられない。

また，輪積み成形後の仕上げでは，女方・北原遺跡では粘土紐の接合部を凹線状のくぼみとして残すものが多い一方，泉坂下遺跡周辺では器面を平滑に仕上げるのを基本とする。

施文原体をみると，女方・北原遺跡では竹管刺突をしばしば用いるが，泉坂下遺跡周辺では稀な存在である。大まかな構成要素は共通しつつ，幾つかの点で地域差を含むといえる。

(2) 精製土器の検討

次に，精製壺を含む有文土器を精製土器としてまとめて検討したい。

精製土器は文様構図から大きく2種に分けられ，棘状の構図が縦・斜方向に伸びる，いわゆるヒトデ状文（壺・鉢など）と，渦巻文（壺のみ）がある。なかには渦巻文の構図の隙間に棘状構図が挿入された，両者併存するタイプもある。

ヒトデ状文の変遷過程については，鈴木正博が鳥内遺跡の土器で序列を提示した[20]（図7-1～4）。

弥生前期末では，磨消縄文で描かれた三角形・菱形の文様構図内で，文様単位の頂点や斜辺から突き出るようにして，棘状の構図が描かれる(1)。

弥生中期の1段階目には，磨消縄文の無文と縄文の範囲が逆転する(2)。さらに2段階目には，文様を縦に区切っていた縄文の帯が斜め方向の帯に変わり，左右非対称の構図となる(3)。3段階目では，文様全体の下側を区切っていた縄文の横帯が形骸化し，それに伴って棘状の構図が上下左右へ自由に伸びる不規則な構図となり，構図が曲線的になる傾向もみられる(4)。

こうした東北地方南部のヒトデ文構図の歩みと，泉坂下遺跡の土器を含む茨城県域の資料を比較するとどうか。

前期末では茨城県稲敷市殿内遺跡など実例はあるが，棘状の構図が単体で描かれるものである(5)。1の類例では北原遺跡例(6)があるが，沈

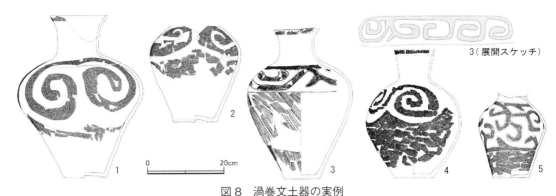

図8 渦巻文土器の実例
1・2・5：泉坂下遺跡　3〜4：小野天神前遺跡

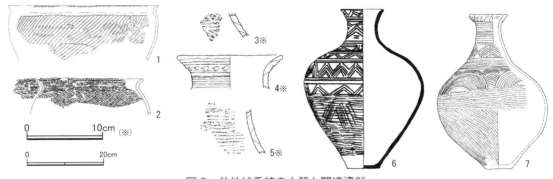

図9 他地域系統の土器と関連資料
1〜5：泉坂下遺跡　6：群馬県東吾妻町岩櫃山遺跡　7：長野県塩尻市銭宮遺跡

線の細線化や描線のふらつき，広義の磨消縄文手法から，一段階下る中期に含めたい。2と対比しうる資料は小野天神前遺跡（7）や，女方遺跡（8）にある。3と同様に斜め方向の帯をもつ資料は北原遺跡（9），小野天神前遺跡（10），女方遺跡（11），泉坂下遺跡（12〜13）など例数が比較的多い。注意を引くのは斜方向に伸びる縄文帯が，下部の縄文帯と接していない資料（10など）で，次の段階につながる特徴として，これら一群でも新しく位置づけられるものだろう。

また，12や13では文様が上下2段に分かれる傾向がみてとれる。類例が東北地方南部に皆無というわけではないが，関東地方東部の特色とも考えられ，同様の資料は，塙台遺跡SE-23などがある。さらに，大型の壺にヒトデ状文が描かれる点も，東北地方南部ではあまりみられない特徴である。

4に対比しうるのは泉坂下遺跡（14・17），女方遺跡（15），栃木県上三川町殿山遺跡（16）などで，基本的に文様下部を区画する縄文帯が失われており，それに伴い文様構図が崩れる様子が窺える。

いずれにせよ，精製土器の特徴からは，東北地方南部と連動性をもちつつ，独自の特徴もみられることがわかる。

なお，渦巻文（図8）は，再葬墓の消滅後も弥生中期後半まで存続するが，中期前半の資料には個体差が多く，構図や文様帯の構成からは，十分な検討結果の提示に至らず，今後の課題である。

また，泉坂下遺跡周辺の特徴として，磨消浮帯文手法（一部は磨消条痕）で文様を描く土器（図7-12・17，図8-1・2・4など）が，破片も含め量的にまとまる点がある。

この手法は，弥生時代前半期には東北地方から中部高地にかけて，点々と広範囲にみられ，縄文晩期の彫刻的手法を祖源とする[21]。無文部を磨き込んで凹ませ，段差をつけて縄文部を浮き上がら

せたものと，縄文部と無文部の間に段差のないものがある。後者は，一見すると文様の有無が不明瞭だが，使用当時は縄文部を赤彩するなどの工夫があったのだろう。

（3）他地域系統の資料

泉坂下遺跡において，他地域とのつながりを示す資料については図9-1～5に挙げた。

SX1の甕（1・2）は口縁部を強いヨコナデで外反させ，類遠賀川系土器に由来する特徴をもつ。近隣では茨城県那珂市森戸遺跡の甕や，那珂市海後遺跡の顔面付土器で同様の手法がみられ，東北地方との関連性は古くから指摘されてきた[22]。

海後遺跡例は頸部と体部の境界に短線を周回させるが，その短線と同じ位置に，泉坂下遺跡例は結節縄文を周回させており，そのほかにも体部への附加条縄文の施文，口唇部への縄文施文など，中期中葉に近い特徴をもち，新しく位置づけられる。

SK110では，直線文帯と羽状文帯を交互に重畳させる壺が出土しており（3），関東地方北西部に分布する，中期初頭～前葉の岩櫃山式（6）の類似品といえる[23]。

また，関東地方南部や中部高地に分布する，中期前葉の平沢式（7）系統の資料がSK115にある（4・5）[24]。

条痕文系の長頸壺は近隣の中台遺跡でも出土しており，長野県松本市今井こぶし畑遺跡に類例がある。

これらと同種の土器を共伴した女方遺跡土器と対比すると，泉坂下遺跡における再葬墓の時間幅は女方3a式～4式に期間が重なるのは確実だろう。

さて，粗製壺と精製土器の推移を突き合せると，現状では粗製壺古段階と精製土器中期1段階の対応が可能性に留まるが，共伴関係からみた仮説としては

泉坂下1期（SK26）：

　粗製壺／古段階，精製土器／中期1段階

泉坂下2期（SK3～5）：

　粗製壺／中段階，精製土器／中期2段階

泉坂下3期（SK2）：

　粗製壺／新段階，精製土器／中期3段階の推移と考える。中期2段階は新旧2細別の可能性もある。近隣遺跡との時間関係については，泉坂下遺跡の前半期に海後遺跡や小野天神前遺跡が，後半期に中台遺跡が並行するだろう。

また，女方遺跡での共伴関係を参考にすると，泉坂下1～2期は岩櫃山式，泉坂下2～3期は平沢式に対比できそうである。将来的に修正を要する可能性もあるが，大半の遺構が保存対象であり，全容の解明は将来的な課題となる。

5　まとめ

再葬墓のみられる時間・空間的範囲における土器の展開を概観するとともに，泉坂下遺跡および周辺の土器について検討を行なった。

泉坂下遺跡の再葬墓が帰属する弥生中期前半に限らず，茨城県域では弥生時代の大半で東北地方南部との交流・影響関係が継続してみられ，文様の大枠などが共通しつつも独自の要素を付加するところに特色がある。一方で，他地域系統の土器などとして取り上げたように，関東地方北西部・南部といった地域との関係もみとめられる。おそらく久慈川・那珂川流域の再葬墓群周辺は，その上流を経由して，人々が東西南北へと行き来する結節点であっただろう。

註

1)　以後，再葬墓という語について本稿では，弥生時代に特徴的な壺再葬墓（註15，石川2009）または弥生再葬墓（設楽2008）を指す。設楽博己『弥生再葬墓と社会』塙書房，2008年

2)　須藤　隆「東日本における弥生時代初頭の墓制について」『文化』43—1・2，東北大学文学会，1979年

3)　星田享二「東日本弥生時代初頭の土器と墓制」『史館』7，史館同人，1976年

4)　設楽博己「壺棺再葬墓の起源と展開」『考古学雑誌』79—4，日本考古学会，1994年

5)　石川日出志「縄文晩期の彫刻手法から弥生土器の磨消縄文へ」『地域と文化の考古学Ⅰ』六一書房，2005年。石川日出志『関東・東北弥生土

器と北海道続縄文土器の広域編年』平成14～16年度科学研究費補助金研究（基盤研究（B）(2)），明治大学，2005年

6） 岩櫃山式に後続する土器群に加え，それらが平沢式と折衷した土器群の二者で構成されるまとまりを「上敷免段階」と呼称したが（植木2007），段階設定や時期区分というよりも土器の類型を指す内容であることから，「上敷免タイプ」と改称した（植木2016）。植木雅博「弥生中期，平沢式土器の成立とその周辺」『土曜考古』31，土曜考古学研究会，2007年。植木雅博「平沢型壺の成立と広がり」『考古学研究会第41回東京例会発表要旨』，2016年

7） 田中國男「常陸國女方遺蹟の発掘に就いて」『古代文化』30―5，日本古代文化学会，1942年。田中國男『彌生式縄文式接觸文化の研究』大塚巧藝社，1944年

8） 中村五郎「野沢1式の類例とその時代」『小田原考古学研究会会報』2，1972年

9） 鈴木正博「赤浜覚書」『常総台地』9，常総台地研究会，1978年。鈴木正博「「十王台式」理解のために（3）」『常総台地』10，常総台地研究会，1979年。鈴木正博・川井正一・海老沢稔「茨城県の概要」『東日本における稲作の受容』，東日本埋蔵文化財研究会，1991年。鈴木正博・鈴木加津子「「女方文化」研究（1）」『第4回茨城県考古学研究発表会要旨』，1980年

10） 石川日出志「茨城県北原遺跡再葬墓の研究」『明治大学人文科学研究所紀要』54，2004年

11） 茨城県歴史館編・発行『茨城県大宮町小野天神前遺跡（資料編）』1978年。阿久津久「大宮町小野天神前遺跡の分析」『茨城県歴史館報』6，1979年。阿久津久「大宮町小野天神前遺跡の分析（2）」『茨城県歴史館報』7，1980年

12） 前掲註10に同じ

13） 藤本彌城『常陸那珂川下流の弥生土器Ⅲ』私家版，1983年。なお，狢Ⅱ式は弥生中期後半の足洗式土器に相当する内容のものが資料として提示されており，狢Ⅰ式について現在は「狢式」の呼称が定着している。

14） 鈴木正博「弥生時代」『茨城県考古学協会誌』10，1998年。鈴木正博「「野沢2式」研究序説」『栃木県考古学会誌』24，2003年

15） 石川日出志「弥生時代・壺再葬墓の終焉」『考古学集刊』5，明治大学考古学研究室，2009年

16） 鈴木正博「「明神越式」の制定と「恵山式縁辺文化」への途」『茨城県考古学協会誌』12，2000年

17） 一見すると壺が主体となる組成だが，再葬墓という遺構の性格によると考えるべきだろう。

18） 鈴木素行『泉坂下遺跡の研究』私家版，2011年

19） 前掲註9，鈴木1979に同じ

20） 前掲註16に同じ

21） 前掲註5に同じ

22） 前掲註9，鈴木1979など

23） 一部の破片が報告されたほかは地中保存対象の土器だが，調査見学時に全体像を実見し，写真記録などでも特徴を確認した。

24） 前掲註23に同じ

引用・参考文献

石川日出志「関東・東北地方の土器」『考古資料大観　第1巻』小学館，2003年

茨城県立歴史館『茨城県史料＝考古資料編　弥生時代』1991年

設楽博己「再葬墓研究の現状と課題」『考古学雑誌』74 - 2，日本考古学会，1988年

設楽博己「壺棺再葬墓の基礎的研究」『国立歴史民俗博物館研究報告』50，1993年

弥生時代における
人面付土器の分類をめぐって

東京大学大学院教授
設楽 博己

はじめに

　弥生時代初期の人面付土器は，東日本では再葬墓の蔵骨器に用いられるように特異な存在感を放っている。再葬墓用という用途を別にすれば西日本にも類例が知られているので，東日本固有のものとはいえず，総合的な分類とそれにもとづく系譜関係の分析を要する。

　筆者は石川岳彦とともに弥生時代における人物造形品の研究をおこない，上記の点についてある程度の見通しをつけることができた[1]。本論はそれに修正を加えながら，人面付土器の分類をめぐる問題を中心に整理する。本書は茨城県常陸大宮市泉坂下遺跡の弥生再葬墓の発掘調査と報告書の刊行，および遺跡と人面付土器の指定を背景に組まれたものであるので，泉坂下遺跡の人面付土器に関する分析に１項を割いた。

1　人面付土器の分類

（1）研究史

　顔面付土器，あるいは顔壺と呼ばれる弥生時代の人面付土器は，1900（明治33）年に小林与三郎らによって栃木県宇都宮市野沢遺跡の資料が学界に紹介されたことで知られるようになった[2]。その後，茨城県筑西市女方遺跡の人面付土器（図1）が加わるなどして類例が増え，土偶とともに概説書で取り上げられることはあったが，まとまった研究は1976年の柴田俊彰による論考を待たねばならなかった。柴田は人面付土器を土偶形容器と比較して，容器的機能を有している点で両者は共通するが，土偶形容器が土偶を容器にした形態をとるのに対して，人面付土器は壺形土器に人面を取り付けた点が異なるとしたのは特筆されよう。

　また，弥生中期後半の神奈川県横須賀市ひる畑遺跡（図2-11）や弥生後期の神奈川県横浜市上台遺跡（図1）の出土例は，目・口を小孔で穿って表現している点や集落から出土した点から，再葬墓で出土する人面付土器との差を指摘しているのも重要である[3]。

　弥生時代の人面付土器を型式分類したのは，石川日出志がはじめてである。石川はA，Bに分類したが，Aは東日本に分布する壺の口縁部に東北地方の結髪土偶の系譜を引いた人面を立体的に表現したものであり，Bは東海地方以西にみられる壺形土器の胴部に線刻で顔を表現したり目をえぐり眉と鼻を貼り付けたものである。弥生中期後半の千葉県市原市三嶋台遺跡出土例（図1）が集落より出土したことから，再葬墓とつながりをもっていた人面付土器Aの役割の変化の要因を，方形周溝墓の採用による再葬墓の衰退に求めた点が注目される[4]。

　この点の研究を深めたのが黒沢浩であり，人面付土器Bをひる畑遺跡出土例のように黥面風の顔面の装飾がなくなり，鼻筋の通った扁平な顔をしたものと再定義し，その系譜を西日本の土偶や分銅形土製品に求めた。黒沢は人面付土器と土偶形容器の差異も論じており，人面付土器が人面やその構成要素を器面に貼り付けただけなのに対して，土偶形容器が頭部をつくり出していると明確に区分している。さらに三嶋台遺跡出土例や群馬県渋川市有馬遺跡出土の人面付土器（図1）をBの仲間に入れながらも，土偶形容器のように腕がつく点などを指摘してこの二者をめぐる複雑な関係に苦慮されたのも印象的であった[5]。

（2）新たな分類案

　筆者は2017年の論文において，これらの先行

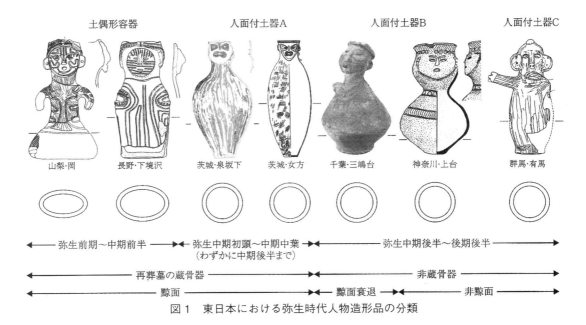

図1 東日本における弥生時代人物造形品の分類

研究を踏まえながら人面付土器を再分類した[6]。ここではその分類のおさらいをしておく。まず問題にしたのは人面付土器と土偶形容器の区分であるが，型式分類の指標は単純であり重要で本質的であるべきだという普遍的原理と柴田の意見を踏まえて，人面付土器と土偶形容器との差異はそれぞれが壺と土偶を基礎にしている点を最重視して区分した。つまり，壺とは偏壺などがあるものの基本は上からみると正円をなすのに対して，土偶は筒形土偶を除けば胴部が楕円ないし長方形をなすことを捉えて，胴部の形態を区分指標とした[7]。

かつて，長野県塩尻市下境沢遺跡出土例（図1）を分析した際に，胴部と底部が楕円形であったので通常であれば土偶形容器の仲間にするところを，人面のつくり方が口縁部に顥面を貼り付けただけで人面付土器Aと同様であったために，黒沢の定義を重視したうえで「顥面付土器」なる範疇を設けた。静岡県浜松市角江遺跡出土例（図2-9）のように，人面付土器Aでありながら頭部がつくりだされたものもあったが，土偶形容器の可能性もまったくないとはいえないと考えたからである。

しかし，三嶋台遺跡例や上台遺跡例のように人面付土器Bにも頭部をつくり出している実例が存在していることからすれば，頭部造作手法が人面付土器と土偶形容器を区分する指標としてふさわしくなかったことを認めざるを得ず，人面付土器Aの泉坂下遺跡例（図1）が加わったことで顔面造作の二者が人面付土器と土偶形容器の区分指標たりえないことが明確になった。

2017年論文では，顥面付土器を廃して下境沢遺跡例を土偶形容器に再分類した[8]。そのうえで，人面付土器をJ，A，B，C，Wの5つに分類した。図1はJとWを省略した東日本における弥生時代の人物造形品の分類図である[9]。

人面付土器Jは縄文晩期終末の千葉県横芝光町山武姥山貝塚出土例を典型とする，甕形土器の口縁部に顥面土器の人面を貼り付けたものであり，縄文後・晩期の人面付土器の系譜を引いたものである。下境沢遺跡の人面は，この系統を引いたものかもしれない。この時期の人物造形品に，黒沢の指摘した要素の融合が顕著に認められる一例といえよう。

人面付土器AとBの区分は，基本的に石川案を再構成した黒沢案を踏襲した。ただし，黒沢がBに含めた有馬遺跡出土例を人面付土器Cとして分離した。それは，有馬遺跡例が人面のパーツを誇

張して表現する異形表現であることとともに，弥生後期の箱清水式と樽式土器の分布する長野県北部域から群馬県西北部域に分布が集中し，赤彩されるのを基本とするなど，類例が増えてきた一方で固有性が著しいことを理由とする。

人面付土器Wとは，石川が人面付土器Bとした壺の胴部に顔を表現したものである。このうち愛知県安城市亀塚遺跡の出土例は黥面絵画土器ないし黥面文土器として人面付土器には含めていないので，残る京都府向日市森本遺跡出土例（図3-13）を典型例とみなして西日本に分布するところから人面付土器Wとした。目と口をえぐって貫通させ，粘土を貼付して鼻を表現するのも共通した特徴である[10]。

(3) 分類案の再検討─人面付土器Bの細別─

この分類案のいくつかを本稿で再検討する。まず人面付土器Aについて触れて，そのあと人面付土器Wについて述べるが，その検討は人面付土器Bに波及する。

人面付土器Aは結髪土偶の顔面表現を採用して，目・鼻・口などすべてそろっているのを基本とするが，Aに含めた栃木県佐野市出流原遺跡出土例は，大きな口と小さな鼻の穴だけを表現したものであり，黒沢は「顔面付土器」として区別していた。眉などの顔の部分だけを貼り付けた資料とともに，類例がいくつかあることも踏まえてやはり独立させた方がよいので，人面付土器Pとしておく。

次に人面付土器Wについて述べる。森本遺跡出土例が壺の胴部に人面を表現している特徴以外にも，目と口が貫通していることは柴田や石川が注目していた点である。この点を問題にして，その後増えた類例を検討したい。

近畿・中国地方の人面付土器には，愛媛県松山市祝谷遺跡（図2-5），岡山市田益田中遺跡（図3-9），岡山県総社市上原遺跡（図2-3），大阪府茨木市目垣遺跡の諸例のように目と口の貫通したものが多く認められるが，顔を胴部に描くものよりも頭部がふさがった人面付土器が目立ち，田益田中遺跡出土例は瓢形の壺の上部の可能性がある。一

方，関東地方でも目と口の貫通した人面付土器Bが弥生中期後半〜後期に認められることは，柴田が指摘していた点である。人面付土器Aにそうした表現がまったく認められないことに，人面付土器Bの系譜を西日本に求めた黒沢の見解をまじえれば，人面を胴部に表現する特徴よりも目と口を貫通させるという点を分類の指標にしたほうが，分類の重要性が増す。

したがって，人面付土器Wを排し，石川や黒沢が分類した人面付土器Bの仲間に戻して改めて分類をおこないたい。関東地方の人面付土器Bにはほかにも目と口をともに，あるいは欠失を考慮すれば少なくともどちらかを穿って貫通させた資料が知られるようになってきたからである。

これらは長野県安曇野市町田遺跡（図3-5），長野県松本市百瀬遺跡（図2-12）など長野県域に集中している。関東地方の例を含めていずれも弥生中期後半〜後期であり，西日本からの影響で出現したと見なし得る。そこで，人面付土器Bを目や口を貫通させないで表現したB1と貫通させて表現したB2に区分する[11]。人面付土器Cが目と口を貫通させるのは，B2から引き継いだ表現方法といってよい。B2をCに含めないのはこれまでの分類体系を大きく崩すことなく改訂する消極的な措置もあるが，Cの異形の表現を重視した結果でもある。ただし，長野県域の例はいずれも鼻を高く表現し，百瀬遺跡例に口蓋裂の表現が認められること，すなわち人面付土器Cの特徴が芽生えていることも指摘しておく。

そのうえで問題にしたいのが黥面表現であるが，それは最後に論ずることにしよう。

2　泉坂下遺跡の人面付土器をめぐって

(1) 泉坂下遺跡の人面付土器の違和感

前章で触れた泉坂下遺跡出土の人面付土器Aについて，あらためて論じたい。

泉坂下遺跡の人面付土器を見た時に違和感を感じたが，それは顔面がつくりだされていることと，顔が斜め上を向いていることであった。野沢遺跡や女方遺跡，あるいは茨城県常陸大宮市小野

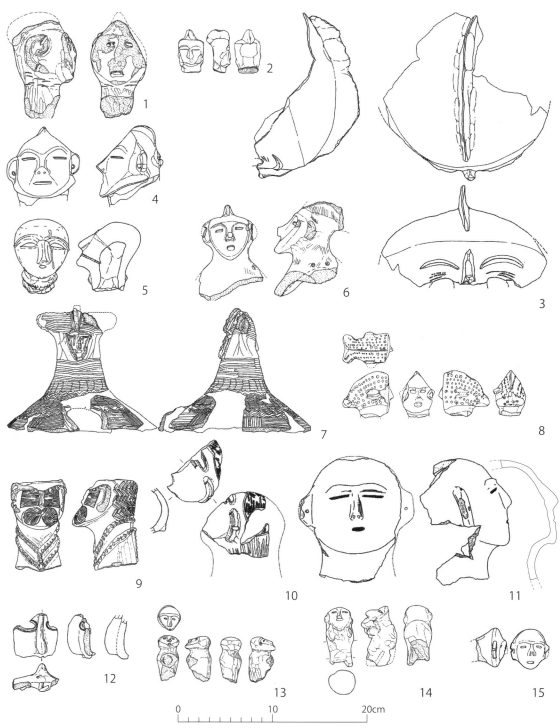

図2　弥生時代の人物造形品　(8は縄文晩期終末)

1：大阪・東奈良，2：兵庫・長田神社境内，3：岡山・上原，4：京都・温江，5：愛媛・祝谷，6：島根・西川津，7：石川・八日市地方，8：長野・石行，9：静岡・角江，10：静岡・有東，11：神奈川・ひる畑，12：長野・百瀬，13：奈良・唐古鍵，14：長野・七瀬，15：岡山・熊山田

天神前遺跡出土例など，壺形土器のほぼ直立した口縁部に顔のパーツが取り付けられて正面を向いた人面付土器を見慣れてきた目にとっての違和感であった。説明を簡単にするために，人面付土器Aに典型的な人面の造作方法を造作a類，土偶形容器や泉坂下遺跡例のように顔面をつくり出す造作方法を造作b類としておく。前項で指摘したように，造作b類は角江遺跡やひる畑遺跡，三嶋台遺跡出土例に認められるが，弥生再葬墓からの出土は初めてといってよい。その理由として，まず土偶形容器の造作b類が影響を与えた可能性が考えられるが，この時期の融合の頻繁さから十分ありうることだろう。

（2）斜め上を向く姿勢の背景

しかし，土偶形容器を含めて弥生再葬墓から出土する人物造形品で斜め上を向いた例はきわめて稀だといってよい。それをどのように理解すればよいのだろうか。土偶形容器はもちろん，人面付土器Aの大半が正面を向いているのは縄文晩期の土偶の系譜を強く引いて生まれてきたことに要因があると推測する。みみづく土偶や鰓面土偶，あるいは遮光器土偶などいずれも正面を向くのを基本とするからである。

そのうえで斜め上を向く人面付土器を探してみると，弥生前期の例として島根県松江市西川津遺跡（図2-6），京都府与謝野町温江遺跡（図2-4），中期中葉では祝谷遺跡（図2-5），中期後半になると東海地方の角江遺跡（図2-9），静岡県静岡市有東遺跡（図2-10），南関東地方のひる畑遺跡（図2-11），三嶋台遺跡（図1）の例がある。土偶のなかにも弥生中期の大阪府茨木市郡遺跡，奈良県田原本町唐古・鍵遺跡（図2-13），後期の長野県中野市七瀬遺跡（図2-14）に斜め上を向いた例がある。西日本に分布の偏りが認められ，それらのなかに前期にさかのぼる例が含まれていることと，東海地方から南関東地方の東海道筋に弥生中期後半に認められることからすると，斜め上を向く人面表現は西日本を起源として東へと伝播したものといえよう。

それでは，斜め上を見上げるという姿勢は何に起因するのであろうか。西川津遺跡出土例（図2-6）の頭には，隆起した粘土帯が貼り付けられている。おなじような表現は，上原遺跡（図2-3），香川県さぬき市鴨部川田遺跡（図3-10），温江遺跡（図2-4），大阪府茨木市東奈良遺跡（図2-1），兵庫県神戸市長田神社境内遺跡（図2-2），石川県小松市八日市地方遺跡（図2-7）など，これも西日本を中心とする人面付土器や土偶に散見される。さらに，大阪府八尾市亀井遺跡からは頭部に隆起をもつ鳥形木製品が出土している。弥生土器に描かれた鳥装の司祭者とされる人物は，頭部に飾りを描いた例がある。鳥は弥生時代を通じて，農耕儀礼と深いかかわりのある動物であったのは定説になっており，そうしたことからすれば頭部の隆起の表現はサギなどにみられる冠羽の表現と考えられないだろうか。したがって，斜め上を見上げる人物造形品は，鳥に扮して農耕儀礼を挙行する姿を表現した可能性を考えたい[12]。

東海地方から南関東地方に，水田稲作が本格化していく弥生中期後半に斜め上を見上げる人面付土器B2が出現することは，農耕儀礼とそれに伴う身体表現とが一体となって展開したことを意味しているのではないだろうか。弥生中期前半の泉坂下遺跡例は，比較的早い時期に東へとその表現が伝播して再葬墓に入れられた，特異性を帯びた人面付土器であるとともに，農耕を受容していった時代に応じた変化を内在させていたことも考えなくてはならない。

（3）問題点

こうした推論には，いくつも問題点がある。まず，東海地方を中心に広がるいわゆる後頭部結髪土偶である（図2-8）。これは頭頂部に隆起表現をもっており，東海地方で弥生時代前期に出現することと，それ以前の在地の土偶や東日本の土偶にその表現がみられないことから，西日本で生まれた冠羽の表現を模倣した可能性，すなわち鳥装の人物を表現したのではないかとかつて指摘したことがある[13]。しかし，そうであれば斜め上を向く表現をとってもよいのに，正面を向いたものばかりである。その名の通り，後頭部結髪という髪

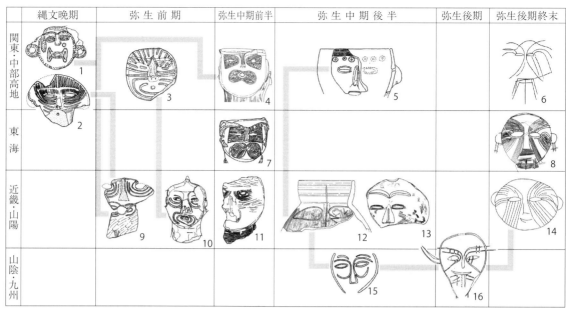

図3 黥面の変遷（縮尺不同）
（スクリーントーンは黥面要素の系統的な一致と流れを示す。資料の横の並びは系列や型式組列を表していない。）
1：栃木・後藤，2：千葉・池花南，3：長野・平出，4：茨城・泉坂下，5：長野・町田，6：茨城・曲松，7：静岡・角江，8：愛知・亀塚，9：岡山・田益田中，10：香川・鴨部川田，11：滋賀・赤野井浜，12：大阪・亀井，13：京都・森本，14：香川・仙遊，15：島根・加茂岩倉，16：福岡・上灌子

の結い方に伴う隆起表現と見なしたほうがよいとの意見もあるだろう。

また，東北地方北部に広がる砂沢式期のいわゆる結髪土偶や刺突文土偶には，斜め上を向いた表現がよく見られるようになる点も問題である。砂沢式期は東北地方北部で水田を受容した時期であり，近年のレプリカ法による植物種実の圧痕調査によると，この時期の土器から検出されるのはイネの圧痕ばかりであり，長野県域や関東地方で主体をなすアワ・キビの雑穀の圧痕はまったく認めることができない。砂沢式土器は遠賀川系の土器を壺・甕ともに模倣してもっており，抉入柱状片刃石斧や大陸系の管玉なども手に入れているように，中部・関東地方とまったく異なった西日本の水田稲作指向の文化である。したがって，この時期の土偶に西日本の影響が及んで変化をとげていったことは考えられないことではない。

ところが，斜め上を向いた土偶は遮光器土偶が隆盛する大洞C_1式までは認められないが，大洞C_2式になると見られるようになるのである。砂沢式期の土偶がその流れを汲んだ可能性もあるのであり，そうであれば西日本の影響を考えずとも在地の変化で理解可能である。大洞C_2式期は稲作がはじまる時期だから西方からの影響が早くも及んだという意見は，鳥に対する信仰がそこまでさかのぼることはまずないので否定せざるを得ないだろう。ただ，そうであれば，今度は反対に西川津遺跡例など西日本の土偶にみられる斜め上を向く特徴が東北地方の土偶の影響によるものであることを説明しなくてはならない。いずれにしても，今後の研究課題も多いのである。

3 人面付土器B2の黥面

東日本の人面付土器B2が西日本系譜であることのもう一つの根拠は，黥面の表現である。人面付土器Bの特徴は，黒沢が指摘したように顔面の装飾がなくなっていることであり，それは大筋で認められるものの，実はそのいくつかに黥面線刻の名残がある。すでに指摘したことであるが[14]，三嶋台遺跡例は目の上下に瞼に沿って各1条の沈

線を描く。森本遺跡例（図3-13）も同じ表現がなされる。一見すると瞼のふくらみを表現したようにも見えるが，そうではないだろう。

似た表現の目の上下の線刻は長野県にも3例ほど認めることができ，いずれも弥生中期後半である。よく注意してみると，百瀬遺跡例（図2-12）は大阪府八尾市亀井遺跡例（図3-12）と同様に弧線が目を囲んでいるが，町田遺跡例（図3-5）は目尻の部分ではつながっているが目頭の部分で途切れているように，上下の線が分断されてまったくつながらなくなった森本遺跡・三嶋台遺跡例に至る変遷を辿ることができる。

この線刻はどこに系譜が求められるのであろうか。黥面の系譜を示した図3にもとづきながら，土偶形容器なども含めてみていくことにしよう。西日本の人面付土器でもっとも古い弥生前期の田益田中遺跡例（図3-9）は，沈線が目を取り巻きさらにそれに沿って下に2重の弧線を入れる。同じく前期の上原遺跡例は目の上に3重の弧線が認められる（図2-3）。弥生中期の滋賀県守山市赤野井浜遺跡出土の土偶形容器（図3-11）は，目の下に4条の弧線を加えて，目の上にも1条沈線を入れている。

このように，田益田中遺跡（弥生前期）→赤野井浜遺跡（弥生中期）→亀井遺跡・百瀬遺跡（弥生中期後半）→町田遺跡（弥生中期後半）→森本遺跡・三嶋台遺跡（弥生中期後半）と，目の輪郭とかかわっていた多条の沈線が1条になりさらに途切れたりと形骸化・単純化しながらも系統的に連続することを指摘することができるのであり，たんに瞼のふくらみを表現したのだということはできない。

人面付土器B2や頭部造作b類と同様，黥面も西日本で生じた類型がある時点で東へと流れて同じような形態変化を共有した過程を復元することができる。

おわりに

旧稿で弥生時代の人面付土器をJ，A，B，C，Wに分類したが，Jは縄文晩期の黥面を口縁部に貼り付けた甕形土器とその系譜を引くもの，Aは東北地方の結髪土偶の系譜を引いた黥面の表現をもち弥生再葬墓におさめられることの多い類型，Bは黥面表現を欠いた西日本に由来するとされる類型，Cは異形の表現の人面付土器，Wは西日本にある胴部に人面のついた壺形土器である。本稿で先行研究を再吟味して，再分類を試みた。

まず，人面付土器Aに含めていた，たとえば鼻や眉など顔の部分だけを貼り付けて造作した類型を人面付土器Pとした。また，人面付土器Bについて，目と口の造形方法に貫通させないタイプと貫通させたタイプの二者があることからそれぞれB1とB2とした。そのうえでWをB1とB2に振り分けて再編成した。これは，西日本での人面付土器の資料の増加によって，胴部への人面の表現よりも，目と口の造作手法の方が優位な分類指標になることを重視したからである。Wとは西に固有の表現ということで名づけた分類名称であったが，目と口を貫通させる手法が東日本にも広がっていることに注意を向けたうえで人面付土器Bという普遍性をもつ分類群に再編成したことにより，B1とB2のいずれもが中国，近畿地方の西日本に本源をもち，水田稲作農耕文化が本格化する弥生中期後半に関東地方へ伝わるという，日本列島全体の動態も明瞭になった。

それは，頭部造作b類とした顔面をつくり出す手法や顔を斜め上に向ける造作，目を取り巻く黥面の東伝とも合致した動きであった。黥面表現を基軸としてそうした動きを示したのが，図3である。かつて黥面の変遷を一直線の変化図として示して[15]安藤広道に複線的，多系的な変化があるはずだとのご批判をいただいたが[16]，この図はそれに応えるべく作成した。

田益田中遺跡例は目と口を抉り，目を取り巻く多重の黥面線刻が施された人面付土器B2であり，東への流れの起点になるような資料だが，口の両脇の線刻は，明らかに縄文後期にさかのぼる東日本系の黥面表現であり，泉坂下遺跡例につながる。だからといって，泉坂下遺跡例の口元の線刻が，西日本から逆輸入されたというわけではな

く，在地の展開も視野に入れて検討していかなくてはならない。また，本来希少な資料であることから空白部分が新資料で埋められる可能性もあるので，伝播によらない在地における展開も十分に考えられよう。そういう意味ではこの図も暫定的なものにすぎない。第2項で示した課題を含めて，新出資料による補強や再検討を経て，東西弥生文化の在地展開や相互交流の実態解明に今後とも取り組んでいきたい。

　註

1）　設楽博己・石川岳彦『弥生時代人物造形品の研究』同成社，2017年
2）　小林与三郎ほか「下野国河内郡野澤村発見の土器に就いて」『東京人類学会雑誌』166，1900年，129-132頁
3）　柴田俊彰「人面付土器の意義」『考古学研究』23―1，1976年，104-115頁
4）　石川日出志「人面付土器」『季刊考古学』19，雄山閣，1987年，70-74頁
5）　黒沢　浩「東日本の人面・顔面」『考古学ジャーナル』416，ニューサイエンス社，1997年，11-16頁
6）　設楽博己「土偶形容器と人面付土器の区分」『弥生時代人物造形品の研究』同成社，2017年，73-79頁
7）　したがって，土偶形容器と人面付土器は，頭部や顔面だけでは区分が困難ないし不可能なものが生じる。

8）　前掲註6に同じ
9）　図1では人面付土器Jは省略した。東日本を念頭に置いた図なので，Wは含めていない。人面付土器Bは西日本では弥生前期にさかのぼるが，東日本では弥生中期後半に成立することに注意されたい。
10）　設楽博己「人面付土器の諸類型」『弥生時代人物造形品の研究』同成社，2017年，65-71頁
11）　旧稿では人面付土器Bを頭部のつくり方にもとづいてa〜d類に分けたが（前掲註10：69頁），頭部が充実したd類はB1類にしか当てはまらないが，それ以外はB1とB2のいずれにも適用されることを付記しておく。なお，旧稿の一覧表（前掲註1：252-256頁）にもとづいて，以下に人面付土器Bを再分類する。人面付土器B1：387〜390・394・396・397・398・401・405，人面付土器B2：391・392・395・399・402〜404，人面付土器C：393（番号は一覧表の№。最後の人面付土器Cは旧稿でBとしていたもの）。
12）　設楽博己『縄文社会と弥生社会』敬文舎，2014年，109頁
13）　設楽博己「土偶の末裔」『新 弥生紀行』朝日新聞社，1999年，160-161頁
14）　前掲註10，71頁
15）　この図は黥面の変遷の要諦を示したものとして，いまだに有効だと考えている。
16）　安藤広道「東京都羽ヶ田遺跡出土の線刻をもつ土器について」『MUSEUM』573，2001年，31-57頁

人面付土器の意味論

奈良大学文学部教授
小林 青樹

1 顔面装飾とその意味

(1) 顔面装飾の世界

ここで取り上げる人面付土器のように，先史時代における祭祀や儀礼に関わる遺物の意味を考えることは非常に難しい。しかし，そうした意味の本質にせまる上で，まったく手がかりがないわけではない。本稿では，人面付土器（弥生顔壺）の様々な特徴などをヒントにして意味について検討することにしたい。

まず取り上げるのが顔面装飾である。茨城県常陸大宮市泉坂下遺跡出土の人面付土器のように，それらの多くには，顔面装飾が施されている。この装飾を施した顔面部は，果たして人の顔そのものを表現しているのか，それとも仮面をつけた顔面部として表現しているのか。このあたりは意見が分かれる。

仮に人面付土器が，人の顔そのものを表現したものとすれば，それは入れ墨（黥面）か化粧のように塗られた装飾の可能性があり，また装飾のある仮面をかぶっていた可能性もある。後で触れるように，黥面か仮面のいずれかであるかという問題を超えて，装飾自体に象徴的な意味が存在していた可能性が高いので，ここでは仮面を装着したか否かにかかわらず，顔面装飾として話を進める。

弥生時代末ごろの日本列島の様子を記録した『魏書』東夷伝倭人条（魏志倭人伝）によれば，倭人の男性は大人も子どもも顔面に黥面を施していた。また，同書には身体に文身（入れ墨）を施すことで蛟龍からの被害を避け，鮫や猛禽類などからも身を守ったとも記載されている。なぜ，黥面が魔除けとして機能していたかといえば，それはおそらく黥面をしている状態が正常ではない「異形（いぎょう）」の状態をあらわしているからだろう[1]。

こうした顔面装飾は，縄文時代に系譜をたどることができる習俗である。縄文時代の人々にとっての恐怖は，おそらく自然の脅威であり，狩猟・採集・漁撈のため村からひとたび自然のなかに入ったとき，彼らは無事村に戻ることを願ったであろう。また彼らを襲った病気やケガは，死への恐怖を与え，生きながらえるための祈りを捧げたに違いない。こうしたさまざまな恐怖がみずからの身体に降りかからないようにするため，あるいはよりつかないようにするため，身体に普通ではない状態を表す文様を施しあるいは身につけたと考えるのである。そして，それらが異様なものとして「異形」という「普通ではない状態」として縄文人にとって表現しやすい象徴であった。こうした象徴である顔面装飾が弥生時代の東日本の人々にも受け継がれ，そして人面付土器にも表現されたのである。そして「異形」には，縄文人が恐怖をいだく対象や縄文人が五感を通じて恐ろしいと感じたものが選ばれたであろう。

(2) マムシの象徴としての顔面装飾

顔面装飾を縄文人が異形として表現したと考え

a
b
ダブル・ハの字文をもつ土偶
（山梨・一の沢西）縄文中期

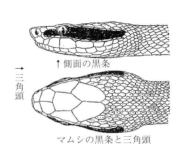
↑側面の黒条
三角頭
マムシの黒条と三角頭

図1 マムシの黒条とマムシ土偶

たが，それでは縄文人は何を顔面装飾に表現したのであろうか。

筆者がここで注目するのは，縄文時代中期の中部高地などでみられる土偶の顔面に表現されたダブル・ハの字文である（図1左）。こうしたダブル・ハの字文のようなものは，ヘビなどに見られる特徴であり，それらのなかでもひときわ注目するのがマムシである。マムシの頭部の側面には，目をはさむ形で黒条という帯状の斑文がある（図1右）。ヘビは人間のように顔面部が縦長ではないのでこの黒条は横方向に流れるが，赤い不気味な目に接続する黒い帯が，それを見た縄文人に強い印象を与えたに違いない。マムシは毒で敵を倒す恐ろしい生き物で，多くの縄文人はマムシに対して恐怖心をもっていたであろう。そうした恐怖心をもたらすマムシの強さを自らの身体に表現し，魔除けの象徴としたと考える。こうしてマムシの目の下の黒条は，ダブル・ハの字文の起源となったのであろう[2]。

なお，黒条についてはマムシ以外のヘビやカエル，トカゲなど両生類のほとんどがもっており，縄文時代の顔面装飾のすべてがマムシの黒条を表現したとは言い切れないが，縄文時代の土偶などのなかには，マムシの特徴を写し取っているとしか思えないようなものがあるので，ダブル・ハの字文の起源はマムシの可能性が高いと考える。

とくに筆者が注目するのは，山梨県笛吹市一の沢西遺跡出土の土偶である。この土偶は，まず顔面部は鼻がつりあがり，目も含めて人間らしさを離れ，ヘビのような表現をしている。また，頭部にゆがんだマムシ特有の菱形状の図形があり，しかも頭に蛇体が渦巻き，そのまま顔面部となっていることから，土偶全体でマムシを象徴化したと判断する（図1左）。

また縄文時代中期の顔面付き土器や土偶の顔相は，一の沢西遺跡例のように人間らしさを超越し，正常ではない存在に表現しているものばかりである。一の沢西遺跡の土偶は，まさにマムシを人のように表現した，いわばマムシと人間の合体した中間的な「半人半蛇」と呼ばれる「異形な顔相」である。

こうしたダブル・ハの字文の表現が，実際に縄文時代に黥面と化粧のいずれで表現されていたかは土偶の表現からだけでは特定できないが，仮面の装飾でも見られることがあり，黥面・化粧・仮面のいずれにも共通して表現された可能性を考えたい。

この中部高地を中心に見られる縄文時代中期のダブル・ハの字文は，その後は縄文時代後期にさまざまな装飾のバリエーションを生み出し，晩期後葉頃に黥面土偶などが誕生した（図2）。そして，この黥面土偶の顔面装飾が人面付き土器にも

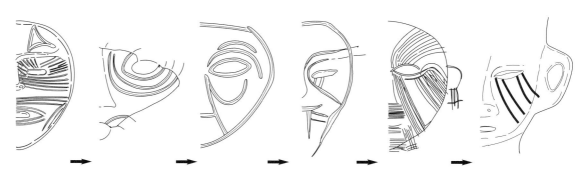

黥面土偶	人面付土器	銅鐸絵画	黥面線刻板	黥面線刻土器	黥面人物埴輪
（後藤・栃木）	（田益田中・岡山）	（加茂岩倉・島根）	（上鑵子・福岡）	（亀塚・愛知）	（稲荷山・埼玉）
縄文晩期	弥生Ⅰ期	弥生Ⅳ期	弥生Ⅳ期	弥生末～古墳出現期	古墳中期
（前9～8世紀）	（前6～4世紀）	（1世紀）	（1世紀）	（3世紀）	（5世紀後半）

図2　黥面装飾の変遷

取り入れられた[3]。泉坂下遺跡の人面付土器でみられる顔面装飾も目のまわりに施す状態からみて，同じような意味である可能性がある。その意味の根源は，やはり縄文時代と同様にマムシが毒で敵を倒すという意味が連想され，その顔面装飾を施す人間に害をおよぼさないようにすることであろう。ダブル・ハの字文は弥生時代に至っても異形の象徴となったと考える。

なお，こうしたダブル・ハの字文は，さらに古墳時代にまで系譜をたどることができる長い期間生き続けた顔面装飾である。

2 人面付土器の形成過程

人面付土器の起源について設楽博己は，出自は東北方面の土偶に求めることができるが，壺棺再葬墓や土偶形容器が成立する縄文晩期終末から弥生前期に，土偶形容器とも関連しあいながら顕面付土器が成立し，それが人面付土器の成立にかかわりをもった，という可能性を考えた[4]。確かに人面付土器の分布をみると茨城県から福島県南部に集中する。これらの地域は石川日出志がかつて指摘したように，東北地方の終末期土偶の分布と土偶形容器，顕面土偶の分布の中間域に相当する[5]。この地域で，東北地方の亀ヶ岡系の大形壺と東海・中部高地系の大形壺が影響し合うなかで人面付土器が形成されたと考えられる。

そして同じ再葬墓を造営する集団の地域圏では，人面付土器の中心域の外縁地帯（北陸，関東，中部）で土偶形容器が発達する。土偶形容器は小児用の再葬用納骨器と考えられ，人面付土器と同じ象徴的意味と使用法であったと考えられる。このように弥生時代前半期の東日本には顔面装飾を施した土偶・土器・容器などが多数存在した。

それでは人付面土器は，壺棺再葬墓と土偶形容器，顕面付土器，顕面土偶が具体的にどのような関係性をもって生まれたのであろうか。人面付土器は，縄文時代の祖先祭祀の延長線上にある祖霊像と考えられている。そのように考えるとすれば，前段階の縄文時代晩期の系譜の上に形成されたと考えるべきであろう。そこで，注目されるの

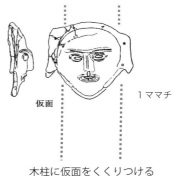

［縄文晩期後半］

仮面　　　　　　　　　1ママチ

木柱に仮面をくくりつける

［弥生前期後半～中期前半］

2女方

壺を細長く背を高くし，仮面を装着し人面土器化

図3　仮面から人面付土器へ

は，北海道千歳市のママチ遺跡の事例（図3-1）である。

ママチ遺跡では，遺体を埋めた土壙墓（穴）のすぐそばから縄文時代晩期終わりごろの土製仮面がほぼ完形で出土した。土壙墓の端には上から木柱を打ち込んだ跡があり，調査を行なった長沼孝は，アメリカのイヌイットの事例を参考に，仮面を木柱にくくりつけ墓の上に立てた状態を想定した[6]。土製仮面が出土した墓は再葬墓とされ，それらの埋葬場所に木柱を立て，それに仮面を懸けて祖霊を崇拝していたと考えたのである。

こうしたママチ遺跡例のような土製仮面の用いられ方は，東北地方北部における縄文時代晩期の二枚橋遺跡例などのように亀ヶ岡系の土製仮面を出土する遺跡においても行なわれており，中部関

東にかけて鯨面土偶などのなかに明らかに仮面をかぶったものが見られるので，おそらく東日本全体にこうした仮面習俗が広がっていたであろう。

これに対して，弥生時代の再葬墓から出土する人面付土器は，どの墓壙にも存在するのではなく，泉坂下遺跡のように墓群のなかでも1基のみから出土する。ママチ遺跡でも同様に，墓群のなかでも1基のみが仮面を木柱にくくりつけていた。このあり方は，両者で非常に似ており，人面付土器はやはり縄文時代晩期の系譜で考えたほうがよい。

筆者は，こうしたママチ遺跡のような仮面を木柱にくくりつけるものが，人面付土器の起源であると考える（図3）。すなわち，弥生時代になって壺が東日本でも作られるようになり，ママチ遺跡のように木柱に仮面をつける状態を再現するがごとく背の高い大型の壺を作り，それに仮面を合成して壺自体を身体のように見立てて作出した可能性を考える。あるいは，かつての仮面を木柱にくくりつけ墓の上に立てた状態を再現するように壺を細長く大きくしたのかもしれない。そして，その後，仮面をつけている表現ではなく顔面装飾のみを表現するようになったと推測する。このように壺は仮面を装着した人物の身体を表現していると考える。

3 祖霊像としての顔壺

それでは人面付土器の身体化[7]とは，どのようなものであろうか。図4は，人面付土器の側面観を並べたものである。まず泉坂下遺跡例（図4-1）をみると，第一印象として壺ではあるが，手足の無い人間の身体のように表現しているように見える。とくに壺の頸部は人の首のようであり，そしてこの首のような上に頭部をのせて，土器全体を身体化している。なお，泉坂下遺跡例の側頭部付近には，顎の下から耳の上を通り後頭部へ抜け一周する突帯状のものがある。これを髭とみる説があるが，筆者はこれを頭からすっぽり被る頭巾状のものに仮面を縫い付けている状態を模していると考える。最初期の例となるが，泉坂下遺跡例の側面観から見て，背が高く大きい身体化された人面（仮面）をつけた壺を作り出したことは明らかである。この泉坂下遺跡例の身体化された大形の人面付き土器は，まさに超越した人間像を壺をベースに人形化したもの，おそらくは祖霊像であろう。

その後，側面観は，茨城県筑西市女方(おざかた)遺跡例（図4-2）では口縁部に顔面表現が付加されるようになり当初のような人間に近い身体化は緩んでいく。常陸大宮市小野天神前遺跡

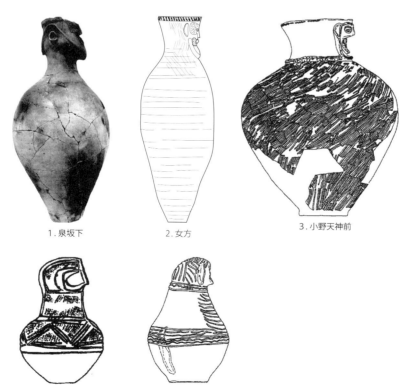

1．泉坂下　　2．女方　　3．小野天神前

4．出流原　　5．松原　　図4　顔面（人面）付土器の側面観

例（図4-3）をはじめ中期前半ごろの人面付土器では口縁部から頸部をよくみると，非常に微妙であるが顔部のある側と後頭部側で顔面部のほうがやや直立気味で非対称の形状をなしており，かろうじて身体化の痕跡を保っているものとなっている。以上のように，泉坂下遺跡例（図4-1）は，仮面を木柱にくくりつける祖霊信仰の祭祀をもとに，単に細長い壺に仮面をつけたのではなく，土器自体を人体に見立て，土器を実体としての祖霊像としたのであろう。

大林太良は，東アジア・南アジア・オセアニアの入れ墨習俗のなかで普遍的なことは，入れ墨に来世へのパスポートとしての働きが付加されることであると指摘している[8]。そして，これを受け設楽博己は，入れ墨には祖先に近づく通過儀礼の意味があったのではないかと考えた[9]。人面付土器の場合は，生身の人間が仮面をかぶる，あるいは顔面装飾を施して儀礼を行なうのではなく，仮面を装着し，あるいは装飾を施した顔面を有する土器を埋葬に用いていることから，大林が指摘するような来世へのパスポートとしての機能は考慮すべきかもしれない。

また，人面付土器の多くは，再葬墓の墓壙群のなかでも中心部分と思われる場所に元々立った状態で据えられていたと考えられる。そして，しばらく墓壙の中に立てたままにされ，自然に倒れた後，埋没した可能性がある。壺棺再葬墓は，祖先への仲間入りを果たす集団の遺骸を壺に入れて一ヵ所に集積し，祖先に仲間入りさせるため，同じ系譜にある集団が同一場所に集まって壺棺を集積させて埋葬をはかる葬送儀礼であるが，祖霊像を一番先に中心に据え，その後に同じ祖先系譜にある周辺の集団から人骨を収納した壺棺が集められ，追加されていったのかもしれない。

なお，祖霊像としての人面付土器が中心に据えられる意味については，さらに，先に触れた，「倭人伝」の記載から黥面には身を守るという性格をもつ可能性を考えたように，周辺で亡くなった同族の亡骸の一部を壺棺に収納し祖霊像を中心とした場所に置くことで，祖霊像に守られていた

のではないだろうか。

4　顔面装飾と抜歯からみた社会

以上のような顔面装飾は，抜歯とも関連をもち，社会のなかで象徴的な意味をもっていた。

東日本における縄文時代晩期後半から弥生時代中期ごろ，東海から関東までの地域において人面付土器や土偶形容器などの顔面装飾に明確な差異が存在する（図5）。

まず図5の左側の顔面装飾の点線部分に注目してほしい。まず上段の関東を中心に中部地域でもみられる顔面装飾では，点線の位置をみてわかる通り，鼻から上を強調する装飾が中心である。なお，目に接続している装飾は，先に見たダブル・ハの字文である。ここで興味深いのは，図をよくみると顔面の鼻の下に横方向の沈線が引かれており，このあたりを基準に顔面の上側に装飾され，「鼻より上に装飾を強調」するという決まりごとがあったようである。

これに対して，下段の東海地域を中心に中部地域でも見られる顔面装飾では，点線部分のように，口のあたりから下側を強調している。装飾の特徴は，口の周りを複数の沈線で囲うものが多く，このタイプを採用する地域では，「口のまわりに装飾を強調」するという決まりごとがあったようである。なお，両者の類型は中部高地付近で共存する。

こうした顔面装飾の強調にみる差異は，その施す位置に注目すると，顔の上／下という関係性を示している。関東では「鼻より上に装飾を強調」し，東海では「鼻より下の口まわりに装飾を強調」しており，両者の間には明確な差異がある。なお，中部高地に東海系の装飾体系があるが，それは当地域に東海系の土器が流入していることと無関係ではない。

その後，弥生時代中期前半段階になると，東海系の顔面装飾の類型である「口部を強調する装飾」が東日本一帯に広がる。とくに泉坂下遺跡例のような人面付き土器の顔面装飾のタイプは，東海系の口部を強調する系列の影響が関係し形成さ

人面付土器の意味論　87

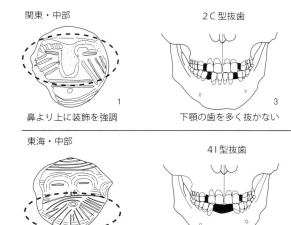

図5 顔面装飾と抜歯型式の関係

れたと考えられる。

　ここで筆者が注目するのは、こうした顔面装飾で見られた差異と抜歯との関係である。縄文時代における抜歯の施行年齢は10～20歳とされ、春成秀爾による仮説では、抜歯は平均13～16歳で成人時に施行した後、婚姻時にも施行するとされる[10]。

　東海地域を例にみれば、その土地の出身者の場合は4I系（図5-4）であり、婚入者は2C系（図5-3）となる。また春成秀爾は4I2C型（図5-5）について、婚姻後も出自集団に居住を続ける4I型の人物が、居住集団を変更せずに再婚か、あるいは二人目の妻または夫をもつ複婚に際して両犬歯を抜いたと考えた。したがって、相手が初婚であれば2C型となり、4I2C型ならば婚入者の婚入先での再婚による抜歯となるわけである。

　縄文時代の東日本では、2C系抜歯が優勢であったが、その後、弥生時代前期末以降になると、それまでの状況からは大きく変化する。弥生時代の前期末から中期前半頃の東日本における抜歯人骨をみると4I型と4I2C型の両方からなる4I系の抜歯が圧倒的で、全体の76%を占める。今のところ、縄文時代晩期後半段階の東日本における抜歯人骨例が少ないためどの程度の大きな変化かを知ることは難しいが、4I系の抜歯が全体の76%を占めるという結果は大きな問題を提起する。

　どのような問題であるかといえば、それは後述するように4I系の抜歯をもつ集団の多くが、東日本における初期弥生段階に東海地域から移住してきたと考えられているからである。そして、とくに問題となるのが抜歯型式のなかでも数的に多い4I2C型にある。先に4I2C型についての春成の仮説を引用し婚入者の婚入先での再婚による抜歯であるとしたが、その考えをそのままここで検討している東日本に適用した場合、東海系の4I系の集団が移住し、かなりの確率で在来の縄文人と再婚したことになってしまう。さらに数的にみた場合に4I2C型は多数を占めるので、再婚率が異常に高いことになってしまうのである。これでは東日本の在来集団はほとんど東海系集団に取って代わられたか、再婚が頻発したことになる。そして、東日本の再葬された人骨は大部分が東海系集団のものとなってしまうことになり、大きな問題である。

　この問題を考える上で、筆者は前述の顔面装飾のあり方と抜歯型式の両方に関係があるとみる。その関係とは、身体に表象された顔面部における上／下という関係性の意味の上で相同であると推測される。

　図5で示したように関東の顔面装飾は「鼻から上を強調する装飾」（図5-1）をなす。それに対して、東海から中部における顔面装飾は「口部を強調する装飾」（図5-2）であり、鼻の位置を境に顔面の上下という分割がなされていると述べた。

　そして一方の抜歯である。抜歯型式については、上顎犬歯と下顎の犬歯を抜く2C系（図5-3）に対して、下顎の切歯をすべて抜く4I系（図5-4・5）が対立関係にあり、4I系は下顎側の切歯をたくさん抜くという強調化がなされている。すなわち、

歯を抜歯する顎の上／下という差異が，両地域間で存在するわけである。

これら両地域の関係を顔面装飾と抜歯の両方を加味してみれば，「下顎の切歯を抜かない関東／下顎の切歯を抜く東海」，「口部周辺の装飾を強調しない関東／口部周辺の装飾を強調する東海」として整理することができ，関東と東海で全体として顔面の「上／下」にそれぞれを施すという対立する関係性がみいだせるのである。

それでは，このように関東と東海のあいだで，顔面装飾と抜歯において，上／下という差異・対立の関係性をみいだせるということは，一体どのような意味があるのであろうか。

そこで筆者が注目するのは，魏志倭人伝において，黥面が集団の差や地域の差，身分の差などを表示していた，という点である。つまり，少なくとも弥生時代の黥面のような顔面装飾は，単なる通過儀礼で施されるものではなく，集団の差や地域の差，身分の差を示す象徴的な表現なのである。そして，顔面装飾のデザインが縄文時代から古墳時代まで変わらず継続することからみれば，人面付き土器の顔面装飾も同様な意味をもっていたと考えることができるのではないか。

そして，ここまで検討したように，顔面装飾と抜歯の間に共通性があるとすれば，筆者は，抜歯にも同様な意味があったと考える。春成の仮説である成人・婚姻・再婚としての抜歯は，婚入者の出自を示す特徴でもあり，集団や地域の差異を示すものでもあり，広く見れば地域の象徴的表現とみなすことができる。その差異が，顔面装飾と抜歯において，上／下という差異・対立の関係として象徴化されていたと筆者は考える。

東海系の4I系抜歯が，弥生時代のはじまりとともに東日本に広がりをみせる現象と連動して，やや時期は遅れるが泉坂下遺跡例のような人面付き面土器の顔面装飾の系列も人面付き土器に導入されることになった。顔面装飾と抜歯の両者は連動しているといえる。

これに関連して東日本では，縄文時代晩期後半の中部高地を中心に分布する氷I式土器の段階

に，アワ・キビ農耕が急速に東日本に拡大し，同時に東海系土器も東日本へ広がりをみせはじめる。おそらく，社会のさまざまな価値体系がこの現象と連動して激しく変化していたはずである。このとき，東日本の諸地域の集団は，東海から中部高地にかけて広まりつつあった東海地域の顔面装飾と4I系抜歯の象徴的表現を受容したと考える。縄文時代晩期後半まで関東と東海は，それぞれ別個の地域的特性をもって持続していたが，生業の転換に伴う東海系の影響が強まり，それまでの規範が緩み，また多少の移住もあり社会全体が新たな象徴のもとで再構成されることになったのではないか。その時，新たな象徴表現である東海・中部系の顔面装飾と4I系抜歯型式を「地域の象徴・識別指標」として受容したのであろう。

また，この過程で抜歯について4I2C型抜歯が多く認められるのは，東日本の縄文系集団のあいだで元々施していた2C型抜歯に加え，後から東海系の指標である4I系抜歯の特徴である下顎の切歯四本を抜いた結果，4I2C型抜歯となった可能性もあろう。

以上のように，4I系抜歯例の増加の理由は再婚ではなく，上記のような新しい象徴体系である抜歯習俗を受け入れたことにあったとは考えない。こうした変化の背景には，当然ながら人の移動を含めた社会変動も考えなければならないが，人面付土器の習俗は縄文系譜であり，在地の縄文系の集団によるものであると考えられるので，やはり抜歯と同様に象徴体系として抜歯と顔面装飾が同時に在地集団によって受容されたと考える方がよいのではないだろうか。

5　顔面装飾の行方

弥生顔壺の顔面表現のあり方は，描写の仕方によりつぎの4パターンに大きく分類できる（図6）。

（A）顔面表現を忠実に再現しているタイプ

（B）顔面を構成する器官を省略・変形し再現したタイプ

（C）顔面装飾部分を特化させ線刻画にしたタイプ

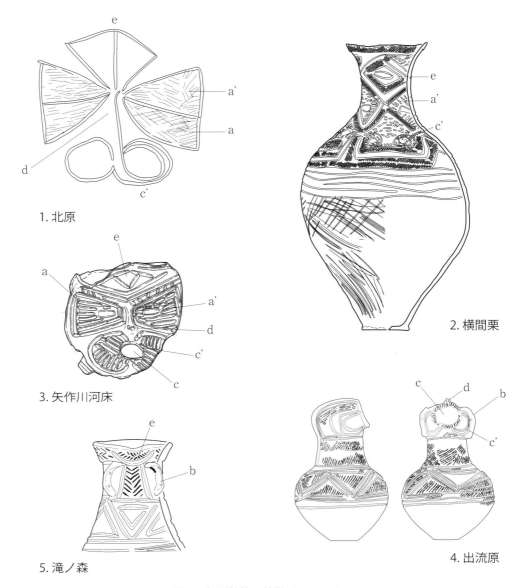

図6 顔面装飾の特徴（縮尺不同）

（D）顔面装飾部分を特化させ文様化させたタイプ

以上のタイプのうち，注目されるのは，CタイプとDタイプである。

Cタイプは，茨城県筑西市北原(きたはら)遺跡例（図6-1）が典型例である[11]。初期の段階の人面付土器では，立体表現によって人面を作出していたが，線刻画という二次元表現に変化し，口部をみても明らかなように顔面装飾のみを描いている。しか

も，壺の胴部に人面を描いており，著しい退化形態である。ただし，北原遺跡例の図形をみると3の縄文時代晩期後半の中部高地の影響を受けた東海系の特徴をもつ矢作川河床例の顔面装飾の特徴である（a）台形ないし三角形が左右対照に展開する目元の図形，（c'）口の左右に取り付くCの字と逆Cの字の図形，（e）頭部の上にある菱形の図形といった3つの大きな特徴が，目鼻といった器官の喪失があるにもかかわらずいずれもまだ

原形をとどめている。すなわち，泉坂下遺跡例でもみられる矢作川河床例のような東海系である縄文系の顔面装飾の図形デザインは，北原遺跡例の段階になっても，忘れられてしまうことがなかったことを示している。この事例からみて，東海系である縄文系の顔面装飾の図形デザインには，相当強い象徴的な意味があり，新しい段階にまで残ったのであろう。

次にDタイプは，埼玉県熊谷市の横間栗遺跡例（図6-2）が重要である。先に示した東海系である縄文系の顔面装飾の図形デザインの3つの大きな特徴を，壺の口縁部から頸部にかけての文様に組み込み，顔面表現が文様化している[12]。

このようにCタイプとDタイプは，顔面表現としては描き方や描く位置などがかなり変形しているが，縄文系の顔面装飾の図形デザインの3つの大きな特徴を忠実に描いていると考えたほうがよいであろう。加飾部位のみの組み合わせ，つまり顔面装飾のスタイルに厳格な約束事と重要な象徴的意味があったことが，このC・Dタイプの存在から推測できる。これほどまでに時期を越えて顔面装飾のデザインが類似するということは，やはり顔面装飾自体に強い象徴的な意味があったと考えるべきである。こうした象徴性の高さが，おそらく鯨面，化粧，仮面を越えて共通のデザインとして採用されたのであろう。

以上のように，人面付土器に表現された顔面装飾の意味は，ダブル・ハの字文や頭部の菱形図形のように，これまで各所で述べてきたようにマムシに起源するもので魔除けを意味し，また来世へのパスポートとしての意味もあった。そして地域や集団の指標としての象徴でもあり，さらに身分の象徴であったかもしれない。人面付土器は，多様な意味をもつ顔面装飾をもつ人面を細く大形化した壺に合体させ人形の祖霊像として誕生した。泉坂下遺跡の人面付土器は，その誕生の瞬間を垣間見せる重要な資料なのである。

最後に，人面付土器について火熱儀礼となぜ壺を用いたのかについて述べて終わりとする。泉坂下遺跡の人面付土器の外面には，煤が付着してい

る。再葬墓で用いられた壺棺や土器棺の多くにこうした煤が付着したものが多く，内面にお焦げが付着するものもある。これらは，人面付土器などの再葬墓用の土器で煮沸行為か，意図的に火熱して煤が付着した可能性がある。春成秀爾は，こうした煮沸行為について人骨を煮たという説を考えているが[13]，人骨かどうかは同位体分析や最新の脂肪酸分析でも特定は難しい。

それでは，こうした火熱行為は何を意味しているのであろうか。火熱行為という点では，玉類のなかに被熱して破損したものがあり，人骨のなかにも被熱したものがある。再葬行為は，人生の最終局面での通過儀礼であり，そこでは人骨の埋葬・遺体の掘り上げ，そして部分骨選別と壺への収納，最後に墓壙への設置が順次行なわれたであろう。これらの行為を再葬行為の一連の通過儀礼とすれば，人骨の火熱，玉類の火熱，土器棺の火熱行為も同様な通過儀礼としてのプロセスとして考えたい。すなわち，亡骸だけでなく，身に付けるもの，そして亡骸の一部を収納する土器など，すべてにわたって火熱行為という通過儀礼を経なければならなかった。そのように筆者は考える。

最後は壺の問題である。人面付土器は，先述のように，細長くなった長大な壺が身体化され，頸部は人の首のようになり口縁部は頭部に変形され，そこに仮面が装着され，顔面表現となったと考えた。このベースとなった壺は本来，西方の弥生文化から伝播したものである。ただし，縄文時代晩期後半の亀ヶ岡文化においても壺は存在しており，弥生時代になって東北地方の縄文系集団は，西方の壺の影響を受けつつも，在地の亀ヶ岡系の壺を大形化させるなど独自の動きを見せる。また，在地の縄文系の甕の頸部をすぼませて甕と壺の中間的な「甕壺・壺甕」と筆者がかつて呼称した広口の壺もあり，これが人面付土器のベースとなったものであろう[14]。「甕壺・壺甕」には，外面に煤が付着し内面にお焦げの付着するものが多いのはその証である。

ここで注意しておかなければならないのは，在

地の縄文系土器を変容させて「甕壺・壺甕」を生み出したとはいえ，やはりその背景に西方の弥生文化の影響があると見なければならない。大陸に起源し弥生文化に根付いた壺は，農耕社会の象徴的な土器で，中に稲籾や種籾などを収納し，稲作の神々に奉納され，翌年の豊作祈願などの祭祀行為において重要なものであったであろう。この祭祀行為は，一度収穫され，いわばそのままでは死を迎えてしまう状態の種籾を壺の内部に収納し，再びその種籾が稲となる再生を促す行為である[15]。こうした再生を促す装置の意味が，西方の弥生文化から縄文系の伝統をもつ東日本の再葬墓造営社会に伝播した際に，意味の上での相同関係からこの壺のなかに亡者の亡骸の一部を収納して再生を祈るという行為に変容した可能性を考えたい。壺を身体化させたのは，壺自体を祖霊像に見立てることにあったと考えたが，体内に収納し再生を図る行為は，祖霊像であるとともに女性の胎内で子となり再び生れ出る様をイメージしている可能性もある。ただし，筆者はこうした再生観念とは彼らが生きた現世に復活を期待したのではなく，祖霊に導かれて来世に身体の復活を期待する観念を意味していると考える。先に顔面装飾の意味について来世へのパスポートであるという大林説を紹介したが，壺に仮面をつけて祖霊像としたことと意味の上で関係していたのであろう。再葬という通過儀礼は，死と再葬行為で終了するのではなく，それは次の世界である来世への入り口でもあったと考えたい。

註

1) 小林青樹『倭人の祭祀考古学』新泉社，2017年。なお，本稿で行なう象徴考古学的な手法については，本書で詳しく検討しているので，ここでは要点のみを述べることにする。また，シンポジウム当日の発表内容の大部分は，本書の内容に基づいており，本稿でも再度引用する形とした。

2) 松本直子『縄文のムラと社会（先史日本を復元する）』2，岩波書店，2005年，前掲註1文献に同じ

3) 設楽博己「黥面土偶から黥面絵画へ」『国立歴史民俗博物館研究報告』第80集，国立歴史民俗博物館，1999年。前掲註1文献に同じ

4) 前掲註3に同じ

5) 石川日出志「土偶形容器と顔面付土器」『弥生文化の研究』第8巻，祭と墓と装い，雄山閣，1987年。石川日出志「人面付土器」『季刊考古学』19，1987年

6) 長沼　孝「北海道千歳市ママチ遺跡出土の土製仮面」『考古学雑誌』第72巻第3号，日本考古学会，1987年

7) 前掲註1文献に同じ

8) 大林太良「東亜・東南アジア・オセアニアの文身と他界観」『日本民族と南方文化』金関丈夫博士古希記念委員会編，平凡社，1968年

9) 前掲註3に同じ

10) 春成秀爾『縄文社会論究』塙書房，2002年

11) 石川日出志「関東・東北における弥生時代中期の顔面画土器」『駿台史學』第133号，駿台史学会，2008年

12) 小林青樹「弥生中期の文様化した顔面表現」『ツンドラから熱帯まで　加藤晋平先生古稀記念考古学論集一』博望2号，2001年

13) 春成秀爾『祭りと呪術の考古学』塙書房，2011年

14) 小林青樹「甕壺・壺甕考」『史学研究集録』第10集，國學院大學大学院会，1991年

15) 前掲註1文献に同じ

引用・参考文献

茨城県歴史館『茨城県大宮町小野天神前遺跡（資料編）』1977年

小林青樹「顔面付土器の身体と象徴性」『人物形象の考古学』考古学研究会東京例会第31回例会資料集，考古学研究会東京例会，2012年

設楽博己「縄文人の通過儀礼はどのようなものだったか」『新視点日本の歴史』1，新人物往来社，1993年

鈴木素行編『泉坂下遺跡の研究―人面付土器を伴う弥生時代中期の再葬墓群について―』私家版，2011年

田中國男『弥生式 縄文式 接触文化の研究』1944年

ファン・ヘネップ（綾部恒雄・綾部裕子訳）『通過儀礼』岩波文庫，岩波書店，2012年

西日本の再葬墓

国立歴史民俗博物館名誉教授
春成秀爾

再葬とは，人の遺体の軟部（皮・肉・内臓など）を土葬，曝葬，火葬などの方法で除いた後，骨だけを集めて再度埋葬することをさす。再葬には，一体分の骨を再埋葬するばあいと，一部分を拾って再埋葬するばあいがある。さらに，何人分もの人骨をまとめて一つの墓穴に再埋葬する合葬例も少なくない。

日本列島の再葬の歴史は古く，縄文時代から古墳・歴史時代まで，その遺跡が確認されているが，新しくは江戸時代，さらには平成時代においても再葬がおこなわれていた。もっとも，火葬場で遺体を焼いたあと，骨を集めて壺にいれ，「○○家之墓」に納めるのも再葬の一種とみれば，再葬そして合葬は現代においても，ごく身近に存在する葬法といえる。

ここでは，西日本の縄文，弥生，江戸時代と最新の再葬例を取り上げて，再葬のもつ意味について考えてみることにしたい。

1　縄文早期の再葬例

愛媛県上浮穴郡久万高原町（旧，美川村）上黒岩岩陰では縄文早期の再葬墓が発掘されている[1]（図1・2）。熟年男1体，熟年女1体，幼児1体の3体合葬墓である。骨製の尖頭器が寛骨に刺さっていたことで有名な人骨は，そのうちの1体6902号人骨である。私たちが調査報告をまとめる前までは男性と鑑定されていたので，狩猟活動中の不慮の事故説，最古の戦死者説など，男性を前提とする解釈があった。しかし，再鑑定の結果，男性ではなく女性であることが判明した[2]。また，尖頭器は先端がまるいヘラ状骨器と呼ぶべき形であって，これが狩猟用の器具であったかどうか疑わしい。こうして，この再葬墓については

新たな解釈を必要とするにいたっている。

骨器が刺さった人骨の女性は経産婦であり，寛骨すなわち腰に同じ骨器を2回刺した形跡がある。私は，この女性は出産時またはその後まもなく体調を悪くして死亡したために，腰に憑いた死因（悪霊）を殺すために骨器で2回刺し，2回目に刺したままの状態にしておいたのではないかと考えた。しかし，男女とも熟年であって，若くないとすれば，幼児との関係も親子であったかどうか，疑問がわいてくる。同時に再葬されている幼児は新生児ではないから，生まれてすぐに亡くなったのではない。3人の遺体が再葬された時に骨格はすでにバラバラになっているので，死亡直後ではなく，一定の期間を経た後の再葬である。

3人を最初に埋葬してあった場所は同じ岩陰内であったのか，それともまったく違う場所であったのか，積極的な証拠はない。この岩陰から出土した計28体の人骨（男3，女8，未成人17）の大半は再葬した状態で見つかっており，ほぼ全身骨が揃った個体は5体（男2，女2，幼児1）にすぎなかった。未成人の割合が通例よりもはるかに多いのが大きな特徴であって，そのことも再葬例が多いことと関係しているのかもしれない。3体はいかなる理由で再・合葬されたのか，3人は生前いかなる関係であったのか，初葬の場所は上黒岩岩陰だけでなく，ほかの岩陰も含んでいるとすれば，おそらく神聖な共同の産所でもあった上黒岩岩陰に，死後は遺骨を戻すという習慣が，縄文早期にすでに存在したのだろうか。

2　縄文晩期の再葬例

1984年，愛知県田原市（旧，渥美郡渥美町）伊川津貝塚の発掘調査で，私たちは縄文晩期の2体

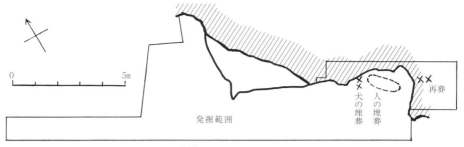

図 1　愛媛県上黒岩岩陰の平面図
縄文早期の再葬墓は発掘区の東端にあり，ほかの埋葬も付近に集中している。

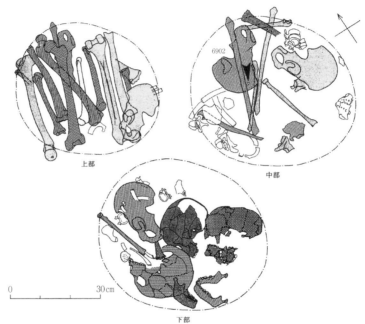

図 2　上黒岩岩陰発見の日本列島最古の再葬墓（註 1，森本ほか 1970）
墓穴の中部にあった寛骨の矢印位置に骨製ヘラが刺さっていた。

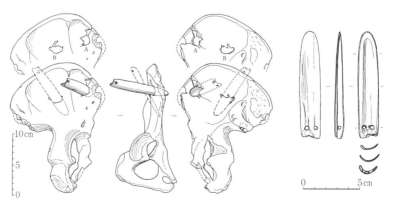

図 3　骨製ヘラが刺さった上黒岩岩陰の 6902 号女性人骨（寛骨）
骨製ヘラは A 孔に刺さった状態で発見されたが，B 孔にもスムーズにはまる。
ヘラの先端はまるく，獣類を刺突するための狩猟具であったか疑問である。

以上の人骨を合葬した 7 例の再葬墓に遭遇した[3]（図6）。

そのうち6号墓は，13体（男2，女9，幼児2～3）からなる不完全な遺骨の集合であって，再葬墓は合葬墓でもあった（図4・5）。遺骨は，脊椎骨が連なり，大腿骨頭が寛骨臼に関節している6−8号人骨のような例もあるが，大腿骨と脛骨・上腕骨を束にしたような6−7号人骨のような例もあり，6−13号人骨は乳児の焼けた頭骨の破片だけであった。頭骨と四肢骨が主で，脊椎骨・肋骨や指骨などは少なく，再葬した人骨群は死後，かなりの時期を経ており，死亡・初葬の時期を異にする複数個体の人骨の集積と推定された。同じ発掘区内に遺骨が一部のこっている墓穴や何も入っていない穴であったから，初葬の場所と再葬の場所は重なっているのであろう。しかし，たとえば6号墓の人骨群の初葬の場所がすべて伊川津貝塚の墓地であったとは断定できない。近隣の田原市吉胡貝塚や同市保美貝塚などの墓地に初葬したあと，伊川津墓地に再葬した可能性を排除できないからである。再葬骨の年代測定をはじめ，各種の分析にもとづく検討が必要である。

東海地方西部から九州では，この時期の抜歯型式は，上顎犬歯2本＋下顎犬歯2本を抜いた2C系と，上顎犬歯2本＋下顎切歯4本を抜いた4I系があり，両系列は一つの集団に常にほぼ1対1の割合で併存して一様式をつくっている。伊川津貝塚では，2C系（男20，女14，性不明4），4I系36体（男15，女15，性不明6）である。しかし，伊川津6号墓に再葬された人は2C系8体（男2，女6），不明3体で，4I系は皆無であった。同じく12号墓の再葬墓は，男1，女1の2体合葬墓で，抜歯は2体とも2C系であった。

その一方，伊川津貝塚で1922年に小金井良精らが発掘した20号−22号の3体（女2，小児1）の合葬墓では，抜歯は2体とも4I系で叉状研歯を施してあった。同じく1936年に鈴木尚らが発掘した44号−46号の男3体合葬墓では，3体とも抜歯は4I系で叉状研歯であった。

4I系と2C系のちがいは何にもとづいているのであろうか。私が最初に仮説を提示したのは1973年のことであったが，その後40年余りの間に解釈は二転三転した。叉状研歯を施した人や腰飾りを着装した人は圧倒的に4I系に多いという事実にもとづき，その土地の出身者は4I系で，他集団からの婚入者は2C系という説を，私はもっとも長きにわたって主張した[4]。

しかし，最近では私見に対する批判も踏まえ

図4　愛知県伊川津貝塚の13体再葬墓

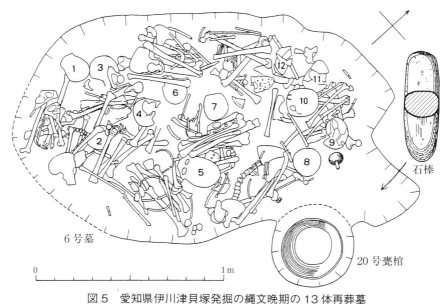

図5 愛知県伊川津貝塚発掘の縄文晩期の13体再葬墓
墓穴の深さは約30cm．再葬する際に同じ骨同士を集めてはいない．抜歯は2C系8体である．

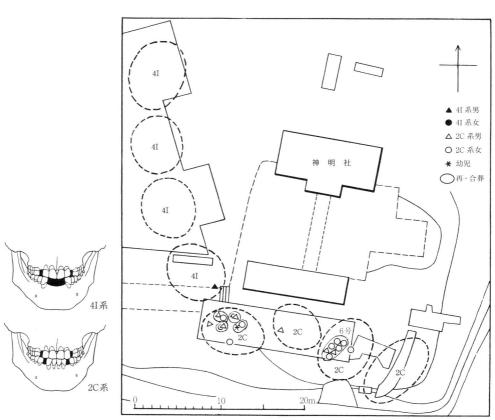

図6 伊川津貝塚の埋葬区の分布と抜歯系列との関係想定図
1984年の発掘区のみ人骨の位置を記入

96

て，愛知県吉胡貝塚の墓地と抜歯，腰飾りの関係を分析して，二つの半族からなる双分組織があって，それぞれが属する半族のちがいを抜歯の4I系と2C系で区別しているという仮説を提出している[5]。このように解釈したばあい，二つの半族の成員は，一つの墓地内を二つに分割して，それぞれちがう区域に埋葬している可能性が高いことになる。伊川津貝塚の墓地の全体像を復元することはできていないけれども，貝塚の南端にあたる私たちの発掘区では，見つかった人骨のうち抜歯型式がわかるものはすべて2C系であった。小金井や鈴木ら東京大学人類学教室が過去に大量の人骨を発掘した西北寄りの区域では，叉状研歯人骨3体の合葬例など4I系が多いから，4I系の埋葬区があったことを示唆しているのであろう（図6）。このことから，4I系と2C系は祖先を異にしている半族同士であるので，合葬することが許されなかったと考えてみよう。

抜歯系列のちがいを双分組織との関係で説明する仮説は，吉胡貝塚や伊川津貝塚では，4I系，2C系とも男女の数がほぼ1対1の割合であるので，証明できるようにみえる。ところが，同じような抜歯様式をもつ岡山県笠岡市津雲貝塚では4I系は女，2C系は男に著しく偏っており，単純な双分制説は成り立たない[6]。この問題は難しく，納得できるような説に到達するのは容易でない。いま，これらの人骨の年代を測定し，食性などを分析する作業が進行中であるので，これから新たな議論の展開を期待できるだろう。

いずれにせよ，伊川津6号墓は2C系の抜歯を施された人だけであるから，4I系と2C系とは埋葬区を厳格に区別し，いったん埋葬した数世代分の多数の遺骨を掘り出して再葬する際も，4I系と2C系が混交しないように注意を払っていたことは確かである。このことは，いかなる機会に，いかなる目的をもって再葬の行事をおこなったのか，の問題とかかわる。伊川津集団の世代が大きく交代するときに，複数個所にあった墓地から関係者の遺骨を掘り出して合葬したのであろうか，重要な検討課題である。

3　弥生時代の再葬例

山口県下関市（旧，豊浦郡豊北町）土井ヶ浜遺跡は，300体余りの人骨が発掘された本州西端の弥生前・中期の代表的な墓地遺跡である[7]。

私の分析では，土井ヶ浜の墓地は墓を列状に配置しており（図8），列の数は14，列の方向は少しずつ異なっており，それぞれの列の延長線上に同時期の集落跡が存在することから，各列は被葬者の生前の集落に対応するものと私は推定している[8]。この遺跡の人骨の抜歯型式は，上顎の犬歯を抜いたC系（男15，女11），上顎の側切歯を抜いたI系（男8，女4，性不明2），上顎の側切歯と犬歯を抜いたIC系（男9，女17），抜歯していない0系（男19，女8）に分かれる。C系は縄文晩期の4I系と2C系を統合したもので縄文人系，I系は中国東海岸の同時期の遺跡で発掘された人骨にみられるので渡来人系，IC系はC系とI系の折衷，0系は抜歯風習が廃れてきた中期に属する，と私は考えている。列ごとの抜歯系列をみると，I系だけの列もあるけれども，列の東半部にI系，西半部にC系を埋葬した例が多い。

この遺跡では，多数の再葬墓が見つかっている。そして，それは同時に合葬墓でもあった。

代表的な再葬墓は，E列の東端で発掘された21体分の頭骨（男8，女5，未成人8）と，体部骨の一部を一つの墓穴に再葬した1112号墓である（図7・9）。抜歯は，C系5（男4，性不明1），I系1（性不明），IC系3（男1，女1，性不明1）であって，0系をふくんでいないから，弥生前期の埋葬人骨を再葬しているのであろう。

D列の209号－215号人骨は，8体分の頭骨（男4，女2，不明1，小児1）の再葬・合葬墓である。抜歯は，C系3（男1，女2），I系1（男），IC系1（男），不明1（男）であった。

以上の1112号墓と209号－215号人骨では，縄文人系のC系抜歯の人と渡来人系のI系抜歯の人という祖先系譜が違う人たちを合わせて再葬していることになる。

H列の240号－242-2号人骨は，4体分の頭骨

（男1，女2，乳児1）で，抜歯は男女すべてC系であったから，縄文人系だけの遺骨を再葬した例である。

土井ヶ浜遺跡の人骨群は，抜歯型式に縄文系と渡来系が認められるけれども，高顔，高身長の形質を同じようにもっている。しかし，縄文系抜歯の人たちは箱式石棺などの施設に手厚く埋葬され装身具をもっているのに対して，渡来系抜歯の人たちは墓穴を掘って埋葬されるだけで装身具をもっていない。その傾向は女性に著しい。すなわち，縄文系の抜歯をもつ女性の位置が高い。そこで，母系をたどって縄文人を祖先とみなす人たちが，渡来人を祖先とみなす人たちよりも身分的に上にたっており，そして前者においては女性が男性よりも優位な位置を占めていた，と私は考える。なお，土井ヶ浜の渡来系の人たちの原郷土は，伴出した弥生土器の型式系譜によると，北九州の遠賀川流域と推定されているから，渡来人系といっても，渡来当初の人たちではなく，それから幾世代も後の人たちである。

土井ヶ浜遺跡の再葬墓は，C系とI系，IC系の抜歯をしている人たちの遺骨を合わせて再葬しているところに重要な意味がある。それは再葬儀礼を挙行することによって祖先の統合化をはかっ

たのではないだろうか。それを実行したのは，抜歯の型式によって祖先系譜のちがいを強調するような社会を止揚する弥生中期の0系の人たちであったろう。このばあいは，再葬＝合葬はその集団にとって，新たな祖先祭祀の始まりでもあった。

4 江戸時代と平成時代の再葬例

最後に江戸時代と最新の再葬例についてふれておきたい。

1980年代の終わり頃に，私の本家の墓地にある個人墓を1基の墓にまとめる改葬の話がもちあがった。改葬は考古学でいう再葬と同じことである。その理由は，地元にのこって墓地を管理しているのは老夫婦の2人だけであって，住んでいる家から少し遠いこと，墓の数が多いために墓地の掃除や供花がままならないことであった。鹿児島県加世田市（現，南さつま市）白亀にある龍徳院墓地の一画には，17世紀の江戸時代から20世紀の昭和時代までの26基の墓があり（図11），移転予定の浄福寺墓地には「春成家之墓」と彫った石塔がすでに建っていた。そのことを聞いた私は当主のおじに頼んで，発掘調査して記録をのこし，発掘骨は調査後に改葬墓に移すことにした。調査は，1991-92年に3回にわたって実施した[9]。

図7　山口県土井ヶ浜遺跡の21体再葬墓（ST1112）東端の頭骨集積
（土井ヶ浜遺跡・人類学ミュージアム提供）

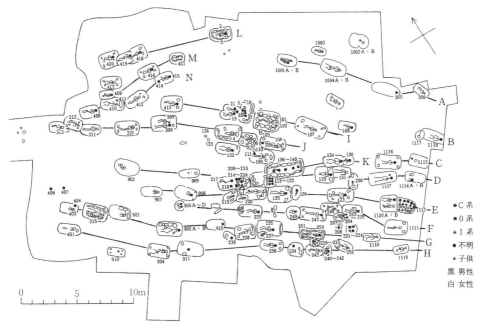

図8 山口県土井ヶ浜遺跡の弥生前・中期の列状墓地　1112号墓はE列の東南端に位置

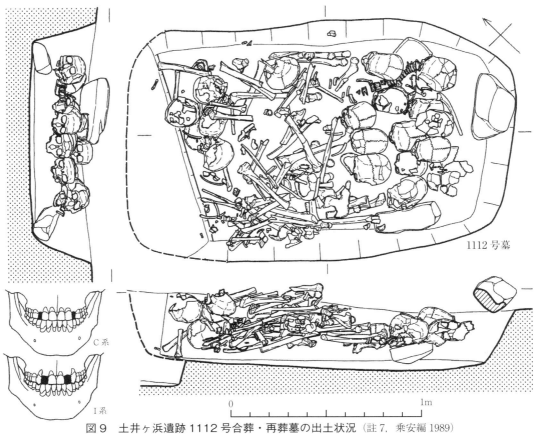

図9　土井ヶ浜遺跡1112号合葬・再葬墓の出土状況（註7，乗安編1989）
墓穴の南半分と西端に頭骨は集中し，その間に四肢骨を納めている。

西日本の再葬墓　99

この墓地のなかでもっとも古い年号をもつ墓石は1618年（元和4）に亡くなった「竹山桂窓上座」の戒名をもつ春成久供の墓で，その次は1727年（享保12）歿の久逸の妻（戒名「智鑑妙慮大姉」，本名不明）の墓である（図12）。その間，約110年の開きがある。私にはこのことが不思議であった。発掘してみると，久供の棺だけは長方形の浅い木箱状で，ほかは18世紀〜19世紀中葉が平面六角形の木棺，19世紀末が平面円形の木棺，20世紀が長方形の木棺であった。久供の墓には骨がのこっていなかったけれども，木箱状の棺の大きさ（幅60×30cm，深さ15cm）から推定して再葬墓と判断した（図10）。久供と久逸の妻が亡くなる間の久加と久逸の墓は，西に2.6km離れた小松原の松林庵墓地にあることを1851年（嘉永4）に兼峰が書きのこした文書で知った。そこで私は次のように推定した。

　久供の墓は最初，松林庵にあった。その頃は，春成家は東シナ海に近い小松原付近に住み，貿易に関わりをもつ薩摩藩の武家で，松林庵を墓地にしていた。その後，18世紀になって，別府城の麓に居を移し，白亀の龍徳院に墓地を新しく造った。そのときに，春成家墓地の開基として身分が高かった人に与えられる戒名の「上座」をもつ久供の骨と石塔を移したのであろう。男尊女卑の時代，武家の墓地で，最初の墓を「久逸の妻」にするわけにはいかなかったのである。しかし，1869年（明治2）にこの地方を襲った廃仏毀釈の嵐は，龍徳院を廃寺に変え，寺院付属の墓地を，墓地だけにした。葬式も仏式は廃止され，新しくつくった神式に変わり，石塔の棹石の文字は戒名から本名に変わった。台石に彫っていた仏教のシンボル

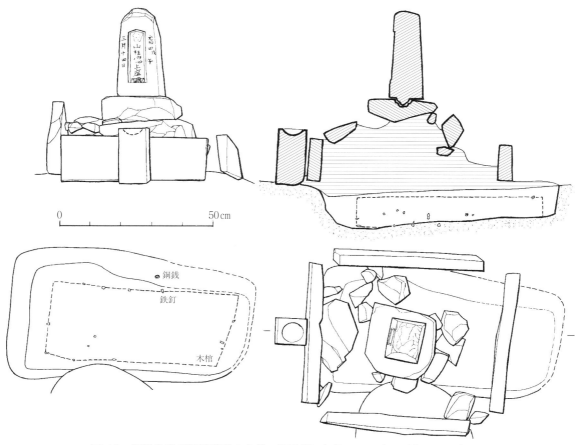

図10　鹿児島県龍徳院墓地の久供の再葬墓　初葬は1618年，再葬は1720年頃

マークともいうべき蓮華文は，家紋に変わった。宗教の交代は，墓制に大きな変化をもたらしたのである（図12）。

私たちは，龍徳院墓地の墓26基と，別地点の上之城墓地に埋葬されていた薄幸の女性の墓1基の計27基を発掘した。事情があって遠隔地の京都と喜界島で亡くなったために，石塔の下に遺体の埋葬がない招魂墓もあった。何らかの事情で嫁ぎ先の墓地に埋葬されず，「帰葬」された例もあった。嫁ぎ先の姓を彫った石塔の石材は，黄白色の溶結凝灰岩であって，ほかの石塔の白灰色の溶結凝灰岩とは明らかに産地が異なり，嫁ぎ先のほうで用意して運んできたと推定された。

墓地は伏流水のあるところに立地していたために，人骨ののこりはきわめて悪く，期待していた形質人類学的な研究はできなかった。わずかに収集した人骨片，のこっていないばあいは棺付近の土を採取し27個の小壺に容れて，1993年（平成5）に「春成家之墓」に納めた。平成時代の再葬であった。改葬が終了したあと集まった人は，親族は80歳前後の高齢者3人とその子2人の計5人にすぎなかった。親族の多くは遠隔地に住み，私の少年時代のような親族間のつよい紐帯は失われていた。龍徳院墓地は，春成家の墓を最後に改葬が完了し，廃墓地となった。私は，石塔をすべて元の位置に立て直して旧墓地の遺跡に変えることにしたので，外観だけはそのままのこっている。その後，調査時に世話になった当主のおじは亡くなり，火葬のあと改葬墓に追葬された。

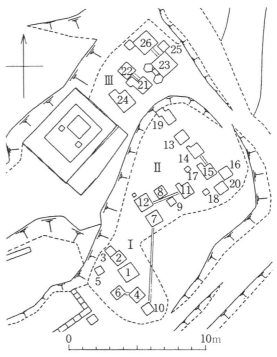

Ⅰ区 1727-1796年，Ⅱ区 1785-1893年，Ⅲ区 1897-1957年

図11　鹿児島県龍徳院墓地の墓の配置図

1が最古の久供の再葬墓，26が最新の墓，8と16は招魂墓，20と25は帰葬墓，2本線でつないでいる墓同士は生前に夫婦であった。まわりの空閑地は，改葬が終わって空き地になっている。

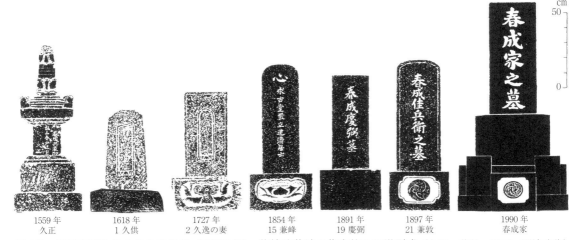

1559年	1618年	1727年	1854年	1891年	1897年	1990年
久正	1 久供	2 久逸の妻	15 兼峰	19 慶弼	21 兼敦	春成家

図12　日新寺墓地にある久正の墓（室町時代），**龍徳院墓地の代表的な石塔型式**（久供〜兼敦，江戸〜明治時代）と浄福寺墓地に新たに建てられた改葬墓（平成時代）　石塔の拓本の基壇は省略

西日本の再葬墓　101

龍徳院の春成家墓地の歴史は，18世紀前半に松林庵墓地の久供の墓を掘り起こして集めた遺骨の再葬で始まり，20世紀末に浄福寺墓地に新しくつくった「春成家之墓」へすべての遺骨を移した再葬＝合葬で終わったのであった。

5　再葬の意義

再葬は，初葬を前提とする墓制であるから，少なくとも2回の埋葬行為を通過している。東日本弥生時代の再葬制のばあい，初葬後に遺体または遺骨を取りだして，さらに解体，装身具に変えるために歯や骨の一部をとりだし，そのあと遺骨の一部を壺に納めて土中に埋めて再葬行事を終えている[10]。葬送の儀礼はおそらく初葬と再葬のそれぞれに伴い，その都度，分散していた親族が集合し，死者そして祖先を通して相互の系譜関係を確認しあったはずである。その際に，先に亡くなった者と後から亡くなった者の親族関係者の遺体を合わせる合葬は，再葬の重要な要件となった。

ヒトの遺体の扱いと埋葬行為は，基本的に時代と地域を問わず，感情の琴線にふれる微妙なものがある。意識していなかったことを，一部の者が強調し感情に訴えると，理屈で斥けることが難しくなり，やがては大げさな行事になり慣習や制度に発展していく。

東日本弥生時代に，再葬に先だって遺体から歯や指骨を抜き取って装身具にしているのは，遺族の気持ちが，そういう風習を生みだしたのであろう。

21世紀の現在も，この前の戦争中に海外の戦場や抑留地で亡くなった軍人，軍属，民間人の遺骨の収集が日本政府の予算でつづけられている。現地に仮埋葬された遺体を掘り起こし，故郷の地に埋めるためで，遺骨の身元が判明しないばあいや遺骨の引き取り手がいないばあいは，1959年創建の国立千鳥ヶ淵戦没者墓苑の納骨室に納められている。その数は358,000人を超え，現在も増加しつつある。例年，厚生労働省によって戦没者を慰霊する式典が挙行される。国家によって制度化された再葬であり，戦争犠牲者たちの合葬であ

る。大日本帝国による海外侵略の負債を次世代，次々世代の国民国家が返済する。歴史の重みとはそういうものであろう。

縄文時代以来の遺骨に対する人々の思いは，埋葬，あるいは再葬の諸過程を通して，死者と生者とを結びつけ，社会の維持・統合と密接にかかわる祖先祭祀に昇華され，現在もなお重要な役割を果しているといえよう。

註

1)　森本岩太郎・小片丘彦・小片　保・江坂輝弥「受傷寛骨を含む縄文早期の二次埋葬例」『人類学雑誌』78─3，1970年

2)　春成秀爾・小林謙一編「愛媛県上黒岩遺跡の研究」『国立歴史民俗博物館研究報告』154，2009年。この人骨は，従来の見解では押型文土器の時期であるが，すぐ近くに埋葬してあった縄文早期とされた犬骨の年代が炭素14年代の測定をおこなった結果，縄文前期初めの轟式土器の時期までくだっているので，年代測定が必要である。

3)　小野田勝一・春成秀爾・西本豊弘編『伊川津遺跡』渥美町埋蔵文化財調査報告書4，1988年

4)　春成秀爾「抜歯の意義」『考古学研究』20─2，1973年。春成秀爾「縄文晩期に婚後居住規定」『岡山大学法文学部学術紀要』40，史学篇，1979年。春成秀爾『縄文社会論究』塙書房，2002年

5)　春成秀爾「腰飾り・抜歯と氏族・双分組織」『国立歴史民俗博物館研究報告』175，2013年

6)　春成秀爾「津雲集団の墓地と親族組織」『海と山と里の考古学』山崎純男博士古稀記念論集編集委員会，2016年

7)　金関丈夫・坪井清足・金関恕「山口県土井浜遺跡」（日本考古学協会編）『日本農耕文化の生成』図版篇・本文篇，東京堂，1960・1961年。乗安和二三編『土井ヶ浜遺跡第11次発掘調査概報』山口県埋蔵文化財調査報告123，1989年。土井ヶ浜遺跡・人類学ミュージアム編『土井ヶ浜遺跡第1次～第12次発掘調査報告書』下関市文化財調査報告書35，2014年

8)　春成秀爾「在来人と外来人の軋轢」『季刊考古学』138，2017年

9)　春成秀爾「近世墓地を掘る」『歴博』54，1992年。前掲註4，春成2002と同じ

10)　春成秀爾「弥生時代の再葬制」・「人骨製装身具」『儀礼と習俗の考古学』塙書房，2007年

第3章　弥生時代の代表的な再葬墓遺跡

福島県
鳥内遺跡

石川町教育委員会
角田　学

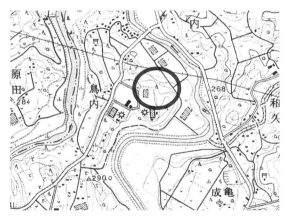

図1　鳥内遺跡の位置

1　遺跡の所在地

鳥内遺跡は，福島県内の再葬墓としては最初に本格的な発掘調査が行なわれた遺跡である。福島県石川郡石川町大字新屋敷字耕土内に所在し，阿武隈川と社川の合流点から南側に300m程遡った，社川西岸の標高269m程の河岸段丘上に位置する。西は小丘陵を経て阿武隈川に至る。

2　遺跡の概要

本遺跡は，縄文時代後・晩期から弥生時代中期まで続く複合遺跡である。壺形土器を伴う再葬墓群が多数検出されたことから，福島県を代表する弥生遺跡として広く知られている。なかでも，再葬墓内に埋設された土器に，「遠賀川系」「水神平式」といった西日本由来の土器や，北関東，新潟地方からの影響を持つ土器，そして在地の土器と，5つの地域相が見られることは，極めて特異と言える。

また，再葬墓衰退後に配石遺構と土坑群からなる新たな墓制が，再葬墓の墓域内で展開している点も注目される。

なお，本遺跡周辺20km内外における再葬墓遺跡には，土器内からほぼ一人分の人骨が出土した須賀川市牡丹平遺跡や，明確な再葬墓は検出されていないものの，表裏二面の顔を持つ人面付土器が出土した白河市滝ノ森B遺跡[1]などがある。

3　発掘調査の経緯と遺跡の保存

1969（昭和44）年，農地開発の事前調査によって遺跡が確認され，翌年の1月17日に県教育委員会主体による予備調査が行なわれた。ボーリング調査から試掘トレンチを設定したところ，完形に近い土器が2個体出土したため，調査担当者の梅宮茂は県教育委員会に状況を報告し，本調査が必要と判断された。これより，1月18日から24日にかけて64㎡のグリッドを設定し緊急調査を実施した（図3）。この結果，再葬墓群を検出するに至った。

この後，同年5月1日～7日と7月21日～27日の二度にわたって，県考古学会員などの協力のもと，町教育委員会が主体となり発掘調査が行なわれた。調査区をⅢ区，ⅣE区，ⅣW区，Ⅴ区に分けて行なったが，実際は緊急調査時に再葬墓が検出されたⅣE区約80㎡（図2）の精査と墓域の範囲確認を優先した。

第2次調査までの結果を受け，墓域を中心とした約1,900㎡について保存を図ったが，1973年頃に重機により中心部が削平を受けたため，地権者と町が協議し，起耕による破壊を防ぐため，約30cm盛土し保存を図った。

1975年11月15日～19日には，県史跡への指定を目指し，再葬墓の保存状況の確認調査が実施された。2m×10mのトレンチを基本とし計14本のトレンチを設定して調査を行なったものの，明確な遺構は確認されなかった。

1978年には，それまでの調査成果から，約1,000㎡が福島県史跡として指定され，さらに，2008年には出土土器91点が県重要文化財（考古資料）に指定されている。

なお，永らく報告書は未刊のままであったが，

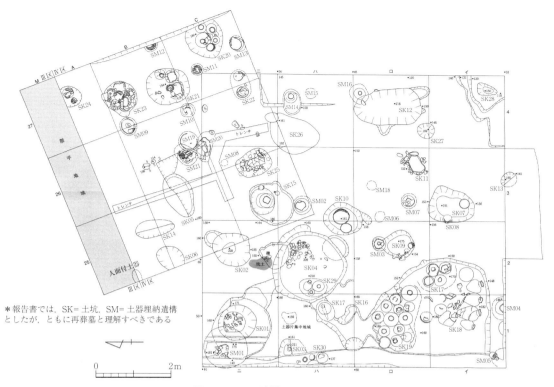

図2 ⅣE区遺構配置図 (S=1/100)

図3 緊急発掘調査状況 (石川町教育委員会提供)

当時の調査担当者であった目黒吉明を中心に編纂委員会が組まれ，1998年に町教育委員会から発刊されるに至った。これにより，再葬墓研究並びに東北南部の弥生時代前半の土器研究にとって，良質な資料を提供することがようやく叶った。

次項以降は，再葬墓群が検出されたⅣE区を中心に，報文の記載をもとに鳥内遺跡の再葬墓について瞥見していきたい。

4 再葬墓の特徴

まず，墓域の構造であるが，図2を見ると北側と南東地区に空白部分が見られる以外は，北東から南西にかけて約8.5m幅で帯状に土坑群が分布している。これらが，福島県伊達市根古屋遺跡のように，墓域全域に環状・弧状に展開しているのかは，ⅣE区での分布状況だけでは判断できない[2]。

次に再葬墓の構成だが，土器を複数個土坑内に据え置く複棺タイプと，土器単体を土坑内に据え置く単棺タイプ（土器埋納遺構）の2種に分けられ，複棺タイプが14基，単棺タイプが18基検出されている。その所産期は，大洞A'式古段階から今和泉式の時期までである。

出土土器から再葬墓の変遷を見ると，最古の再葬墓は大洞A'式古段階（Ⅰa期）で，10号土坑（SK10）などⅣE区のほぼ中央に出現する。次の大洞A'式新段階（Ⅰb期），そして御代田式期（Ⅱ期）

になると区域全域に墓域が広がる。また，ⅣE区の北西約5m（Ⅲ区SK12）と，南西約10m（ⅣW区SM01）から単棺タイプ各1基が確認されていることから，最も墓域が拡大した時期と言える。次の，今和泉式期（Ⅲ期）になるとⅣE区の南部のみに遺構が集中して墓域が縮小し，これに埋納土器を伴わない土坑墓が併存する。やがて，中期前葉期になると再葬墓は消滅する。

5 埋設土器の特色

埋設土器100点の器種について見ると，壺78%，鉢21%，深鉢1%と，ほかの再葬墓遺跡同様，大型の壺が主体であり，いずれも土坑に正位で据え置かれていた。また，小型の壺・鉢も出土している。大型壺に添うように置かれたり，大型壺に対して逆位で合口の状態だったり，土坑上面に位置していたりと出土状況も様々だが，これらは供献を目的として置かれたと考えられている。

土器表面を観察すると，器種を問わずに口縁欠損部の磨滅，外面の炭化物付着，内面のコゲ，強い加熱を受けたための器表面の赤色変化や表面の剝落（ハジケ・アレ）が確認できる。このことから，日常使用した土器の転用であることが分かる。このほか，21号土坑出土土器1点にのみ補修孔が見られる。土器の観察から，日常容器として使用した段階で生じた割れと補修と推定されている。

土器の内部から少量の骨片が出土している。残念ながら鑑定の結果，ほとんどが獣骨（テン・イノシシ・ニホンジカ）であり，人骨ではなかった[3]。

6 特徴的な再葬墓遺構

本遺跡の再葬墓の中でも，注目すべきは18号土坑（SK18）と19号土坑（SK19）である。

18号土坑 Ⅰb期に比定される13個の壺と1個の浅鉢からなる。なかでも，壺4点が畿内第Ⅰ様式の模倣土器[4]，所謂遠賀川系土器であり，とくに図5の2点については，畿内第Ⅰ様式中段階併行の壺を真似たものと考えられている。また，同一土坑内から出土した変形匹字文土器には籾跡が確認され，図5-2にも籾跡の可能性がある窪みが確認できる。

19号土坑 Ⅲ期に比定される14個の土器から

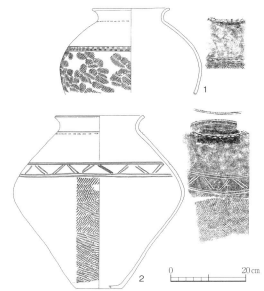

図5 18号土坑（SK18）出土遠賀川系土器（S=1/10）

図4 煮沸痕のある壺と深鉢（石川町教育委員会提供）
20号土坑土器1　　23号土坑土器7

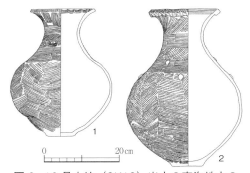

図6 19号土坑（SK19）出土の東海地方の条痕文土器（S=1/10）

構成され，水神平式・岩滑式・丸子式などの条痕文系統の土器を主体とする。とくに，図6の2点は，東海地方からの搬入品であることが指摘されており，1が愛知県三河産，2は三河産と考えても良いが，土器の観察から群馬から信州にかけての地域でしばしば見られる特徴を持つとされている[5]。また，報文では，本遺構の土器の構成が，茨城県女方遺跡15号土坑や群馬県岩櫃山遺跡と共通している点が指摘されている。

7 再葬墓消滅後の鳥内遺跡

中期前葉期の棚倉式期以降，県内の墓制は再葬墓からの転換が図られる。すなわち，中通り・会津地方は土坑墓，浜通り地方は土坑墓・土器棺墓，すなわち一度の埋葬で葬礼を終えるものへと変容を遂げる。鳥内遺跡もその例に漏れず，再葬墓衰退後は，破砕された土器および人面付土器，人骨片，管玉などを伴う配石遺構および土坑群（SK05・14号土坑）が同一墓域内に形成される。

報文では，配石遺構は遺体の二次処理の場で，遺体の解体と同時に，土器，管玉，そして人面付土器などを含めた遺物を破砕する祭式を執り行なったとしている。さらに，土坑群は二次処理後の遺体の埋葬施設とされている。すなわち，壺形土器を伴わない再葬墓が存在していた可能性が指摘できる[6]。

なお，この破砕行為については，故意に破砕した土器片で土坑上部を覆う中期後半の「陣馬・一ノ堰B型土坑墓」にも通じるところがある。これにより，鳥内遺跡の配石遺構および土坑群は，墓制が再葬制から再葬しない土坑墓へと移行する際の過渡期の墓制と位置付けできるかもしれない。

8 まとめ

1970年の緊急発掘調査時，福島県の埋蔵文化財保護行政はまだ黎明期の段階であった。併せて，短期間の調査であったため，遺構の掘方を十分確認できなかったなど，調査に不十分だった点があることは否めない。しかしながら，その調査

成果は，大洞A'式古段階から再葬墓が開始されたことの証明，弥生前期における弥生文化の東漸を物語る西日本由来の土器の出土，18号・19号土坑（SK18・19）など外来系土器がまとめて同一墓坑内に埋納されたことを示す土器構成など，それ以後の再葬墓研究，そして東北南部の弥生時代前半の土器研究にとって，重要な成果をもたらしてくれた遺跡と言える。

最後に，1970年に行なわれた鳥内遺跡の発掘調査を契機に，福島県内での記録保存を目的とする発掘調査の改善がはかられ，そして調査成果をベースにした学術的研究が加速することになった。すなわち，鳥内遺跡は福島県考古学史を語る上でも，重要な意義を持つ遺跡と言えるだろう。

註
1) 滝ノ森B遺跡は，鳥内遺跡と同じく阿武隈川の支流である社川水系の上流に位置する。
2) Ⅲ区およびⅣW区から，1基ずつ単棺タイプが確認されていることから，これらをもって，再葬墓域を東西24m（最小限）×南北18mと推定し，さらに東方に広がる可能性も示唆されている。
3) このほか，23号土坑（SK23）の土器内部から石器の剥片が，20号土坑（SK20）内から焼けた獣骨が出土したのみである。なお，緊急調査時に15号土坑（SK15）周辺から管玉片20点が出土したとの記録が残るが，詳細は不明である。
4) 報告者の芳賀英一は，小林行雄が遠賀川式・遠賀川系を明確に規定して使用しており，また，研究者間で意見の相違が多いことなどから，無用な混乱を避けるために報文では「畿内第Ⅰ様式を模した土器」と表現している。
5) 中村友博「書評『福島県指定史跡鳥内遺跡』」『考古学研究』第46巻第3号（通巻183号）考古学研究会，1999年
6) 5号土坑（SK05）内からは器表面に炭化物が付着した棚倉式期の土器1点，14号土坑（SK14）内からは石鏃，イノシシの骨が出土している。

引用・参考文献
石川町教育委員会『福島県指定史跡鳥内遺跡』1998年
角田　学「鳥内遺跡における弥生時代中期前葉期の様相」『史峰』第34号，新進考古学同人会，2006年

福島県
油田遺跡

元・会津美里町
教育委員会
梶原 文子

1 遺跡の位置と周辺の再葬墓遺跡

油田遺跡は、福島県大沼郡会津美里町字沼ノ上、油田地内に所在する、縄文時代前期から古代に至る複合遺跡である。遺跡の立地は、会津盆地を北流する阿賀川の支流で、盆地南西部山麓を流れる赤沢川の自然堤防上に存在する（図1）。

周辺のおもな再葬墓遺跡としては、会津盆地東部にある墓料遺跡（会津若松市）、会津盆地北部にある岩尾遺跡や上野遺跡（喜多方市）がある。

2 遺跡の調査概要

◇ 調　査　年：2002～2006（平成14～18）年
◇ 調査総面積：20,000㎡
◇ 検出遺構総数：4,393基

上記の検出遺構のなかで、弥生時代に所属する遺構は283基であり、所属年代は弥生時代前期から後期初頭にまで及ぶ。さらに墓の機能としては、再葬墓17基、土坑墓115基を数える。

再葬墓を伴う区域は、本遺跡北部のD区北東部の直径、約10mの範囲内におさまる（図2）。その範囲は、土坑墓の密度も高い区域であり、油田遺跡における墓域の構成を特徴づける。出土土器から、弥生時代前期から中期中葉の年代幅を持つ。この区域にはほかに縄文時代晩期の遺構も存在する。

3 再葬墓の特徴

（1）再葬墓における土坑の特徴について

油田遺跡で発見された再葬墓17基のうち、埋設土器が1個体のものが11基、2個体が5基、10個体が1基である（図3）。

土坑と埋設土器の関係をみると、土器と土坑との間にはほぼ隙間がなく、掘削の際には土器の大

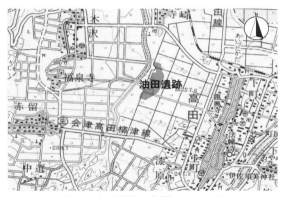

図1　油田遺跡の位置（1/50,000）

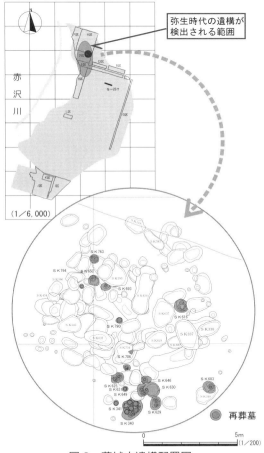

図2　墓域内遺構配置図

きさを考慮して設置する傾向がうかがえる。土坑内への土器の埋設は土坑底面に設置するタイプと、土器の大きさや形状にあわせて土坑底面を掘りこみ埋設するタイプと2通り見られる（図3）。

とくに、後者は土坑底面を調整していると考え

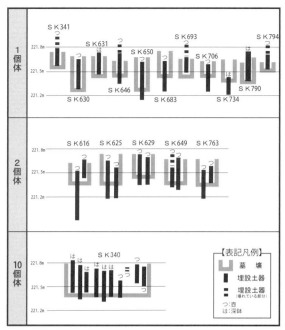

図3 再葬墓土坑と埋設土器模式図

図4 再葬墓群（SK340周辺）

られ，最大の法量をもつSK616の埋設土器は上半〜底部が土坑底面より下に埋設され，土器の形態にそって掘っていることがよく観察できた。

(2) 再葬墓の埋設土器の特徴について

再葬墓内の埋設土器は壺と深鉢で構成される。1個体埋設される再葬墓11基では，壺が8基，深鉢3基である。2個体埋設する再葬墓5基はすべて壺である。しかし，10個体埋設するSK340では，深鉢6個と壺4個で，深鉢が優勢である。

他遺跡例では複数の土器が埋設される場合，壺の方が深鉢より圧倒的に多い。弥生時代の再葬墓が，"壺再葬墓"と呼ばれる所以である。油田遺跡例における深鉢の優勢は，本遺跡のきわだった特徴である。また埋設された壺・深鉢ともに炭化物が付着していることから，普段使用している容器の転用であった可能性が高い。

(3) SK340の埋設過程からみる追葬の可能性

10個体の深鉢・壺を埋設したSK340での再葬や追葬を検討，その過程を模式化した（図5）。

Ⅰ段階の土坑掘削においては，最初から埋設土器の大きさや個数を意識し，続くⅡ段階の土器埋設では，土器が正位に保たれるように土坑の底面を調整し掘り下げている状況が見て取れた。

壺3個体を追加したⅢ段階では，土坑東側の空間を認識して設置，この時点まで土坑内に土は流入せず，開口した状態だったと推定している。また深鉢と壺の埋設にはタイムラグがないと捉えた。

初めて土坑内に土砂が入ってくるⅣの段階では，次段階での土坑拡張から見て，墓の位置を確認できるほど完全に埋まりきらない状況であったと考えている。

さらに，Ⅴ段階では，前段階の埋設土器を壊さずに南側を拡張，土器を設置している。拡張部分の埋設土器は，赤色顔料を塗彩した磨消浮帯文の壺で，前段階までの埋設土器群より新しい年代観になることから，追葬の可能性を指摘した。

また，下層の堆積土との性状の違いから，人為的に盛土したと判断し，Ⅵ段階を設定した。

最後のⅦ・Ⅷ段階では，土坑北側を中心に再度堆積していることから，掘り返してすぐ埋め戻したと捉え，その目的として土器に遺体の一部などを入れる追葬が行なわれたものと推定した。

SK340を通して，3段階の追葬の可能性など検討したが，深鉢が優勢である再葬墓であるため，土器型式上幅広い年代が想定される。したがって明確な時期差というのを掴めなかったからこその，堆積状況や土器の埋設状況の検討といった，現地調査でのデータを重視した成果といえる。

3 再葬墓と共伴する土坑墓群

土坑群は再葬墓と同様，本遺跡の北部におい

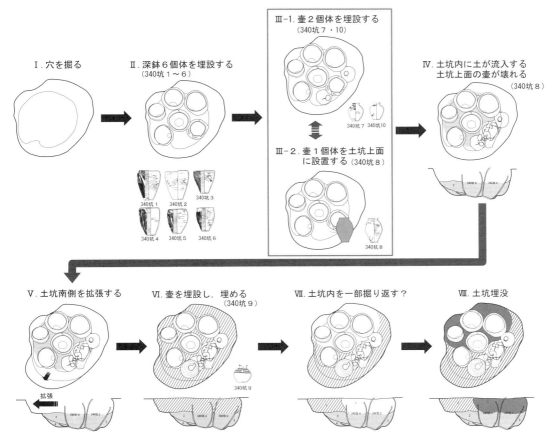

図5 SK340の埋設過程模式図

て展開され，大きく2ヵ所の集中区域が認められた。集中区域のひとつは弥生時代中期中葉に位置づけられるため，ここでは再葬墓群と共伴するD区北東部と周辺区域に限定したい。

土坑墓は，隅丸長方形や楕円形など細長い形態が全体の7割を占め，長軸が0.9〜1mの規模が最も多い。ついで直径0.5〜1mの円形となる。円形基調の土坑墓も存在することから，遺体の埋葬姿勢については座棺姿勢と想定する。また土坑墓の頭位については，墓標となる石や副葬品の位置から類推すると，北もしくは西に多いこととなる。とくにN-70〜80°-E前後にやや集中する傾向にある。

ここで，特徴的な土坑墓を2例紹介する。

(1) 遺体の埋葬姿勢がわかるSK337

SK337は，長軸約1.7mの楕円形の土坑墓である。玉類243点が土坑の北側に集中して出土して

おり，頭位を判断できる。そこで，身長160cm前後の成人が横臥し，埋葬姿勢を復元した。結果，膝を少し折り曲げる姿勢になった。1m前後の土坑墓が多い状況下では，屈葬が主体であると想定している（図6）。

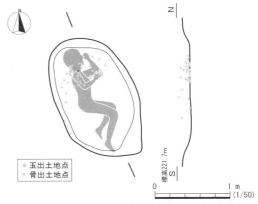

図6 SK337における玉出土状況と埋葬遺体復元

福島県 油田遺跡　109

図7　SK338内土器出土状況

(2) 再葬墓と土坑墓の性格を併せ持つSK338

SK338は，出土した土器に再葬墓としての要素も考えられる土坑墓である（図7）。長軸約1.8m×幅1.1mのほぼ楕円形の土坑内に，さらに長さ約1.4mの埋葬施設（sk1）と直径約0.8mの土器埋設施設（p1）が確認されている。sk1の堆積状況から棺の痕跡はみられず，遺跡直葬と判断した。そのsk1の北側上面で倒位している壺に再葬の性格を見出している。また，p1内から出土した壺2個体のうちひとつも再葬の性格を想定する。このほか赤色顔料が入った壺と小型の鉢は副葬品であろう。

4　自然科学分析での検討

油田遺跡の調査では，様々な手法を用いた分析を行なっている。その中で再葬墓や土坑墓に関係する分析結果を紹介する。

リン・炭素分析　再葬墓の埋設土器内土壌は，そのほとんどがリン酸の含有が高い傾向を示した。

また，土坑墓は各遺構間の数値には違いが生じるものの，そのほとんどが基本土層に含まれるリン酸値より高い数値を示し，遺体埋葬した根拠を分析で立証することとなった。

人骨・獣骨同定　油田遺跡からは約1,000gに近い焼骨片が発見され，ほとんどがD区北東部の墓域で採取されている。焼骨はいずれも変形やねじれによる亀裂が激しい。埋設土器内から出土しているヒトの焼骨は四肢骨の一部が多い傾向にある。また，1個体の壺を埋設するSK630では，土坑中央の空間に焼骨と玉類が集中しており，全身のいずれかに相当する部位が確認されている。獣骨は小形動物が多く，再葬墓の土器から出土しているものもある。

放射性炭素年代測定（AMS法）　土器に付着した炭化物から得られた分析結果では，大きくAとBの年代グループに分けられた。そのうち，一番古い年代の前4世紀初～前3世紀中葉（弥生時代前期前葉），一番新しい年代の前2世紀～前1世紀中葉（弥生中期前葉）の範囲を示すAグループに，10個体埋設したSK340と，再葬墓や土坑墓の一部が属することがわかった。

5　再葬墓から土坑墓へ

油田遺跡における再葬墓群は，同じ墓域に土坑墓群が存在する点でほかの再葬墓遺跡と異にしていることが最大の特徴である。とくに土坑墓群は再葬墓の消滅によって新たな墓制として出現したのではなく，再葬墓の隆盛と同時期に展開したのち，中期後半に至るまで，同じ墓域の中で長期間続いている。さらに同遺跡内の別な地点でも，中期後半の二ツ釜式期の土坑墓群が展開している。

油田遺跡が所在する会津盆地南西部の赤沢川流域では，縄文時代晩期から弥生時代中期中葉の遺跡が点在している。さらに後の弥生時代後期から古墳時代初頭には，方形周溝墓を伴う遺跡が盆地中央に進出する。このような墓制の歴史を語る上で，油田遺跡の調査は重要な一翼を担ったものといえよう。

引用・参考文献

会津美里町教育委員会『会津美里町文化財調査報告書第2集～経営体育成基盤整備事業「高田中央地区」に伴う発掘調査報告書　油田遺跡』2007年

石川日出志・武末純一編『考古資料大観』小学館，2003年

文化庁編『発掘された日本列島2005　新発見考古速報』朝日新聞社，2005年

藤原妃敏・田中　敏ほか『会津若松市史1 あいづのあけぼの 石器から古墳の時代へ 歴史編1原始・古代-1』会津若松市史研究会，2007年

栃木県立博物館編・発行『弥生人の祈り―東国の再葬墓―』2013年

茨城県
小野天神前遺跡

常総古文化研究所顧問
阿久津　久

1　遺跡の所在地と立地

　1976（昭和51）年に実施された本遺跡の調査は，本格的な弥生時代再葬墓遺跡の正式調査としては，茨城県内では戦前の女方遺跡以来であった。遺跡は，茨城県常陸大宮市（旧・大宮町）小野字天神前にある。八溝山地の南麓付近，標高57〜59mの那珂川左岸の河岸段丘上に立地する。那珂川低地に面するところは凝灰岩を基盤とする地層が急な崖を形成している。遺跡の東側に深い谷が入り，この部分も急な崖になっている。

　この地域はゴボウ栽培が盛んなために深く掘削して一部遺構を破壊し，畑に広く遺物が散布している。遺跡は南北約150m・東西約100mの広がりをもち，縄文時代中〜晩期・弥生時代中期の土器片や石器がみられる。例えば，地主の四倉一氏所蔵資料（現在，茨城県立歴史館に寄託）では，縄文時代中・後期のほか，縄文時代晩期の安行3a式・大洞BC式，弥生時代中期の土器，中空土版・土偶，打製石斧・磨製石斧・打製石鏃・石錐・磨石・凹石・石棒などがある。

　弥生時代再葬墓遺跡としては，東方約6kmの久慈川右岸の低段丘上に泉坂下遺跡があり，その10kmあまり上流に中台遺跡，下流約10kmに海後遺跡がある。

2　調査と検出された遺構

　調査は，1976年8月17日〜9月3日に茨城県立歴史館が実施した。

　今回調査のきっかけになった人面付土器出土（14号土壙）地点を中心に，4mグリッドで16×16mの範囲を発掘し，表土下からすぐ遺構が現れた。

図1　小野天神前遺跡の位置

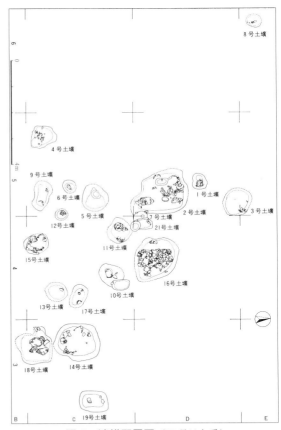

図2　遺構配置図（20号は欠番）

　遺構はいずれも土壙で，20基が確認された（20号：欠番）。土壙どうしの切り合いはあまり見られず，大きさも一定しない。平面形の規模から，I類：直径約1.6m以上（4基），II類：直径1.6m

未満〜0.6以上（7基），Ⅲ類：それ以下（9基）に三分できる。

土壙群の配置をみると，調査区中央南側に小規模なⅡ・Ⅲ類がまとまり，その周囲の北側にⅠ類の2・16号土壙，東側に14・18号土壙がある。

このうち2・14・16号土壙で人面付土器が各1点出土した。土壙ごとの土器数は，Ⅰ類の2号土壙は壺形土器11点，14号土壙は壺形土器7点（人面付土器1は3と同一個体か），16号土壙は壺形土器11点・甕形土器1点，18号土壙は壺形・甕形土器各2点である。Ⅱ類は，3号：壺形2点，4号：壺形4点，10号：壺形2点，15号：壺形3点，5・19号：土器なしで，Ⅲ類は各土壙間と，約5m西北に離れて8号1基がみられた。

こうした状況から明確な土壙配置の企画性は見いだせないが，位置関係はやや不規則ながらもほとんど重複はなく，大型のⅠ類土壙が2基ずつ外周にみられることは，配列に何らかの意志が働いているようにも思える。

3　Ⅰ類土壙の構造と出土遺物

(1) 2号土壙

土壙の平面形は，約1.6×1.7mの不整楕円形で，南北に長い。

埋置された土器は壺形11点で，うち1点は人面付土器である。北端に小ぶりの壺形（2-3）が直立ぎみとなるがすべて倒れた状態にある。

人面付土器（2-2）は，壺形（2-1）と土器の特徴が酷似しており，同一個体の可能性がある。土壙中央の下に深さ約50cmのピットがあり，ローム土・焼土・焼骨（獣骨）が出土した。遺構外で焼いた獣骨などをこのピットに満たしたのちに土器群を埋置した可能性がある。

(2) 14号土壙

調査のきっかけとなった土壙で，形状は直径約1.5mあまりの不整円形である。調査時に土壙周辺側寄りで検出した壺形が4点，調査前に取り上げた人面付土器を含む壺形3点が埋置された。人面付土器（14-1）は，肩部の形状や胎土・色調からみて壺形（14-3）と同一個体の可能性がある。

(3) 18号土壙

14号土壙のすぐ南側に接する位置にある。14号より一回り小さい直径約1.5mあまりの不整形をなす。埋置された土器は壺形・甕形各2点で，小型甕（18-3）が大型壺（18-1）の蓋として用いされた可能性がある。

(4) 16号土壙

この土壙は，西半寄りの一部が南北方向にゴボ

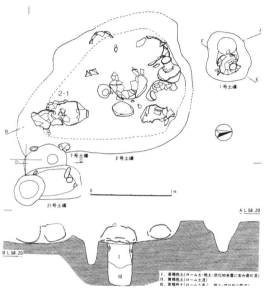

図3　2号土壙と土器出土状態

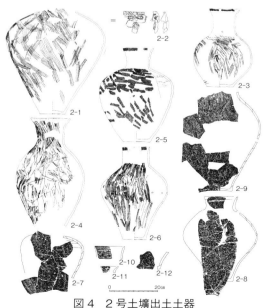

図4　2号土壙出土土器

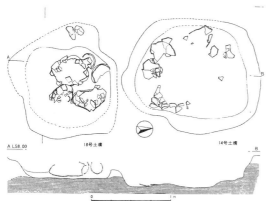

図5　14・18号土壙と土器出土状況

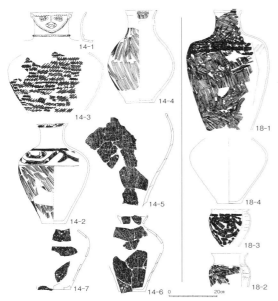

図6　14・18号土壙出土土器

図7　16号土壙人面付土器（茨城県立歴史館提供）

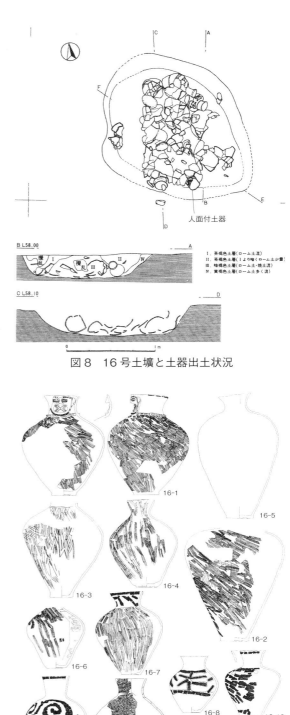

図8　16号土壙と土器出土状況

図9　16号土壙出土土器

茨城県 小野天神前遺跡　113

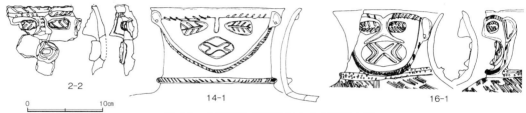

図10 小野天神前遺跡出土の人面付土器

ウ栽培の耕作による破壊を受けているが，埋置された土器の遺存状況はよい。

土壙の形状は，約2.0×1.6cmの楕円形をなす。埋置土器は12点で，壺形11点・甕形1点である。壺形土器はいずれも口縁部を南東方向に向けて倒れ，折り重なっている。直立状態で埋置されたのちに土で埋められたときに倒れた可能性がある。北端付近の土器の上に平たい河原石が検出されたが，当時壺形土器の蓋として用いられたものが転落した疑いがある。人面付土器は南端に置かれ，顔が土壙内から北側を向いている。2号土壙とともに人面付土器を伴う大型のⅠ類土壙が北端にあることと関係があるかもしれない。

4 理化学的分析結果

一連の報告書刊行後，飯島義雄・宮崎重雄・外山和夫によって出土した焼骨の分析が行なわれた[1]。

2・7・11・16号の4基の土壙から焼骨が出土したが，人骨は7号土壙のみで，四肢骨片とされた。ほかの土壙から出土した焼骨は，2号土壙の上層から鹿角片と獣骨四肢骨片，11号土壙の壺形土器内から獣骨細片，16号土壙から鹿角骨片・鹿脛骨片であった。

5 まとめ

小野天神前遺跡は，弥生時代前期1基（18号土壙）と中期前葉19基からなる再葬墓群である。再葬墓群は調査区の南側にも広がると思われるが，小型土壙群の周囲に大型土壙2基一組が2単位配置されるように見ることも可能であり，再葬墓の墓域構成を把握できる点で重要である。

また，1遺跡で人面付土器が3点出土した遺跡はほかに類例がないことも注目される。さらに，人面付土器は3点とも広口短頸・頸部無文の壺形土器で，顔の輪郭と鼻は粘土紐，目と口の隈取り部と耳は粘土板を貼りつけており，人面付土器の諸例の中では，泉坂下遺跡例に次いで立体的な表現となっている。3例とも粘土紐・粘土板上に刻む表現もよく似ている。その埋置状況が確認できることを含めて，本遺跡は人面付土器の意義を考える時，きわめて重要である。さらに，泉坂下遺跡との関連性も今後の重要課題である。

註
1) 飯島義雄・宮崎重雄・外山和夫「所謂「再葬墓の再検討に向けての予察―特に出土骨類に焦点をあてて」」『群馬県立歴史博物館紀要』第8号，1987年，32-35頁

引用・参考文献
阿久津久「小野天神前遺跡」『大宮町史』大宮町，1977年，141-153頁
阿久津久「大宮町小野天神前遺跡の分析」『茨城県歴史館報6』茨城県歴史館，1979年，26-54頁
阿久津久「大宮町小野天神前遺跡の分析（2）」『茨城県歴史館報7』茨城県歴史館，1980年，1-20頁
阿久津久「小野天神前遺跡」『茨城県史』考古資料編，弥生時代，茨城県，1991年，131-135頁
茨城県歴史館『茨城県大宮町小野天神前遺跡　資料編』学術調査報告書1，1978年
川崎純徳・鴨志田篤二『小野天神前遺跡の研究』勝田文化研究会，1980年

栃木県
戸木内遺跡

栃木県立
学悠館高等学校教頭
森嶋秀一

図1　戸木内遺跡の位置

1　遺跡の所在地および発掘調査

戸木内遺跡は栃木県鹿沼市上永野に所在する。渡良瀬川の支流である永野川左岸の河岸段丘上に立地している（図1）。

発掘調査はこれまで4回実施され，第1次調査は1984（昭和59）年に，個人宅の納屋の建設中に土器が発見されたことに伴い実施された。その後，遺跡の範囲を確認するため，第2次（1985年）と第3次調査（1986年）が行なわれた。さらに圃場整備事業に伴って第4次調査が行なわれた。調査主体は，第1次〜第3次が粟野町（現・鹿沼市）教育委員会，第4次調査が栃木県教育委員会である。

2　周辺にある弥生時代再葬墓遺跡

本遺跡の周辺には，弥生時代の遺跡は極めて少ない。永野川の谷沿いでは本遺跡から10kmほど南に下った尻内1号遺跡が弥生時代の遺跡とされているが，未調査であるため詳細は不明である[1]。

東方では，峠を隔てた赤津川（永野川支流）の谷沿いで，本遺跡から約9kmのところに弥八田遺跡（栃木市）がある。2008年に学術調査が実施され，墓とみられる土坑が2基発見された。このうち1基からは口縁部を欠く小型の壺が出土している。中期の後半であるため，これを再葬墓とするかどうか研究者の意見が分かれている[2]。

また西方では，峠を2つ隔てた仙波川（秋山川支流）の谷沿いに上仙波遺跡（佐野市）がある。本遺跡からは直線で南西に約4km離れている。1958年と1977年に学術調査が行なわれ，弥生時代中期初頭前後の9〜10基の再葬墓が発見された[3]。

3　発見された遺構・遺物の概要

戸木内遺跡の第2次と第3次調査は，第1次調査で再葬墓が発見された地点を中心に，広範囲に調査グリッドが設定された。また第4次調査は，それらの東側に範囲を広げて実施された。その結果，弥生時代の遺物の分布範囲はほぼおさえられた。

再葬墓は，段丘の縁辺部が南東にやや張り出す部分に分布する。またこの付近には，再葬墓の時期よりも古い，弥生時代前期の土坑や集石遺構も発見されている（図2）。

一方，再葬墓の分布域の北側でも，土器片や石器類が見つかっている。土器片は，甕・鉢・浅鉢が比較的多い。また石器は打製石斧や磨石などの生産用具である。そのため，明確な遺構は発見されていないが，この区域は生活の場であったと考えられる。土器は，弥生時代前期後葉から中期中葉のものがほとんどである。

弥生時代以前の遺構・遺物として縄文時代早期〜前期の陥穴，後期の埋甕，早期末〜後期中葉の土器，石器類が見つかっている。弥生時代以降では，平安時代と室町時代の建物跡など，江戸時代の墓，および各時代の遺物が発見されている。

4　再葬墓について

再葬墓は第1次調査で3基，第2次調査で13基，第4次調査で2基の計18基が発見された（図2）。No.1・2・3が第1次調査，No.4〜16が第2次調

査，No.17・18が第4次調査の発見である。ただ先述したように，第2次調査は範囲確認が目的であったため，掘り下げずに埋め戻して保存をはかったことから再葬墓18基のうち規模や埋納状態などの詳細がわかるものは少ない。

　再葬墓群は，北から南に弧を描くように分布する。全面調査ではないため，分布のまとまりを捉えることは難しい。強いてあげれば，No.1〜3・5〜11，No.4・12・13，No.14〜16，No.17・18の4つのまとまりを指摘できようか。

　それぞれの再葬墓の大きさや，埋納土器について表1に示す。前述したように規模が判明するものは少ない。規模がわかる墓坑は，長径が1mから1.5m程度の楕円形，ないしは径1m前後の円形を呈する。

　埋納された土器は，ほとんどが壺形土器である。個体数は1個体から最大13個体であるが，3〜4個体のものが多い。単独埋納は3例ある。埋納状態は，直立・斜位・横位それぞれ認められる。単独埋納の場合はすべて横位である。

　図3下はNo.12再葬墓の平面図である。この再葬墓は，確認時点で底面近くまで撹乱を受けていたため，完掘された。大きさは径1m弱で，角張った円形を呈する。土坑底面の壁際から10cm前後の礫が多数発見された。土坑内からは7個体分の土器が出土したが，撹乱を受けており，ある程度復元できるのは3個体である。そのうち，最も復元できた壺形土器（図3中26-211の土器）の実測図を図4-3に示した。

　またこの土坑からは，管玉が4点見つかっている。このうち3点は26-211の南側から，1点は28-215〜221の上から出土した。

　図3上はNo.13再葬墓である。大きさは長径約1.5mでやや楕円形を呈する。土坑の壁際から10〜20cmの礫が4個，土坑内からはそれより小さめの礫が9個発見された。土坑内で礫が発見されたのはこの土坑と上で紹介したNo.12のみである。

　この土坑からは，13個体の壺形土器が埋納されていた。埋納状態はP1〜P4，P9〜P12の8個体は直立，P5〜P8，P13は斜位である。直立した土器は，土坑の北壁沿いに隙間なく並べられて

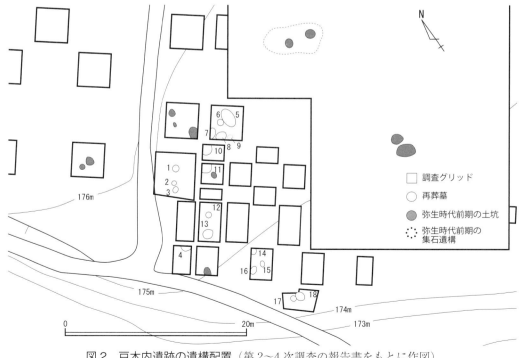

図2　戸木内遺跡の遺構配置（第2〜4次調査の報告書をもとに作図）

表1 戸木内遺跡で確認された再葬墓

No.	規模（m）	埋納土器	副葬品など	備考
1		壺3 底部2		完掘
2		壺4	管玉1（土坑内）	完掘
3		壺4 底部2		完掘
4		壺1（横転）		確認のみ
5		？		確認のみ 2基が重複の可能性あり
6	径1.0	壺1（横位）		確認のみ
7		甕1（横位）	管玉2（土器の上）	確認のみ
8		壺2（横位）		確認のみ
9		？		確認のみ
10	径1.35	壺3（横位）		確認のみ
11	径1.4	壺6（横位多い 潰れている）		確認のみ
12	0.93×0.78	壺3（潰れている）他破片多数	管玉4（土坑内）壁際に礫多数	完掘
13	1.5×1.35	壺13（直立8，斜位5）	壁際に礫4 土坑内に礫9	確認のみ
14		土器2？		確認のみ
15		土器3？（潰れている）		確認のみ
16		壺3（直立2，横位1）	礫	確認のみ
17	0.7×0.6	壺2（直立1，横位1 潰れている）小型鉢1		完掘
18	1.2×1.0	壺6以上（潰れている）小型鉢1		完掘

いる。一方，斜位の土器は土坑の南半部分に間を開けて並べられている。この土坑は，遺物を取り上げず埋め戻された。

　本遺跡の再葬墓は，後世の撹乱による影響が大きいため，発見された土器で完形あるいはそれに近い状態のものはない。図4には再葬墓から出土した土器の一部を示した。

5　出土土器

　遺跡出土土器は，弥生時代前期の資料を含むが，再葬墓出土土器は中期初頭〜前葉がほとんどである。代表的な資料を図4に示した。栃木県南西部の著名な弥生時代再葬墓である上仙波遺跡では前期末中期初頭に属する東北南部系統の磨消縄文系土器が明瞭で，佐野市出流原遺跡では条痕文手法が後退した土器群が明瞭であるのと大きく異なって，条痕文手法が明瞭であるという特色がある。図4-2・4の細頸壺形土器は，胴下半部の条痕文が密に施されており，関東地方西部から中部高地に類例を求められるものである。1・3のように頸胴下部の条痕がヘラで成形されたのち，雑にヘラ描きされる手法は出流原遺跡に散見される。4〜6はNo.3再葬墓から出土した土器

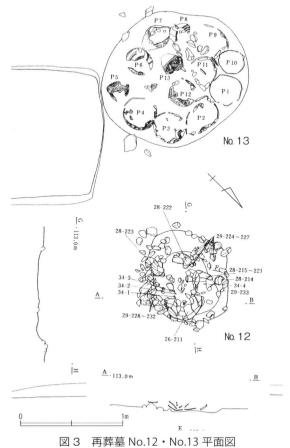

図3　再葬墓No.12・No.13平面図

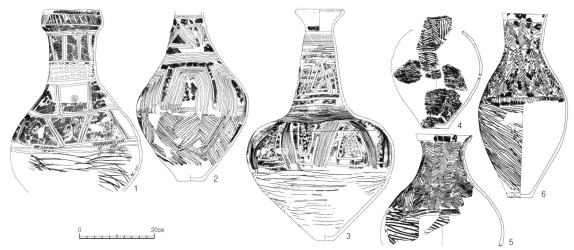

図4 再葬墓出土土器実測図
（1：No.2再葬墓　2・3：No.3再葬墓　4～6：No.17再葬墓）

で，ヘラ描きによる縦羽状条痕文が卓越する特徴がある。

栃木県域内でも近接する再葬墓遺跡で，出土土器に顕著な違いがあることは，時期差の問題だけでなく，土器群の系統性に遺跡間で差異があることが反映したものであろう。

6　まとめ

本遺跡では，再葬墓群の北側から甕形土器や鉢形土器，打製石斧をはじめとする石器類などといった生活に関わる遺物が多数発見されている。調査では住居跡などの明確な遺構は確認されていないが，この付近に生活域があったことは十分に考えられる。再葬墓と集落との関係が確認された例がきわめて少ない中，本遺跡は貴重な存在といえる。

また，再葬墓群が発見された区域に重なるように，弥生時代前期後葉の遺構（土坑を伴う集石遺構および土坑）が発見されていることも本遺跡の特徴としてあげられる（図2）。これらのうちいくつかの土坑については墓坑の可能性が指摘されている。仮に墓坑だとすれば，再葬墓が造られる以前からこの区域が墓地として利用されていたことになる。また，上述した北側の区域からは同じ時期の遺物も見つかっているため，本遺跡では弥生時代前期後葉から中期中葉にかけて集落と墓地が同時に営まれた可能性がある。

未解明な部分は多いものの，本遺跡は再葬墓が営まれていく過程を解明するうえで非常に貴重な存在といえよう。幸いなことに，遺跡の多くの部分は未開発のまま残されている。今後の発掘調査に期待するところである。

註
1) 栃木市教育委員会編『栃木市遺跡詳細分布調査報告』1990年
2) 上野修一「弥生時代の西方」『西方町史』西方町，2011年，28－35頁
3) 栃木県史編さん委員会『安蘇郡葛生町上仙波遺跡発掘調査報告』栃木県教育委員会，1979年

引用・参考文献
石川　均編『戸木内遺跡』粟野町教育委員会，1985年
石川　均ほか『戸木内遺跡Ⅱ』粟野町教育委員会，1986年
内山利行『戸木内遺跡　第4次調査』栃木県教育委員会，1997年
茂木克美『戸木内遺跡Ⅲ』粟野町教育委員会，1987年

群馬県

再葬墓造営期の遺跡
― 洞穴遺跡を中心に ―

安中市教育委員会
関根 史比古

1 弥生時代の洞穴遺跡群

日本列島における弥生時代の洞穴遺跡は、岩手県北上山地、山形県置賜盆地、福島・新潟・群馬・長野・埼玉の5県にまたがる山地一帯、北陸～山陰の日本海側沿岸部に分布が集中する。この中でも本稿で取り上げる群馬県域とその周辺の山地一帯はもっとも洞穴利用が顕著な地域である。

当地域の洞穴の利用用途を見てみると、長野県湯倉洞窟・唐沢洞窟遺跡などは生活・生業に関わる遺物が明瞭であり、生活・生業域として利用されたと考えられる。一方、ほかの洞穴遺跡の多くは葬送に関する遺物がより明瞭であり、墓域として利用されたと考えられ、とくにその分布は群馬県の利根川以西に集中している（図1）。このうち、弥生時代前期から中期中ごろの洞穴遺跡は、いわゆる再葬墓の実例を含んでいる。

2 群馬県域の弥生時代再葬墓

群馬県域の再葬墓遺跡の実例は、洞穴遺跡を除くと沖Ⅱ・上久保・南大塚・宿割・押手・神保植松・上人見・七日市観音前・中野谷原遺跡などがあり、やはり利根川以西に集中する。

このうち、壺を主とした土器数個体が一つの土坑に埋設され、壺再葬墓と判断できる遺構を持つ例は沖Ⅱ・上久保・南大塚・押手・宿割遺跡である。上久保・南大塚・押手・宿割遺跡は単独あるいは数基の再葬墓で構成され、墓域のみを持つ遺跡であると考えられる。一方、沖Ⅱ遺跡は再葬墓群（図2）とともに生活・生業に関わる遺物を含む遺物包含層が存在し、集落に伴う再葬墓群の可能性がある。

神保植松遺跡や上人見遺跡も同様に再葬墓と判

図1 群馬県と周辺地域の洞穴遺跡・再葬墓関連遺跡
（●：洞穴遺跡　○：再葬墓関連遺跡）

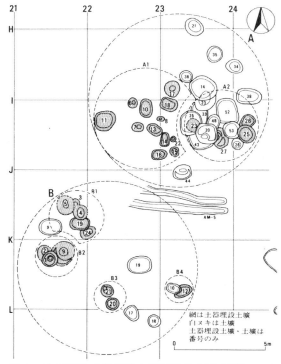

図2 沖Ⅱ遺跡 土器埋設土壙平面分布図（荒巻1986）

断すべき土坑が存在するものの、数基にとどまる。また、両遺跡の再葬墓周辺に壺形土器以外の器種や生活・生業に関わる遺物を出土する土坑が群集し、神保植松遺跡では竪穴住居跡の周辺に

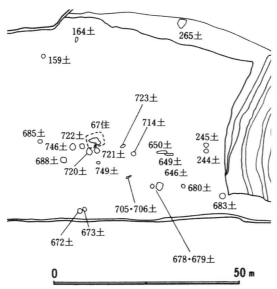

図3 神保植松遺跡 弥生時代遺構分布図（谷藤1997）
（一部改変：弥生時代中期の土坑のみ掲載）

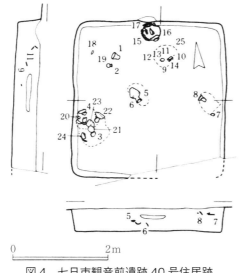

図4 七日市観音前遺跡 40号住居跡
（富岡市教育委員会 1994）

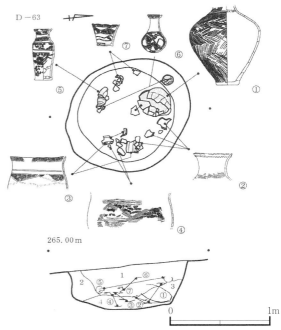

図5 中野谷原遺跡 D-63号土坑（井上ほか2004）

集中する（図3）。この状況から，これらの土坑は再葬墓というより，むしろ貯蔵穴など生活に関わる施設と判断するべきである。両遺跡の再葬墓は貯蔵穴が転用された可能性があり，集落の生活区域に小規模な再葬墓が営まれた遺跡と考える。

七日市観音前遺跡は炉・柱穴を持たない平面方形の住居状竪穴の床面直上および覆土から石器数点と17個体の土器が出土し（図4），壺形土器が多数を占める。覆土中には壺形土器と甕形土器を合口にし，埋設したとみられる2個体の土器が存在する。この壺形土器の中には剝片石器が入るなど，ほかの再葬墓と出土状況が類似する。しかし，七日市観音前遺跡のような平面方形の住居状竪穴に再葬墓が営まれる実例はほかになく，判断が悩ましい。

中野谷原遺跡は3個体の壺形土器を埋設した土坑（U-2）は再葬墓と判断すべきであるが，壺形土器・甕形土器・小形の筒形土器などを複数個埋設したD-62・D-63土坑は判断が悩ましい。D-63は壺2個体，甕2個体，小形の器種3個体が出土する（図5）。埼玉県横間栗遺跡の第8号再葬墓はこの出土状況と同様に，甕形土器と小形の器種数点が共伴しており，甕形土器中から管玉と骨片が出土した。横間栗例を考えると，中野谷原D-62・D-63土坑も再葬墓である可能性があるものの，断定できない。

以上のように群馬県域の壺再葬墓遺跡のうち，墓域のみで構成される遺跡はいずれも小規模であり，栃木・茨城両県域などのように大規模な遺跡はほとんどない。沖Ⅱ遺跡は大規模な墓域を持つ

ものの集落に伴う可能性があり，やはりこれらの地域と様相が異なる。神保植松・上人見遺跡などは集落の一区画に小規模な再葬墓の墓域を持つ遺跡と考えられる。加えて神保植松・中野谷原遺跡からは住居が検出され，群馬県域は再葬墓造営期の集落を検討できる遺跡が充実する。

3 群馬県域の洞穴遺跡

群馬県域の洞穴遺跡には，岩櫃山（鷹ノ巣・幕岩岩陰）・八束脛洞窟・有笠山（1号・2号）洞窟・岩津保洞窟・とっくり穴洞窟・三笠山岩陰・只川橋下岩陰遺跡などがある。有笠山1号洞窟・とっくり穴洞窟遺跡は灰層や獣骨などが出土し，生活・生業域としての利用が考えられる。これらの例を除くと，人骨などの出土状況から墓域としての利用が目立つ。

壺再葬墓 岩櫃山鷹ノ巣岩陰遺跡は，壺形土器数個体を含むA～Cの土器群がまとまり，弥生時代中期初頭の典型的な壺再葬墓である。このほかに単独出土の土器2個体があり，再葬墓と断定することは難しいが，いずれも3つの土器群より古く，弥生時代前期末から継続して遺跡が利用されたことを示す。この単独出土土器の付近からは2個体の人骨が出土している。

焼人骨葬の再葬墓 洞穴における焼人骨葬は弥生時代中期中ごろから後期にかけて見られ，有笠山2号洞窟・八束脛洞窟・三笠山岩陰・只川橋下岩陰遺跡などがある。

この中で有笠山2号洞窟遺跡がもっとも古く，弥生時代中期中ごろである。出土遺物は浅鉢形土器（図6-1），穿孔人指骨（2～5）および人骨群，貝製装飾品（6）などであり，出土した人骨のほとんどは焼人骨である。焼人骨は洞穴内部に被熱の痕跡がなく洞穴外で焼かれ[1]，遺骸処理を終えた後に洞穴へ持ち込まれたことから再葬墓と言える。穿孔人骨4点は被熱前に穿孔され[2]，この特徴は大規模な壺再葬墓遺跡である福島県根古屋遺跡例と共通する。しかし有笠山2号洞窟遺跡は遺骸を納めるべき壺形土器が確認できず，壺再葬墓の葬送形態と異なり，壺に骨を納めない再葬墓である。確証はないが中期初頭の岩櫃山幕岩岩陰遺跡も同様の葬送形態の可能性がある。

八束脛洞窟遺跡は有笠山2号洞窟遺跡の直後段階の遺跡であり，出土遺物も類似する（図7）。人骨はほとんどが焼人骨で穿孔人歯・指骨が含まれる。これらの焼人骨は年齢・性別・部位とも偏りがなく，一度埋葬された後に焼かれた[3]とされ，有笠山2号洞窟遺跡と同様に再葬墓といえる。八束脛洞窟遺跡は壺形土器も出土するが，いずれも細片で遺骸を土器に納めないようである。これらの特徴は有笠山2号洞窟遺跡と共通する。このように納骨用の壺を伴わず焼人骨が出土する例は三笠山岩陰・只川橋下岩陰遺跡など，後期の洞穴遺跡にも見られる。

以上のように当地域の洞穴遺跡における焼人骨再葬は壺再葬墓の造営期間である弥生時代中期中ごろから見られ，壺再葬墓と併存するものの，壺を用いない再葬墓である。洞穴を利用した焼人骨

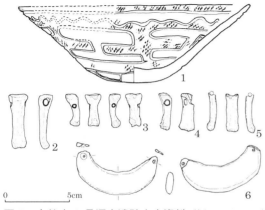

図6 有笠山2号洞窟遺跡出土資料（福田ほか1997）

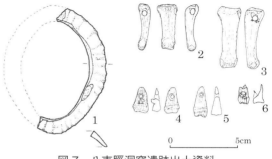

図7 八束脛洞窟遺跡出土資料
（みなかみ町教育委員会1997）

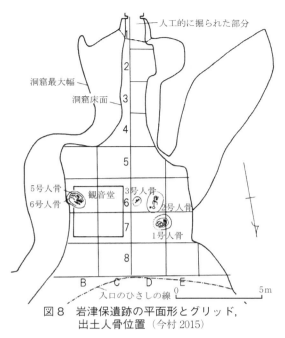

図8 岩津保遺跡の平面形とグリッド，出土人骨位置（今村2015）

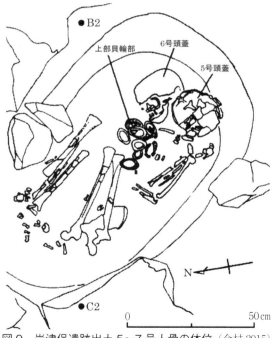

図9 岩津保遺跡出土5〜7号人骨の体位（今村2015）

再葬は弥生時代後期まで見られ，壺再葬墓の消失以後も存続する。

その他の墓 岩津保洞窟遺跡の葬送形態は再葬と大きく異なる。3基の単独埋葬墓と3体を折り重ねるように合葬した墓1基である（図8）。埋葬状態が確認可能な単独埋葬墓と合葬墓はいずれも下肢を強く折り曲げて屈葬され，その上に石が配置され，人骨は被熱が認められる。2号人骨と合葬墓には胸の位置に貝輪が置かれている（図9）。葬送の手順は，土坑を掘って遺体を納め，遺体の上に貝輪を置き，さらにその上に石を積み，鹿の角と土器を添え，火を燃やし，土坑を埋める[4]とされる。

岩津保遺跡は壺再葬墓の造営が終焉する時期の遺跡であり，再葬墓と異なる葬送形態である。しかし，遺骸を焼くという行為など部分的には焼人骨再葬と共通する。壺再葬墓の終焉と併行して新たな葬送儀礼が執行された可能性を考えたい。

4 おわりに

群馬県域は神保植松・中野谷原遺跡など壺再葬墓に伴う住居や土坑が存在し，再葬墓造営期における集落の様相を検討可能な地域である。墓域のみをもつ壺再葬墓遺跡は栃木・茨城県域などと比較すると大規模なものがほとんどなく，この様相は長野県域と類似する。

群馬県域における弥生時代の洞穴遺跡は墓地としての利用が目立つ。葬送形態は壺再葬と焼人骨再葬であり，焼人骨再葬は壺再葬が行なわれなくなった後も継続し，弥生時代後期まで確認できる。岩津保洞窟遺跡は壺再葬墓の造営が終焉する時期の遺跡であり，壺再葬墓の代わりに営まれた新たな墓制の可能性がある。

註
1) 福田義治・唐澤至朗・外山和夫・宮崎重雄・飯島義雄 『有笠山2号洞窟遺跡』群馬県吾妻郡中之条町教育委員会，1997年
2) 前掲註1に同じ
3) 外山和夫・宮崎重雄・飯島義雄「八束脛洞窟遺跡」『群馬県史資料編2』原始古代二，群馬県史編さん委員会，1986年，579-584頁
4) 今村啓爾編『群馬県多野郡神流町岩津保洞窟遺跡の弥生時代埋葬』岩津保洞窟遺跡調査団 帝京大学文学部史学科，2015年

＊取り上げた遺跡が多いことから，規定の紙幅内ですべての参考文献を記すことができなかった。それらの再葬墓遺跡については，設楽博己『再葬墓と弥生社会』（塙書房，2008年）などを参照されたい。

埼玉県
須釜遺跡

春日部市郷土資料館
鬼塚 知典

1 須釜遺跡の所在地

須釜遺跡は，埼玉県春日部市（旧・庄和町）倉常字須釜，国道4号バイパス倉常交差点の北西に位置する。北東約2kmに下総台地の宝珠花台地を望む中川低地の標高約7mの自然堤防上に立地する。遺跡の西側約500mには庄内古川が北から南へ流下するが，現在の流路は改修を経たものであり，近世の利根川東遷以前は渡良瀬川や利根川が流入する規模が大きい河川であった。須釜遺跡が立地する自然堤防はこの河川によって形成されたものと考えられ，周辺の自然堤防の発達状況をみると，東側へ大きく蛇行した大河が須釜遺跡の近接地を南西へ流下していた環境が想定できる。

2 周辺の弥生時代再葬墓遺跡

周辺の再葬墓遺跡は，須釜遺跡から南西約11kmに宿下遺跡（埼玉県蓮田市），北西約24kmに清六Ⅲ遺跡（栃木県野木町）が挙げられる。また，再葬墓か不明ながらも，弥生時代中期の墓跡として，南西約9kmに南遺跡（さいたま市岩槻区），南東約14kmに勢至久保遺跡（千葉県野田市）が存在する。これら周辺の遺跡は，いずれも台地上に立地する。横間栗遺跡（埼玉県熊谷市），上敷免遺跡（埼玉県深谷市）など著名な妻沼低地の弥生時代遺跡群は，須釜遺跡の北西30〜50kmに位置する。

3 須釜遺跡の発掘調査

須釜遺跡は，1986（昭和61）年に圃場整備に伴う事前調査で自然堤防全体が埋蔵文化財包蔵地に登録された。1993年に国道4号バイパス西側の道路などを対象に発掘調査が行なわれ，古墳時代前期の包含層が確認された。弥生時代の再葬墓は

図1　須釜遺跡の位置（1/25000）

2001（平成13）年，遺跡西部の畑で長芋の収穫中に現地表面下約30cmから偶然発見された。同年，土地所有者のご理解，ご協力のもと，遺跡の重要性に鑑み，庄和町教育委員会（当時）が庄和町史編さんのための学術調査として，面積134㎡を対象として発掘調査を実施した。

4 検出遺構の数と分布（図2）

調査では，再葬墓11基，土器集中群1ヵ所が確認された。再葬墓は，調査区の南部と北部で確認され，南部のものは別の再葬墓との間をあけて存在するのに対し，北部の一群は集中する。3号再葬墓は，出土した5点の土器のうち3点は形を保って出土したのに対し，2点は破片になった状態で出土した。これら遺物出土位置の最下面に標高差があることから，2基の再葬墓が密接したものと判断し，整理段階でA，Bに分割し，別の再葬墓とした。また7号再葬墓は6号再葬墓底面から確認された。再葬墓からは，土器以外に打製石斧，磨石が出土し，人骨および玉類などの装飾品は確認されなかった。

5 土器複数埋設と単数埋設

完形に近い土器が出土した再葬墓10基のうち，土器が複数埋設された再葬墓は8基，単数の埋設は2基（4号再葬墓，10号再葬墓）で，10号再葬墓は甕形土器1点が出土した。複数埋設されている再葬墓としたものでも，2点埋設のものが4基で，

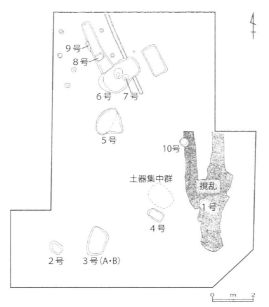

図2　調査区全体図

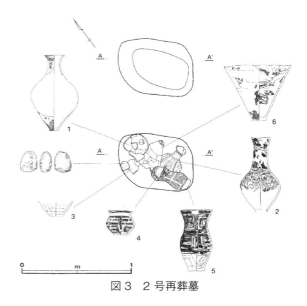

図3　2号再葬墓

このうち2基（7号再葬墓，8号再葬墓）は小型の土器2点と磨石が出土した。調査区内での分布は，単数埋設の2基，小型の土器が埋設されていた2基がそれぞれ比較的近い位置で確認されている。

6　特徴的な再葬墓（図3）

2号再葬墓からは，壺形土器3点，広口壺形土器1点，筒形土器1点，甕形土器1点の計6点の土器と磨石が墓坑内からすき間なく出土した。埋設順序を推定すると，まず甕形土器（6）を逆位にふせておき，壺形土器（2）を正位におく。次に筒形土器（5）を横倒し，広口壺形土器（4）を筒形土器（5）の口に入れ込む。さらに壺形土器（1）を甕形土器（6）の上にすえる。墓坑内に逆位にふせておく甕形土器は，3号再葬墓Bおよび10号再葬墓でも確認できる。また10号再葬墓の甕形土器は外面に何らかの絵画と思われる線刻が施される。

7号再葬墓からは小型の壺形土器，筒形土器と磨石，8号再葬墓からは小型の壺形土器，甕形土器と磨石が出土している。これらの遺構はいずれも他遺構の底面から確認されたもので，ほかの土器が埋設されていた可能性もあるものの，特徴的な事例である。

7　出土遺物の特徴

（1）甕形土器の出土割合

再葬墓，土器集中群から出土している復元可能な資料35点のうち，壺形土器は24点，甕形土器は9点，筒形土器が2点で，甕形土器が全体の約25％を占める[1]。

（2）土器の特徴（図4）

本遺跡から出土した土器は，壺形・甕形・筒形・鉢形・深鉢形など多彩である。壺形土器は，いずれも幅広い沈線で構図を描くが，刺突を充填する手法が顕著な一群（1・2・4・5・12）と，刺突を伴わない一群（6〜9）がある。前者では縄文を地文として幅広い沈線で構図を描き，刺突を充填するのに対して，後者では縄文地文のもの（6・11・12）と充填縄文手法の二通りがある。刺突が目立つ一群のうち1や2・12は池上式や出流原式に共通する。方形構図を上下二段に配置する筒形土器（図3-5）も池上式で筒形土器が明瞭な点と通じる。

（3）他地域との交流

他地域系統の土器が錯綜するのも本遺跡の際立った特徴である。図4-3など器面に細条痕が目立つ甕・深鉢類は東京湾東岸域，壺形土器（9）のように胴部が球形を呈し，胴下部全面に条痕を施

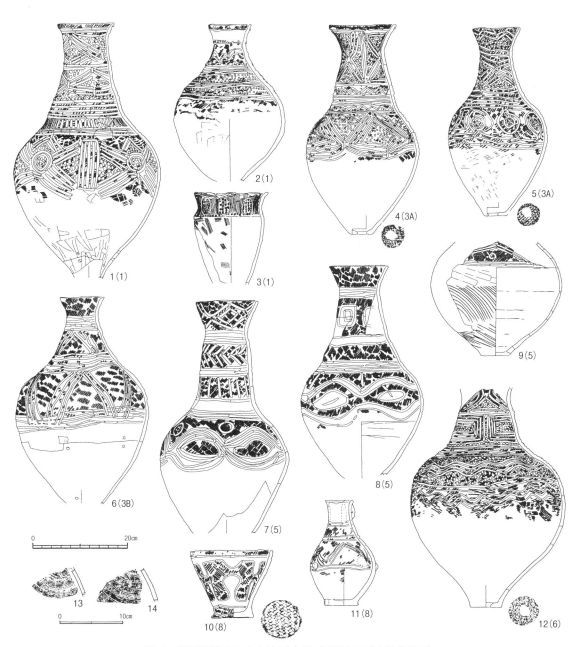

図4 須釜遺跡のおもな壺形土器（括弧内は出土遺構番号）

す例は相模方面，10のM字形の磨消縄文を描く精製鉢形土器は，入小屋遺跡（栃木県足利市）によく似る。さらに遺構外出土破片の中に，細かな充填縄文手法による渦文が描かれた，明らかに福島県方面の南御山2式壺形土器の破片（13・14）がある。広域にわたる諸地域との交流が窺えるが，そ れがまさしく再葬墓の終焉の時期に当たっていることに注目したい。

(4) 補修孔

土器の割れ口に沿って対に穿孔されたものがある。いずれも焼成後の穿孔であり，紐などによる補修孔と考えられる。頸部，胴部最大径付近，胴

埼玉県 須釜遺跡 125

部下方と底部にみられる。

（5）底部穿孔・欠損

底部穿孔をしているものが12点，底部欠損しているものが15点出土している。穿孔部分・欠損部分の破片の出土はなかった。

8　自然科学分析

（1）土器圧痕のレプリカ法分析

土器表面に圧痕を肉眼で確認できた8個体の土器についてレプリカ法による分析を行ない，7個体の土器に，稲籾8例，玄米3例の圧痕を確認した。

（2）土器に付着した黒色物質

数点の土器表面に，黒色物質が付着していたことから炭素が含まれていると想定し，AMS法による年代測定を試みたが，黒色物質に炭素は含まれず，蛍光X線分析によって土壌由来の酸化マンガンであることが判明した。

（3）再葬墓覆土のリン分析・脂肪酸分析

再葬墓覆土，土器内土壌を対象としてリンおよび脂肪酸分析を行なった。土壌に含有されるリン酸は天然賦存量の範囲内，脂肪酸は，分析資料全体で含量が均質であり，遺跡土壌に脂肪酸が均質に含まれるものと考えられる。ゆえにこれらの分析では，再葬墓への遺体埋葬の痕跡は確認できなかった。

（4）土器胎土の重鉱物分析，植物珪酸体分析

重鉱物分析は，1〜6号再葬墓，土器集中群出土の土器および遺構外出土の南御山2式土器計13点を対象とした。結果，10種類の重鉱物組成傾向に分類することができ，自然堤防の土壌ではなく，下総台地のローム層最下部から下位のシルト層に類似した組成がみられた。また南御山2式土器胎土の重鉱物組成は，下総台地の土壌組成に類似するものの，会津地域の斜方輝石を多く含む堆積物に由来する可能性も示された。植物珪酸体分析は，

籾圧痕が確認できた土器を対象とし，土器胎土の栽培植物に由来する植物珪酸体を確認したが，まったく含まれなかった。

9　まとめ

2001年の須釜遺跡の調査は，埼玉県東部で初めての本格的な弥生時代遺跡および再葬墓の発見となり，2005年に出土遺物は一括して埼玉県有形文化財に指定された。また，沖積低地から発見された須釜遺跡は，弥生時代の当時，すでに低地での人々の活動が始まっていたことを裏付けている。さらに稲籾の圧痕が土器表面に確認でき，確実に稲作が始まっていたことを物語る。

再葬墓遺跡としては，単数埋設の再葬墓が少ないこと，甕形土器の埋設割合が高いこと，小型の土器のみが出土する再葬墓とバラエティに富んだ器種を複雑に埋設する2号再葬墓が併存することなどが特筆できる。出土土器は，さまざまな地域との交流を物語っており，墓地を営むにあたり河川などによる人々の移動が想定される。

土器の編年的位置は，池上・小敷田段階に相当する。周辺地域ではすでに方形周溝墓の造営が始まっていた時代であり，弥生時代の再葬墓が終焉を迎える時期に営まれた墓と考えられる。

註

1）　実測し得た資料数は268点，うち壺形土器236点，甕形土器14点，その他（筒形ほか）3点を数える。破片資料は6号再葬墓と遺構外の出土が大部分を占める。

＊図2，図3は報告書（長谷川・鬼塚2003）の図を一部改変した。

参考文献

金澤文雄『寺屋敷・須釜遺跡』庄和町遺跡調査会報告書第2集，庄和町遺跡調査会，1993年

長谷川清一・鬼塚知典『須釜遺跡』庄和町文化財調査報告第9集，庄和町教育委員会，2003年

千葉県
塙台遺跡

香取市教育委員会
荒井世志紀

1 遺跡の位置

塙台遺跡は、千葉県香取郡多古町島字塙台ほかに所在し、利根川に注ぐ栗山川とその支流である借当川の合流点から西約550m、多古橋川との合流点から北約1kmの台地上に立地する。この台地は、東西約600m・南北約250mの島状を呈する独立台地で、標高は18m、水田面との比高差は13mである。台地の裾部には、標高6～7mの微高地が帯状に巡っている。また、台地の中央付近は標高5mと低くなり、台地を東西に二分している。

この東西に二分された台地のうち、東側の台地が塙台遺跡[1]（縄文～平安時代）・志摩城跡（中近世）、西側の台地が二ノ台遺跡（奈良平安時代）として周知の埋蔵文化財包蔵地となっている。

2 調査の概要

調査は、ほ場整備事業に伴い、平成12～15年度に(財)香取郡市文化財センターによって、台地上のほぼ全域の確認調査と計3,333㎡の本調査が行なわれた。その結果、弥生時代中期の再葬墓36基をはじめ、縄文時代晩期～弥生時代前期の遺物包含層、縄文～平安時代の竪穴住居跡、中世の志摩城に伴う掘立柱建物跡など、多数の遺構が検出された[2]。とくに縄文晩期から弥生前期の土器群や、弥生時代中期の再葬墓群は関東でも貴重な調査例となった。

しかし、この調査は本調査対象区域に制約があったため、再葬墓群全体を調査するには至らなかった。そこで多古町では、再葬墓群の全体を明らかにするため、文化庁の国庫補助を受けて平成15～16年度に計118㎡の本調査を実施し、弥生時代中期の再葬墓28基をはじめ、縄文時代晩期

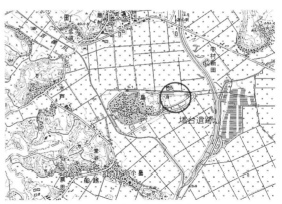

図1 塙台遺跡の位置

終末から弥生時代前期の竪穴住居跡・大型建物跡などを検出した[3]。

これら二度にわたる発掘調査の結果、再葬墓群は南北2群に分かれ、北群50基・南群14基、計64基となり、東日本最大級の再葬墓群であることが明らかとなった。

3 再葬墓の概要

再葬墓群は台地上の北西部にあり、25mほどの距離を置いて南北2つの墓域に分かれている。北群では東西12m×南北26mの範囲に50基、南群では東西5m×南北9mの範囲に14基、計64基が検出されたが、北群では耕作や後世の遺構によって消滅したものもあると考えられる。土器を埋置した土坑は、規模が1m以内のものが大半で、平面形は円形・楕円形・隅丸方形・不整形など様々である。

一つの墓坑内に埋置された土器の数は、北群では、4個体のものが3基、3個体のものが4基、2個体のものが6基、1個体のものが32基、南群では、5個体のものが1基、4個体のものが2基、2個体のものが3基、1個体のものが8基であり、1個体のものが最も多く、全体の60％以上を占めている。ほかに、北群では、土器をもたずに副葬品と考えられる玉類や石器類のみが出土しているものが5基あり、再葬墓としてよいか検討の余地が残る。

4 再葬墓出土遺物

再葬墓から出土した土器は、北群で壺形土器

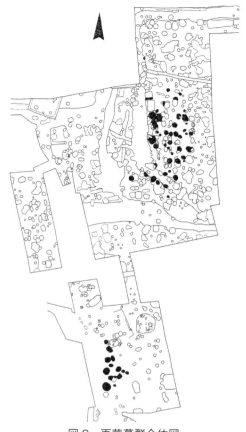

図2 再葬墓群全体図

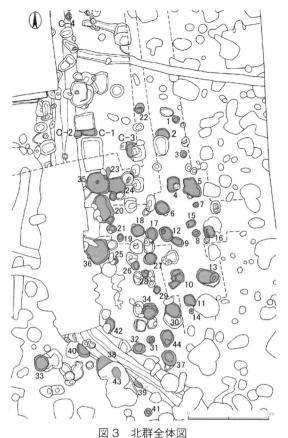

図3 北群全体図
(1-44 は SE-1~44, C-1~4 は CSE-1~4)

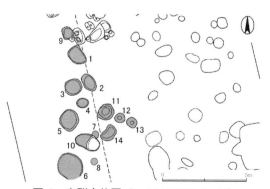

図4 南群全体図 (1~14 は BSE-1~14)

が65点，鉢形土器が2点，南群で壺形土器が25点，鉢形土器が2点で，壺形土器が全体の95％を占めており，甕形土器は皆無である。

①条痕文の土器：器面全体に条痕文を施したものは，再葬墓出土土器の中では最も多い。工具は，櫛歯状工具・植物繊維束や，束ねた松葉と考えられる細密条痕がある。また，弧状に施すことにより，文様的効果が生じているものもある（土器1）。

②羽状条痕の土器：多くは貝殻条痕で，東海地方の丸子式の特徴をもつもの（土器2）や，縦位の羽状条痕を施すもの（土器3）がある。後者は，平沢型壺形土器成立の母体となったものと捉えられている。

③平沢型の土器：平沢型の祖形と考えられるもの（土器4），典型的な平沢型（土器5），出流原式の要素がみられるもの（土器6）があり，時期的

な差に起因すると考えられる。

④出流原式の土器：頸部から胴部上半にかけて縄文帯・横位沈線で多段に区画された間に，文様帯が配されるという構成で，主文様帯には円文や山形文などが施される（土器7）。

⑤工字文の土器：佐倉市岩名天神前遺跡で出土

表1 再葬墓一覧

（北群）

遺構番号	墓坑平面形 (cm)	墓坑規模	出土遺物 ○数字は本文に対応する	時期
SE-1	不整円形	46×64	壺1 (③)	Ⅲa
SE-2	楕円形	91×	壺2 (①③)	Ⅱ
SE-3	円形	52×47	壺1 (①)	Ⅱ
SE-4	隅丸長方形	79×97	壺1 (⑥) 深鉢1 (⑨)	Ⅲa
SE-5	不整形	107×151	壺3 (①②⑨)	Ⅱ
SE-6	円形	84×91	石庖丁状石器1 小型石鏃1	
SE-7	円形	36×32	壺1 (②)	Ⅱ
SE-8	円形	50×45	壺1 (⑦)	Ⅲa
SE-9	円形	82×50	壺1 (⑨)	Ⅲa
SE-10	不整形	83×91	壺3 (③④⑦) 碧玉製管玉1 石庖丁状石器1	Ⅲa
SE-11	楕円形	88×72	壺3 (④⑤⑥)	Ⅲa
SE-12	楕円形	77×96	碧玉製管玉1 磨石2 石庖丁状石器6	
SE-13	楕円形	133×92	壺1 (⑧)	Ⅲa
SE-14	楕円形	28×35	壺1 (⑧)	Ⅲa
SE-15	楕円形	61×44	壺1 (⑨)	Ⅱ
SE-16	楕円形	64×	壺1 (④)	Ⅲa
SE-17	楕円形	77×87	壺1 (④)	Ⅲa
SE-18	円形	84×80	壺1 (④)	
SE-19	楕円形	61×45	壺1 (④)	Ⅲa
SE-20a	楕円形	×181	壺3 (①) 深鉢1 (①)	Ⅱ
SE-20b		×52	壺1 (⑤)	Ⅲa
SE-21	楕円形	41×51	壺1 (④)	Ⅲa
SE-22	不整円形	59×68	壺1 (⑦)	Ⅲa
SE-23	不明		壺4 (④⑦)	Ⅲa
SE-24a	不整方形	×105	壺1 (④)	Ⅲa
SE-24b	楕円形	43×60	壺1 (④) 碧玉製管玉13	Ⅲa
SE-25	円形	38×	壺1 (④)	Ⅲa
SE-26	楕円形	51×55	壺1 (⑦) 碧玉製管玉1	Ⅲa
SE-27	円形	82×74	壺3 (④⑥) 碧玉製管玉7 土製有孔円盤1	Ⅲa
SE-28	楕円形	44×53	壺2 (④)	Ⅲa
SE-29	不整楕円形	43×52	壺1 (④)	Ⅲa
SE-30	不整楕円形	115×85	壺2 (①⑧)	Ⅱ
SE-31	円形	50×52	壺1 (⑦)	Ⅲa
SE-32	楕円形	79×66	壺1 (④)	Ⅲa
SE-33	不整円形	91×103	壺破片のみ	Ⅲa
SE-34	不整円形	98×104	壺破片のみ	Ⅲa
SE-35	円形	148×131	壺1 (②)	Ⅱ
SE-36	隅丸長方形	155×133	碧玉製管玉4	
SE-37	楕円形	172×212	碧玉製管玉2 石器類9	
SE-38	不明		壺4 (⑥⑦⑨) 石器類3	Ⅲa
SE-39	不明		壺1 (⑨か)	Ⅱ
SE-40		×102	壺2 (④か)	Ⅲa
SE-41	不整円形	47×49	壺1 (④)	Ⅲa
SE-42	楕円形	63×98	壺1 (①)	Ⅱ
SE-43			壺2 (⑧)	
SE-44	不整楕円形	82×108	壺破片のみ	Ⅲa
CSE-1	方形か	87×	壺1 (②)	Ⅱ
CSE-2	方形か		壺1 (②) 碧玉製管玉2	Ⅲa
CSE-3	長方形	×102	硬玉製勾玉1	
CSE-4	楕円形	31×45	壺1 (②) 碧玉製管玉4	Ⅲa

（南群）

遺構番号	墓坑平面形 (cm)	墓坑規模	出土遺物 ○数字は本文に対応する	時期
BSE-1	不整長方形	87×117	壺1 (①)	Ⅲb
BSE-2	楕円形	57×111	壺1 (①)	Ⅱ
BSE-3	円形	101×94	壺3 (①⑥) 深鉢1 (⑦)	Ⅲa
BSE-4	楕円形	72×60	壺1 (①)	Ⅱ
BSE-5	不整円形	113×135	壺4 (①⑨)	Ⅱ
BSE-6	円形	147×160	壺5 (①②)	Ⅱ
BSE-7	不明		壺1 (⑦)	Ⅲa
BSE-8	不明		壺1 (①)	Ⅲa
BSE-9	不整長方形	68×78	壺1 (⑥)	Ⅲa
BSE-10	楕円形	149×88	壺1 (①)	Ⅱ
BSE-11	不整楕円形	90×103	壺1 (①)	Ⅱ
BSE-12	円形	61×59	壺1 (①)	Ⅱ
BSE-13	不整円形	64×57	壺1 (①) 深鉢1 (①)	Ⅱ
BSE-14	不整楕円形	101×67	壺2 (①)	Ⅲa

例があり，天神前式と仮称されたものである（土器8）。

⑥渦文の土器：野沢2式や南御山2式との関連が窺えるもので，相対渦文や横S字文がある。また，小型の土器ではカナムグラの回転圧痕と考えられる擬縄文が施されるものもある（土器9・10）。

⑦磨消（充填）縄文の土器：菱形・方形・弧状・楕円形の区画を連続して配するもので，充填縄文により施文される（土器11）。

⑧長胴の壺形土器：肩部の張りが弱く，胴部下半が長くのびる器形で，胴部上半が結節を伴う縄文，下半が条痕文のものが多い。女方遺跡や北原遺跡など，茨城県地方に特徴的なものである（土器12）。

⑨縄文のみの土器：頸部が無文で，胴部に縄文を施すものが大半で，胴部上端に結節文を巡らすものもある（土器13）。

土器のほかには，硬玉製勾玉，碧玉製管玉，土製有孔円盤，砂岩製石器類（石庖丁状石器・砥石など）があるが，すべて北群で出土した。とくに碧玉製管玉は北群のうち10基から出土し，SE-24bでは壺棺の内外から13点出土している。

5 再葬墓の時期

千葉県内では現在のところ，弥生時代はⅠ期（荒海式期），Ⅱ期（岩櫃山・殿内式期），Ⅲa期（出流原式期），Ⅲb期（池上式期），Ⅳ期（宮ノ台式期），Ⅴ期（後期）に大別され，再葬墓はⅡ期に出現してⅢa期に全盛を迎え，Ⅲb期に終焉するとされている[4]。

本遺跡では，土器をもたない5基を除いて，Ⅱ期の再葬墓は北群で15基・南群で8基，Ⅲa期は北群で30基・南群で6基であり，明らかにⅢb期に降るものはない。南北各群内では，時期ごとの分布に偏在性は認められず，北群においてはⅡ期に比べてⅢa期で増加する傾向がみられるに過ぎない。また，北群と南群には時期差がみられず，両群ともⅡ期からⅢa期にかけて併行して営まれている。

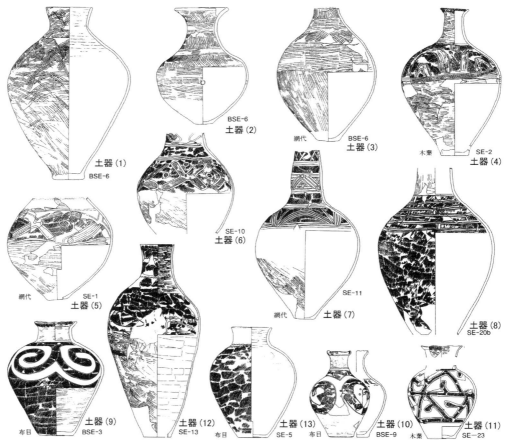

図5　再葬墓出土土器

6　まとめ

　本遺跡の再葬墓は，弥生中期前葉から中期中葉の前半にかけて営まれたもので，一遺跡で調査された数としては東日本最大級と言える。また，造墓期間も長く，出土した土器も多種多様である。千葉県をはじめ南関東地域では，北関東や東北地方に比べて再葬墓の調査例が少なく，土器を含めて当該時期の研究資料に乏しかったが，本遺跡の調査はこの空白を埋める貴重な資料となった。

　しかし，本調査が実施されたのは，2万㎡以上に及ぶ台地上のうち3千㎡余りに過ぎず，遺跡の全容はまだ明らかになっていない。そのため，調査された2群以外にも墓域はあるのか，一次葬はどこで行なったのか，また，居住域はどこなのかなど，今後の課題とすべき点も多い。

註
1)　遺跡名は，発掘調査に係る法的手続きから報告書刊行に至るまで「志摩城跡」という名称を使用したが，平成19年に再葬墓出土遺物が千葉県の有形文化財に指定された際に「塙台遺跡」が用いられた。
2)　荒井世志紀ほか『志摩城跡・二ノ台遺跡Ⅰ―経営体育成基盤整備事業島地区に伴う発掘調査報告書―』㈶香取郡市文化財センター，2006年
3)　荒井世志紀『志摩城跡―多古町内遺跡群発掘調査報告書―』多古町教育委員会，2006年
4)　近年では，出土土器の詳細な検討から本遺跡再葬墓の年代を5期に分ける案も示されている。杉山祐一「再葬墓出土土器の複雑性と地域間関係―千葉県塙台遺跡と周辺地域の検討から―」『古代』第139号，早稲田大学考古学会，2016年

第4章 討論

なんだっぺ？泉坂下
～再葬墓研究最前線～

コーディネーター：石川日出志・中林香澄
シンポジスト：後藤俊一・阿久津久・植木雅博・
　　　　　　　春成秀爾・小林青樹・森嶋秀一（発言順）

はじめに

石川　討論では、泉坂下遺跡の面白さ、重要性、あるいは不明点などを議論したいと思います。また、会場の皆様からアンケートを頂戴しておりますので、これも随時、取り上げてまいります。多岐にわたりますが、おおよそ以下のと5項目にまとめました。

1点目は、遺跡の立地と時代。何でこんなところにあるのか。いつ頃のことか。

2点目は、縄文時代晩期のムラとしての泉坂下遺跡です。遺跡はいろんな時期に形成されておりますが、そのなかでもとくに、縄文時代晩期のムラは弥生との繋がりにおいて重要です。

3点目は、再葬墓という種類のお墓についてです。再葬の実際、またその意味を考えてみたいと思います。

そして4点目は、この遺跡の主役である人面付壺形土器、「いずみちゃん」「いずみさん」の姿、表情、顔などを取り上げます。

最後に、弥生時代の再葬墓を残した人たちのムラのことです。

これら5項目を取り上げようと思います。

石川　日出志（明治大学）

1　立地と時代

石川　それでは、早速、ご質問を取り上げます。お二人から遺跡の立地に関するご質問がありました。「遺跡がなぜあのように川に近い、低いところにあるのか」「墓は古代の人たちにとっては大切なところ。すぐ西側には那珂台地があるのに、なぜ雨が降れば水没してしまうような低地にあるのか。」とのことです。現地は確かに水田です。低いと感じられると思います。これについては、4年間にわたりまして、この遺跡の確認調査を行なった後藤さんから、調査経過を含めて説明をお願いいたします。

後藤　大宮の集落が載る那珂台地上から見ると、確かに低い場所にあります。ただ、久慈川沿いの河岸段丘は、必ずしも1段だけではなく、低位段丘、中位段丘、上位段丘と3段階の段丘があります。泉坂下遺跡は低いのですが、低位段丘に載っております。久慈川の沖積低地、一番低いところ一面に水田が広がっていますが、そこから比べると1～2m上がった段丘の上あるということです。泉坂下遺跡は水田になっておりますが、もとは宅地や畑地でした。雨がふれば必ず水が来るというような沖積低地とは区別してお考えいただきたいと思います。

ただ、混乱させてしまうようですが、洪水被害は受けています。確認調査では、遺跡の東の端、低地に一番張り出した位置で見つかった平安時代の住居跡の覆土に、スーッと砂の層が入っているのが確認されています。久慈川が氾濫した痕跡と思われます。通常の雨では水を被

後藤 俊一（常陸大宮市役所）

らないけれど，ものすごい大雨が降ったら水を被る。絶対大丈夫とは言えないが，ある程度大丈夫だろうというような高さのところだとお考えいただければと思います。

石川 大洪水が発生しても一番低いところに少し水が来るぐらいで，あとは安全ということでしょうか。

後藤 ぎりぎり大丈夫な高さだとお考えください。

石川 遺跡の時代についてはどうでしょう。どの時代の人たちの生活の痕跡が残されていたのでしょうか。

後藤 鈴木素行さんによる最初の学術調査の段階で，すでに平安時代の住居があることは分かっていました。常陸大宮市教育委員会の確認調査では，一番古い時代は縄文時代の前期で，中期・後期と確認され，一気に増加するのが晩期です。晩期になると，本当に遺物が遺跡一帯に散っている状態になっていました。その後，一旦，遺構・遺物の量が急に少なくなります。それから少し時代が飛びまして，弥生時代中期前半になると遺跡のやや東寄りのところに再葬墓が立地するようになります。

その後また少なくなりしまして，次に遺構・遺物が確認されるのは平安時代です。古墳時代の遺物も少々はありますが，次に集落としての様相を呈するのは平安時代の，だいたい10世紀・11世紀ごろです。この平安時代の住居跡は，遺跡全体に分布している状況です。

さらに中世，おそらく室町時代には，お墓とか溝の跡が確認されています。泉坂下から北西約500mの地点に前小屋館跡という中世城館跡が存在しており，何かしら関係があるのではな いかと考えています。

石川 4つの時代—縄文時代，弥生時代，平安時代，そして中世—の人たちが，繰り返し泉坂下に住んだ，また墓地を造ったということになりますね。あのような低い地点に遺跡を残すのかという質問がありましたが，実は水田面とさほど変わらない低い台地や高まりが，千葉から茨城にかけてずーっと広がっています。ところが，私たち考古学をの研究者は高い台地にばかり目を向けてしまって，このような低地沿いのわずかに高い面に目が向かず，あまり発掘調査がされてこなかったように思います。

阿久津 今お話がありましたように，低地は，茨城県でもほとんど注目されていません。つくば市の条里制遺跡では地表下2mの地点から弥生時代の土器が出土していますが，後世に山から土砂が流れ込んで堆積してしまい，今ではその上に水田を作っています。ほかの低地に立地する遺跡は，茨城県ではこれまであまり発見されていません。もしかしたら，低地に泉坂下遺跡のような遺跡がもっとあるのではないかと思います。稲敷市（旧・桜川村）殿内遺跡などもそうで，発見は偶然によるものです。

それから逆に，小野天神前遺跡のように少し高い段丘上に弥生時代の遺跡が立地する場合は，この場所では水田耕作に不都合という問題があるため，調査中にも周辺の谷を調べてみたのですが，水田の痕跡は解明できませんでした。弥生時代の小野天神前遺跡がなぜこんなに高い所にあるのだろう，というような印象を持ったくらいです。

石川 泉坂下遺跡では，菊池榮一さん（故人）がご自分の土地から壺（形土器）を掘り出し，石棒・石剣の発展途上のもの（未成品）を採集しました。それがあって初めて遺跡の存在に気がついたわけです。菊池さんのあの壺1点と石器数点がなければ，未だに遺跡の存在に気が付いていないでしょう。そういう意味では，千葉県・茨城県の低い水田のすぐ脇の微高地にもまだまだ重要な遺跡が残されているということ

を，私たちに教えてくれました。

　しかし発掘調査をしたところ，実は泉坂下遺跡はほぼ全面が古代の集落跡で，住居跡があちらこちらで見つかりました。遺跡の南側の根本の集落の方を歩いてみると，畑の中に小さな土器片が結構落ちています。おそらく古代の村が泉坂下遺跡から根本の集落の方に何百ｍも広がっているのだと思います。それから，中世でもかなり広い遺跡のようです。確認調査は弥生時代を重点的に行ないましたが，将来的には古代や中世のムラという目でもあの地区を見ておく必要があります。

　それから，先ほど後藤さんが言ったように，どこを掘っても古代の住居跡が出てきて本当に時間を取られました。ところが，2006 年に鈴木素行さんたちが幅 1ｍ で南北 26ｍ の範囲を掘り，見事な再葬墓群と「いずみちゃん」を発見しました。古代の住居跡はほとんど外しているのです。再葬墓の残りが一番いい所，そして古代の住居跡が一番少ない範囲をズバーッと掘っているのです。あれは，ちょっと癪でしたよね。

後藤　悔しいですよね。私もここを発掘調査すればこんな凄い再葬墓群があると，その心積りで臨んだのですが，実際は仕事のほとんどが縄文晩期と平安時代の調査ということになってしまいました。

石川　このように 4 つの時代の遺跡が，まだ調査されずにちゃんと埋もれているということを忘れないでいただきたいと思います。

2　縄文のムラとしての泉坂下遺跡

石川　その中でも，この遺跡は弥生時代の再葬墓ということで注目されてきました。さらには国史跡，また重要文化財として指定を受けたわけですが，弥生時代の古い段階の再葬墓を知る上でも，その前段階の縄文時代，とくに晩期のムラの様子やそこで何が行なわれていたかということがとても重要です。これは後藤さんに説明していただこうと思います。

後藤　縄文時代の晩期といっても幅が広いのですが，そのうちの真ん中位の時期，大洞 C_1・C_2 式期の遺物が大量に遺跡の範囲全体に散っているような状況でした。

　教育委員会の確認調査でも，その時代の住居跡だろうと思われるものが 5 軒確認できています。鈴木さんが泉坂下遺跡を調査した理由として，まず，石棒の研究において縄文時代の石棒の製作拠点が泉坂下にあるだろうと考えたのが，そもそもの学術調査の出発点でした。つぎに，再葬墓と遺跡との関連性という点で，晩期の遺跡の調査も非常に重要だと考えていました。

石川　再葬墓の中心域は遺跡の東寄りです。縄文晩期の遺物は，この地区でも出土はしますが，ほとんどは西寄りからです。西側の那珂台地の裾の部分に縄文時代晩期の住居跡があります。西端の 12 トレンチは，晩期の住居跡がびっしりと折り重なるような状況で検出されました。それから，中央部の 27 トレンチでは，幅 2ｍ 程でしか掘っていませんが，直径 10ｍ 程の円形になりそうな大型の竪穴住居跡が 1 軒確認されており，周辺からは石剣・石棒の製作資料が大量に出土しています。それから，仕上げの研磨をするための平べったい大きな砥石も石棒の未成品と一緒に出土しています。

後藤　石棒未成品や砥石が同時に出てくるということで，鈴木さんが最初に狙っていた石棒製作拠点の手掛かりがつかめたというような状況ですね。

石川　ですから，この遺跡は弥生時代の遺跡として指定を受けていますが，縄文時代晩期の遺跡としても非常に重要な内容を備えていると考えられます。晩期の遺構の内容は，もう少し発掘調査をしないと明らかにはなりません。縄文時代晩期の大きな遺跡であり，また石剣・石棒の製作拠点であり，なおかつそこに弥生の早い段階の再葬墓がのっかっているという意味では，小野天神前遺跡と同じですよね。

阿久津　小野天神前遺跡の場合は，周辺に後期から晩期の縄文土器がかなり見られます。元々，

地主である四倉一郎さん（故人）が，初めて晩期の資料を茨城県歴史館に持ち込んだのがあの遺跡の発見ということになります。その後に再葬墓の人面付土器が出土しました。実際に出た資料は，今，県立歴史館に全部お預かりしておりますが，祭祀関係の土偶・土版，それから石棒，そういう類の物がかなりの量出ております。歴史館で調査費を用意して調査した訳ですが，期間と予算の関係で十分な調査はできませんでした。再葬墓よりも北側の畑を調査したかったのですが，不十分ながら調査区を若干延ばしたところ，縄文時代晩期の住居跡が出てきました。晩期については，もう少し北側の高い所に集落がある可能性を考えております。小野地区の台地のほかのところは，いろんな時代の遺跡がたくさんありますが，あの再葬墓群が確認された地域は，縄文時代後・晩期の遺構・遺物が濃く分布するところと重なります。

石川　小野天神前遺跡はどのような場所ですか？

中林　常陸大宮の市街地の西に工業団地がありますが，その少し先に小野の郵便局があって，その郵便局の交差点を左に曲がった所にあります。

石川　分かりました？地元の方は，分かるかもしれませんね。那珂川流域側になります。

　要するに，常陸大宮市には，現在までのところ３ヵ所の再葬墓遺跡があるのですが，その内の２つ，小野天神前遺跡とこの泉坂下遺跡は，かなり内容が分かってきています。メソポタミアにチグリス・ユーフラテスの２つの大河川が流れるように，常陸大宮には久慈川・那珂川が流れているということで，常陸大宮は「日本のメソポタミア」だという市長のお言葉もあり

阿久津　久（常総古文化研究所顧問）

中林　香澄（常陸大宮市教育委員会）

ました。その那珂川沿いに小野天神前遺跡があり，久慈川沿いに泉坂下遺跡がある。そして，その上流に中台遺跡があるのです。

　私は一つの仮説を持っています。この縄文時代晩期にムラが長いこと営まれ続けた。そういう場所がやがて，数百年後，弥生時代になって，祖先のムラがあった場所という思いや伝承などがあって，そこに弥生時代の人たちが，周囲のムラムラから集まって共同で再葬墓を営むのだろうと考えています。

　ご質問がありました。「縄文時代晩期の遺物の分布と弥生の再葬墓の分布がほぼ一致しているということですが，間を繋ぐ時代の遺物は出土しているのか」というご質問です。ちゃんと連続しているのか，間にブランクの時代があるのではないかというご質問かと思います。植木さん，どうでしょうか。

植木　そうですね。時間的な推移は土器で確認しますが，縄文時代の晩期の土器は大幅な途切れはなく出ています。ここから，人の継続性はあったのだろうと思っています。

　また，弥生時代前期でも，遺構に伴う形ではないですが，少ないながらも破片単位では出ています。再葬墓が営まれる以前，比較的連続した，途切れのない形で土器が出ているということが確認できています。

石川　まったくブランクがあるということはなく，一応連続はしているということですね。

植木　晩期のピークは大洞Ｃ式頃だと思うのですが，その前後にも，少ないながらも人の営みはあったのではなかろうかと思います。

石川　つまり，縄文時代の最終末と弥生時代の始

まりの段階の遺物は，非常に少ないがあることはある…ということですね。

植木 あることはあるというレベルですが，あります。

石川 縄文時代晩期の遺物量で一番多いのが晩期の中頃から後半にかけてですよね。

　放射性炭素年代法という理科学的な年代測定をしておりまして，較正（補正）をかけると，2800年あまり前という数字が出ていました。これはおそらく晩期後半の時期のものだと思います。ちょうど，西日本で弥生文化が始まるころに当たっています。それから，弥生の再葬墓についても年代測定を行ない，それが2300年前頃でした。とすると500年位間が開いています。その間にあたる晩期の終わりから弥生前期の段階の遺物が非常に少ないのですが，私が遠い昔の祖先のムラといっているのは，弥生の人達からすると4～500年前ということになってしまいます。

　春成さん，この辺の年代観について，よろしいでしょうか。再葬墓が大体2300年位前，弥生中期の初めの方，九州での弥生の始まりが2800年あまり前です。

春成 関東地方で，晩期とその再葬墓の時間の開きがどれだけあるかということですが，やはりかなり開いていますね。何百年という単位であり，数世代というものではないですね。

石川 10世代ではきかないですか。20世代位ということですか？

春成 500年位前の「ここはムラだった」という記憶が，代々伝えられているということは，あまり考えられません。ただ，その時代の土器の欠片などは落ちているので，昔，自分たちの祖先が住んでいたということくらいはおそらく見当がつくでしょうね。そういうことを手掛かりにしてここに墓地を営もうという気持ちになったとすれば，石川さんの説を少し応援することになります。

石川 ありがとうございます。記憶伝承というよりも，実際にその土地に行くと，縄文時代の，すぐ

植木　雅博（越谷市役所・当時）

前の時代の土器や石器が落ちていてそれに気が付く。そういうことが考えられます。

3　再葬墓の具体相とその意味

石川 次に進めていきます。この泉坂下遺跡では，再葬墓という，死者が出ると一旦土に埋めたり，ムラから離れた岩陰などに遺体をしばらく置いてさらしたり，あるいは火葬したり，何らかの方法で，白骨化―骨にして，そして壺に入れて，もう1回埋葬するということで，再埋葬と呼んでいます。

　関連するご質問をいただいています。「再埋葬について，人が亡くなった際の人体埋葬は，すでに埋葬した穴に一緒に入れるのでしょうか」。春成さん，お答えいただけますか？

春成 今日の講演で話ました愛知県伊川津貝塚の例は，骨を納めた再葬墓がある一方で，まったく空っぽの穴も見つかりました。墓穴の形をしているのですが，骨がまったくない。これが最初の埋葬の跡という証明は難しいですが，片方の前腕骨だけが墓穴の端に残っていた例もありました。これなどは同じ発掘区の中なので，墓地の一画で最初の埋葬を行なって，そしてある時点でそこを掘り返して骨を回収する。その時に時としては，ばらばらと下に落ちてしまったものや，どこかで切れてしまい，それが現地に残ることがあり得ると思います。その程度のことは，再葬する際にあまり気にも留めないでしょう。指1本だけ残っていた墓穴もありました。ですから，1つの墓地の中で最初の埋葬も行なうし，再葬も行なうということがあったのではないかと思います。

春成　秀爾（国立歴史民俗博物館名誉教授）

石川　同じ穴の中に入れるというのではないわけですね。

春成　そうですね。やはり新しく掘っています。たとえば，13体合葬した場合は，近くの空き地に新しい墓穴を掘って，そこに埋めています。それが普通じゃないでしょうか。

石川　縄文・弥生時代では同じ墓地の中で，こっちにあった埋葬人骨を集めて別な地点に置くということが行なわれていたということですね。一方，平成の事例として，鹿児島県加世田市の春成家の再葬では，別の墓地に行なわれました。

春成　平成の事例で，再葬墓が墓地内にないのは，墓を守っている人が老齢化してしまい，家から近い所に欲しかったからです。すぐ行ける，歩いて5分の所に欲しかったんですね。元々の墓地は歩いて20分はかかりました。だから近い所に再葬墓をという願望がありました。

石川　泉坂下遺跡でも，私たちはどうしても土器が埋まっている穴に目を奪われてしまいがちですが，実は土器が埋まっていない，弥生時代のものと思われる穴がいくつか見つかっています。土器が埋められていないと，穴の検出が難しいので，発見例は少ないですけれども。骨は未確認ですが，それらの中に最初の埋葬をした墓穴が含まれていることは十分に考えられると思います。

　それから，この遺跡では，最大14〜15点の土器がまとまって発掘されていますが，再葬墓に土器を納めるとき，土器を納めるのに時期差はあるのか。それとも，全部一緒にまとめて納めたものか。土器がどのように納められている

かをここで観察しました。そうしたら，丸く穴を掘って土器を納める時に，非常に丁寧に納めていることがわかりました。あの墓穴に「いずみちゃん」は寝かせてあります。多くのものは，墓穴の壁に立てかけるようにして並べ，そこに次々に並べているので，重なりがきれいに見えます。ですので，十数個の土器を1回に連続して納めたものだということを，はっきりと確認することができました。ただし，他遺跡では，ほぼ直立して埋めてあるものがありますが，これは後から追加したものを含んでいる可能性があると思います。ただ，泉坂下遺跡では後から追加して土器を納めたということが確認できた事例はなかったように思います。

後藤　はい。はっきりとそう確認できるものはありませんでした。

石川　連続して納めているということになるかと思いますね。

　それから，「第1号墓壙の人面土器が東向きで納められていたことに意味があるのでしょうか。鈴木素行先生へ」というご質問がありますが，残念ながら先生はご欠席ですので，春成さん，いかがでしょうか。まずは向きの確認を中林さんからお答え願います。

中林　ほとんどのものが東から南東向きに向けられておりまして，一部西向きのものもあります。

石川　「いずみちゃん」もそうなのですか？

中林　「いずみちゃん」は東向きです。

石川　「いずみちゃん」の頭のてっぺんはどちら向きですか？

中林　ほぼ東向きです。

石川　顔は北向きということですね。この向きに意味があるのでしょうか。

春成　それについては分析してみないと分かりません。そういう問題提起があったということで，これから見つかったもの全点の方向をきちっと調べ，その延長線上に何かないかを調べることが必要ですね。

　私が方向について申しましたのは，土井ヶ浜遺跡の周辺で小さな集落遺跡が，被葬者の頭の

方向に見つかっているからです。墓穴の中で遺体の頭の方向がどちらを向いているかを調べる。するとそれぞれの方向にちゃんと集落遺跡があったので，埋葬遺体の方向と集落とを結びつけて考えてみたということです。泉坂下，小野天神前，その他で実際に分析してみて，そんなことが言えたらおもしろいですね。

石川 小野天神前遺跡でも，人面付土器が非常に良い状態で見つかっていますね。

阿久津 16号土壙が一番良く残っていました。16号土壙の場合は，壺はもともとまっすぐに立たせていた可能性があります。平たい石が何ヵ所か出ており，蓋として土器にかぶせられていたと思われます。そうすると，ここの土器はすべて背の低い小さな土器で，人面付土器も同じ大きさなのです。土壙の深さに合わせるような形で埋納しているとも考えられます。だから遺存状態が良かったのかもしれません。方向は，ほとんどの土器が南側に倒れ込んでおります。調査をした時に気が付いたのですが，壺を置いた後，土を北から入れています。人面付土器は，顔が北方向を向いています。先程の，晩期の遺跡の存在との関連という話は，小野天神前でも考えていました。小野天神前遺跡では3点の人面付土器のうち，唯一，16号土壙のものだけが完全に残っており，状況が良く分かります。

石川 はい。ありがとうございます。

実は，私の大学院の教え子で，この顔面付土器の研究をした久米美夏さんが卒業論文で書いているので，紹介します。「いずみちゃん」は，再葬墓の東群の一番南側のところから出土しています。土器の口縁は東の方向を向き，顔は北を向いている。ということは，東群の全体が見える状態で置かれているのではないかと，彼女は主張していました。

ただ，小野天神前遺跡の場合は，そうでもないですよね。

阿久津 16号土壙で人面付土器が出ていますが，顔は北を向いています。必ずしもその人面が再

葬墓群を見渡しているということではないということですね。

石川 「いずみちゃん」が何の方向に顔を向けているのか，「いずみちゃん」の意味を考える際に非常に重要なポイントになるとは思うのですが，これを証明するのはなかなか難しいですね。「いずみちゃん」の謎，秘密の一つであろうかと思います。

それから，再葬墓は遺骸を2回扱うということで，非常にユニークな葬式をするわけですが，私は，現在のわれわれの葬式方法と実は同じなではないかと思います。お墓というと身を引いてしまうという気持ちがありますが，過去の葬式というのは，穢れや身を引くようなイメージより，むしろそういう儀礼を通して，人と人との，生き残った人たちの気持ちを繋ぐ，プラスの役割を持っているのではないかと思います。私の想像を交えた話ではありますが。

葬儀あるいは過去の埋葬に関しては，それがどのような社会的意味があったのかということについて，春成さん，どうでしょうか。葬式の社会的意味，民族誌的な世界各地の事例など，あるいは縄文時代・弥生時代の葬制について，どんなふうにお考えですか。

春成 もう少し議論が進んでからお答えしてもよろしいですか？

石川 では，議論が進んでから再度お願いいたします。

4　人面付土器について

石川 質問が多かったのは，やはり「いずみちゃん」についてですね。お二人から質問がありました。お一人は，「人面付土器の目・口の周辺に入れ墨風の化粧が施されているようだが，それは当時の弥生人も行なっていた風習なのか，またどんな意味合いなのか教えてください。なお，以前，アイヌの方々が口の周りに入れ墨をしていたというのを見たことがあります」というご質問です。もうお一方も，「お顔の装飾，アイヌの人々との繋がりはないのでしょうか」

というご質問なのです。小林さん，いかがでしょうか。

小林　入れ墨については，縄文時代から江戸時代まで実際に行なわれていたことは間違いないと思います。『魏志倭人伝』を見ても，紀元後の3世紀頃までは各地で相当な人数が入れ墨をしていると思われますし，埴輪にもそれを思わせるような，より鮮明な表現が施されています。弥生時代だけではなく，6世紀，7世紀でも地域によっては入れ墨をしていたのではないでしょうか。意味については，先ほどの発表でもお話ししたように，ひとつは祖先と当時の人たちの間を繋ぐ役割を持つ特殊な能力を示すものでもあるとは思うのですが，一番は魔除けといいますか，自分の身体に変なものが寄って来ないようにするという意味を持っていたと考えています。それから，入れ墨の風習というのは，その後の日本では，蝦夷や隼人の間でも行なわれており，アイヌでも入れ墨の伝統を保持していたことがわかっています。

石川　「いずみちゃん」は，弥生時代の人面付土器の中でも，非常に表現が写実的です。ですから，何を表現したかというのを考えるときに，非常に重要な資料だと思うのです。もう一度，仮面の可能性について，その根拠をお話いただけますか。

小林　「いずみちゃん」の顔の特徴を見ると，表情という観点から言うと，口を開いていますよね。土偶形容器はほとんどが丸口を開けています。縄文時代の，とくに仮面では，古い段階から晩期までずっと丸口を開けています。おそらく口を開けていることに意味があると考えて

います。これに対する明確な解釈はないのですが，たとえば悪霊を吸い込んでしまうとか，大声を上げているような状態を示しているのかもしれません。そういった中で，「いずみちゃん」の場合はアヒルの唇のような形をしており，少し変わっています。丸口の仲間ということでは，口を開けている表現は仮面の表情によく似ています。

　普通の状態ではない表情を作る状態について，その様を表現するにあたり私は，「異形(いぎょう)」という言葉を使います。たとえば，古墳時代に笑っている人物埴輪があります。「いずみちゃん」も何となく笑っているようにも見えますね。わざと笑いの表情を作るというのは，もちろん，表情の中に意味があるのでしょう。おそらく，笑っている表情は，昔の人にとっては不気味な表情だったのではないでしょうか。このように考えると，笑っている表情も普通ではないということから，「異形」ということになります。ですから，「いずみちゃん」の表情というのは，普通ではない状態というのをわざと，入れ墨や化粧で作って，さらに口元などの表情も作っている。そういうものだと思います。

石川　先ほど，もう一度「いずみちゃん」をよく見てきたのですが，目の周りの縁取りの部分が顔面よりも一段と高くなって，立体的になっているのです。あれは何か意味があるのかなと思ったのですが。

小林　その点については解釈が難しいです。もしかしたら，色を盛っているというのもその箇所が強調すべき場所ということなのでしょうか。ところで，「いずみちゃん」の顔は元々全面が赤く塗られていたのでしょうか？これはかなり重要なことと思います。

石川　全面赤かったと思います。

中林　盛り上がっている部分の線刻が入っているところには，顔料が入っていなかったので，おそらく，低いところ，つるつるしたところだけ塗ったのではないかと考えられます。

小林　そうすると，もしかしたら目のところを塗

小林　青樹（奈良大学）

図1　泉坂下遺跡出土の人面付土器

り分けているといえますね。最近の例ですと，縄文時代にも白色と黒色で塗り分けているものもあります。赤く塗ってあるという事が，また，異形です。普通の状態ではない。お酒に酔った「いずみちゃん」かもしれません。そういう想像が膨らむくらいに，普通ではない状態を作っているといえます。

石川　赤く塗ってあるのは，頬っぺた・顎だけでしょうか？側面に着色はみられますか？

中林　赤く塗ってあるのは，頬っぺた・顎だけです。側面と後頭部は，現在確認されてはいません。顔だけまっかっかということですね。

石川　そして，目と口の周りの部分は別の色で着色されていると。我々が現在見るのよりも，もっと強烈な見た目であったのかもしれませんね。

石川　なぜ目の周りと口が立体的に飛び出しているのでしょうか。というのも，小野天神前遺跡のものは目と口が「いずみちゃん」よりもさらに尖がっているんですよね。あえて盛り上がるように目や口の部分に貼り付けているようにも見えてしまうのですが，どうですか。

阿久津　私が観察した限りでは，これは削り出しではなく，貼り付けで設定されています。あくまでも本来の壺の口縁のところに，粘土板を貼り付けて高くしています。それは間違いありません。

石川　小林さんが仮面の可能性があるという指摘をされましたが，縄文時代の東北地方などでは，目と鼻と口のようなものを仮面に付けるのでしょうか，そのような形状をした部品が出てくるのです。さらに，それを表現した土偶のようなものも出土しています。小野天神前も泉坂下も目・口の周りが飛び出しているので，もしかすると仮面で，別作りではないかと，少し想像したものですから。

阿久津　実際に小野天神前遺跡の人面付土器を見ると，今言われたように，仮面をつけた状態を粘土紐で作り上げたと思われます。耳は仮面ではないので，別付けせず，粘土紐の脇に付けられています。2号土壙から出た，今，顔だけが残っている人面はちょうどその土面と思われる部分と思われます。それから14号土壙の人面は，帯を貼り付けたような形でこれだけ独立させており，上の方に耳の痕跡と思われるものが付いています。16号土壙の場合も，顔の輪郭の横に小さく耳状のものを付けているということで，これ自体が，先程小林先生が指摘した，いわゆる仮面を付けたような雰囲気を持つ土器というように考えれば良いのではないかと思います。

小林　やはり小野天神前の16号土壙は，本当に仮面を付けたような状態を想像させる資料ですね。そういう意味では，泉坂下の「いずみちゃん」は悩ましいところです。どちらかというと，仮面を付けた状態をそのまま表現しているというよりも，仮面が顔面と一体化して超越した表現にしているのではないかと思います。もっと明確に仮面の表現があるとよいのですが，そうではないようです。ただ，頭巾状の仮面であったとしたら，あのような形になっても

おかしくはないかもしれません。

石川　そうすると，生身の「いずみちゃん」を表現したものというよりは，もっと別な，超越した意味があるのではないかと思いますがいかがでしょうか。

小林　そうですね。

石川　それから，ご質問の中にはなかったのですが，常に私たちは「いずみちゃん」と呼んでしまうのです。そこには女性を表現したものだという漠然とした思い込みがあるかと思うのですが。さて，「いずみちゃん」は女性か男性か，どちらなのでしょうか。

小林　どちらかと言われたら，やはり女性ではないでしょうか。その根拠としては，人面付土器の起源とされる土偶形容器があります。山梨県韮崎市坂井遺跡出土の土偶形容器などを見ると，くびれがあって，下半身も太めで，プロポーションは女性的です。そこに人面付土器の女性性の系譜があるのではないかと思います。ただ，山梨県笛吹市岡遺跡から出土した2個の土偶形容器について設楽博己さんは男女像と言っていますので，問題もあるのですが，今冷静になって考えると，両方とも女性的なプロポーションですよね。2体とも女性像かもしれない。土偶形容器が起源にあれば，「いずみちゃん」は女性であっておかしくはないと思います。

石川　春成さん，いかがですか。女性かどうか，それから2300歳とどこかに書いてありますが，それはないだろうというご発言もありましたね。その辺はどうお考えですか。

春成　今日の午前中，この方と初対面して，そこのところがひどく気になりました。とにかく肌が艶々して奇麗です。小皺もない。どう見ても年を取った人ではありません。中年でもない。やはり，20代前半位ではないかと思いました。

　　男性なのか女性なのかということですが，男性だとすると，弥生時代のこの地方の人たちは髭の処理をどうしていたのでしょうか。伸ばしていたとすれば，顔面を表現する時に何らかの形で表現されると思うのですが，「いずみさん」はつるつるとしたきれいな肌で，口元に入墨をしていますので，この方はやはり女性だなということを思いました。

　　今回の発表の中では祖霊像という言葉が出てくるのですが，祖霊像というのは，だいたい年寄りをモデルにしています。だから，おばあさんなんですよ。祖霊に一番近いのは年を取った人，つまりこれからその世界に入って行く人と，祖霊の世界から出てきたばかりの赤子なのです。それが祖霊像に一番近いと思います。「いずみさん」は，青年期ないし壮年期の人を表現しており，年寄りというイメージで捉えるべきではありません。あるいは年齢を超越した顔を表現しているともいえます。いずれにせよ，男性ではなくて女性であると思います。「いずみさん」と言ったら女でも男でもいいし，「いずみちゃん」と言ったら，普通，女性でしょうね。

　　よくあることですが，「いずみちゃん」と言ったら，「いずみちゃん」のイメージが固定化してしまって，それから離れるのが難しくなってしまいます。あるところで思考を停止するのではなく，思考を継続させる，絶えず進化させていく，というのが学問です。イメージを固定して，別の方面のことを考えないというのは，一番いけないことですね。そういう点では結論的な部分を常に開放しておく。いつでも考えるという姿勢は持ちたいと，私は思っています。

石川　そのためには，今の自分の考えを確認しておくということが必要ではないかと思うのです。会場の皆さんに少しお聞きしたいのですが，いずみさんは女性だと思うか，男性だと思うか。もう一つ，女性でも男性でもない。三択です。挙手願います。まず，女性でも男性でもないと思われる方，16人。男性だと思う方は，6人。女性だと思う方は，30人。圧倒的に多いですね。しかしながら，これで決めてしまう訳ではありません。本当にもう一度「いずみさん」と向き合って，語り合って，考えていただくようお願いします。

春成 「いずみさん」が出現するまでの人面付土器の代表的なものは，筑西市の女方遺跡の人面付土器ですね。顎と見られる線が，鍔状に，逆三角形に表現されていて，これはやはり男性かなと悩んでいたのです。「いずみさん」を見て女性と考えるようになったのですが，女方のものが，本当に女性でいいのかどうか，今も悩んでいるところです。これは顎の線を表しているのかもしれないという心配がずっとありまして，こういう顎の線は，女性にはちょっとない気がします。「いずみさん」の顎の線は女性的だと思うのですが，女方のものは男性的といえば男性的。あるいは，顎髭を伸ばしているおじさんの表現。これについては，小林さんは何か意見がおありだそうですね。

小林 「いずみちゃん」の顎の隆起をしている部分の凸帯，そして側頭部・後頭部の隆帯は，元々仮面のパーツの一部だろうと思います。先ほど発言したように，仮面に起源し形骸化したものだと思いますが，仮面を装着した頭巾状の被りものを表現したものかもしれません。

春成 そのように考えると，「いずみさん」の存在は貴重ですね。とにかく，顔面表現としては初源的なものであり，人面付土器の顔面を考える場合の一番の基準資料になるという点できわめて重要だと思います。

小林 春成さん，この体形という観点で言うと，一番細いのが女方で，その次が泉坂下で，小野天神前とか海後などは膨れてきています。このことからすると，女方が一番若い年齢で，泉坂下が続く年代で，小野天神前・海後は，もうそこそこの壮年期・熟年期ということにはなりませんか？発想の中にこのようなことはありますか。

春成 これは少し切り離して考えたいですね。「いずみさん」も少し年を取らせて，20代後半か30代にして，そして，海後遺跡を40代にしようということですけれども，そういう具合にはいかないんです。その変化が編年に合ったらいいのですが，実際は逆なんです。泉坂下の方が古くて，女方の方が新しいのですよ。壺の形

の変化と体形の変化とは違うようですから，むしろ顔面の表現だけを追いかけた方が良いと思います。

石川 この人面付土器の形や文様は，実はどれもその地域独特の土器の形をしています。たとえば女方の土器は，茨城県西部の非常に特徴的な形，作り方をしています。泉坂下の人面付土器の胴の形は，福島県石川町の鳥内遺跡にもある，久慈川流域に非常に特徴的な壺の形なのです。それから，海後遺跡の土器は，海沿いで仙台平野から福島の浜通りなど，仙台平野方面と繋がりがある土器の形をしているのですね。それぞれの胴腹の形は年齢とかではなく，それぞれの地域の特色を表しているということで，顔の表現とは切り離して考えたほうがいいのではないかと思いますね。

　また元に戻りますと，女性か男性かということは，よくよく考えてみなければいけないとは思うのですが，やはり女性である可能性が高いといえます。この顔の表現も1段階・2段階前と段々に遡っていくと，縄文時代の土偶にたどり着くのです。縄文時代の土偶というのは，ほとんどの場合乳房を表現したり，おなかも膨らませたり，あるいは妊娠線を表現したり，場合によっては，女性器を表現したり，女性表現をかなり強調した形で表している。そうした土偶からずーっと辿れるので，女性的な意味合いはあるんだろうと思います。ただし，人面付土器の場合は，縄文の土偶のように，女性であることが強調はされていません。ですから，女性と見るべきか男性と見るべきか，あるいは超越したジェンダーワールドを考えるべきか，これは難しい問題があると考えるのです。

　ほかに「いずみちゃん」関係で，何か取り上げるべきことはありますか？

小林 「いずみちゃん」関連で，実は，1点気になっていることがありまして，第2号土坑の土器10は肩の辺りに沈線で何か絵を描いていることです。これは泉坂下型の顔面装飾の省略形のような絵ではないかとみています。逆三角形

が1個真ん中にあって，両脇に三角形があって
まさに泉坂下の人面です。そう見ると，出土状
態が興味深くなります。「いずみちゃん」は墓
壙が固まっている一番南の端にあり，土器10
は北の端にあります。第2号土坑の土器10も，
人面が線刻になってしまって「いずみちゃん」
ほど立派ではないですが，もしかしたら同じよ
うな機能を持っていたかもしれません。

石川　同様の文様が筑西市の北原遺跡で出てきた
壺の胴腹にも描かれています。三角形をいろい
ろ繋げたような複雑な図形が細いシャープな線
で描かれているのです。中央に鼻筋が通って，
左右対称に目の縁取りの三角形があり，おでこ
の所に菱形がある。そして鼻筋の下には鼻の穴
のような円が二つ左右にあり，実はこれは，口
の周りを縁取る円です。この円の部分を取り
去ってみれば，三角や菱形を連ねるような形が，
実は，泉坂下の第2号土坑の土器10の肩にもあ
ります。ぱっと見ると，何かわからない落書き
のように見えてしまうのですが，この北原の顔
の絵があることで，実は描いている人の頭の中
には，この顔面表現があるということがよくわ
かります。これをもう少し省略して描くと北原
の土器の文様になる。そして，これが「いずみ
ちゃん」の顔の表現と非常によく似ています。
このような事例は，千葉県・茨城県・福島県・
栃木県，この4県に広がっているのです。これ
も実は，長い間不明だったのですが，北原遺跡
から絵が発見され，初めてよくわかりました。
ですから，これも顔面表現の一つのグループと
いえます。壺の口の部分に顔を表現するのでは
なくて，壺の胴腹に顔を表現する，そういうグ
ループもあるということかと思います。
　　この意味の違いは，何かあるのでしょうか。
口縁の部分にきれいに顔を表現する「いずみ
ちゃん」のような例と，そうでなく，胴腹に線
刻で描いてしまう例と，これらは同じようには
思えないのですが。この辺のことについて，深
読みの小林さん，どうでしょうか。

小林　まず，植木さんのご意見をうかがいたい

と思います。土器としては，「いずみちゃん」
と第2号土坑の土器10は前後関係があるので
しょうか。難題ですが，そこをまず確認した
いですね。

植木　これはあまり触れて欲しくなかった話です
ね。おおむね近いのかなという印象はもっていま
す。感覚的には「いずみちゃん」の方が古いか
もしれないな，とは思ってはいるのですが，少し
決め手に欠けます。ただ，第1号土坑と第2号
土坑の時期は割と近いだろうと思います。

春成　第2号土坑から見つかっている線刻画を顔
面表現と見た場合に，泉坂下遺跡の再葬土器
で，人面を表現したのがようやく2点になった
わけですね。そして，第2号土坑の方が第1号
土坑よりも新しいとすると，お姉さんがいて，
そして妹ですね。妹というよりは孫娘くらいで
しょうか。こういう立派に表現しているのが
崩れて，胴部に，しかも線刻化しているのだか
ら，妹ではないでしょうね。

石川　土器の年代差からすると，1世代位違って
もいいかなという感じがします。

春成　それでは，孫娘ですか。顔面をもつものが
2点になったわけですが，もしそれですべてと
すると，どうしてたった2点しかないのか。よ
その地域でも，たとえば栃木県の出流原遺跡で
は1点，ほかに耳だけの抽象表現になったもの
が1点だけです。どうして，1，2点しかない
のでしょうか。その壺に納骨された人と祖霊と
の関係はどうであったのか，少し考えてみなけ
ればいけませんね。

石川　この種の人面付土器は，多くの場合，1遺
跡1点しか出ないのですね。2点出ているの
が，現・白河市の滝ノ森B遺跡。そして，唯一
3点出ているのが小野天神前遺跡なんです。と
いうことは，1世代に，最低1点ずつあっても
然るべきだと思うんですね。これがその人面付
土器を祖霊像だと考えたときの問題で，なかな
か説明しきれない課題だと思います。阿久津さ
んは，人面付土器って何だと思いますか？

阿久津　小野天神前では人面付土器が3点出てい

ます。先程，方位の問題が出ましたが，実は，再葬墓として土器の入っている土壙を北側で囲むように，3点が並ぶのです。14号が東側，16号が北側，その隣に2号というようにして。円で結ばれる外側をこの3点が囲んでいるというのは，現地でもどうしてこういう並び方をするんだろうと疑問に思いました。土器そのものには，それほど大きな時代差というのは感じられません。そういう中で，その人面付土器の中には，もしかすると，骨を入れていないのではないかという事を考えたのですが…。実際に小野天神前では，人骨は7号の1ヵ所で焼けた骨が入っていただけでした。残りは獣骨が焼けて出ています。それから，土器の外側の土壙内に薄い層になって，灰と一緒に出てきているところもあります。そういうことから考えると，この3点並んだ人面付土器というのは，もしかしたらここの集落の中の3世代の長，ないしは続かないかもしれないが，そのムラの長が亡くなった時だけに，このような置き方をするのかなとも考えましたが。全体的に見ると，どうも単純にそういうことでもなさそうだというのが，今の感想です。

石川　言い切って下さるかと思いましたが，そうではないようですね。

阿久津　まだ言い切れません。

石川　はい。森嶋さんは何年か前に栃木県立博物館で再葬墓の特別展をされました。人面って何なんだろう，再葬墓って何なんだろうって，随分悩まれたんじゃないかと思うのですが，いかがですか。人面なり再葬墓なりのお考えをお聞かせください。

森嶋　確かに，皆さんのご意見をいろいろと聞いていて，人面付土器が1つだけでしたら，何となく遺跡の中の象徴と考えられますが，複数出てくるということについては，今の阿久津さんのご指摘もそうかなと思いました。1つの世代の象徴という意味もあるのかなと思っています。

石川　ありがとうございます。私もいろいろ悩んで悩んで，結論が出ておりません。

森嶋　秀一（栃木県立小山高等学校・当時）

小野天神前遺跡では，人面付土器は20基の再葬墓のうちの3基から出ています。それは規模の大きな3基なんですね。選ばれた何かがあるはずなのです。単に女性像だからということではないと思います。これは，考え続けなければいけない課題ですね。

少し思い出したのですが，小野天神前遺跡で破片の顔壺が出ている2号土壙から出土した壺形土器のその胴腹に，非常にわかりにくいですが，大きな三角形が互い違いに描いてあるものがあります。これもおそらく，北原と同様，人面の線刻と思われます。その気になって見ないと，多分気が付かないでしょう。あえて，わかりにくく描いているような，こんなものもあるのですね。

それから，泉坂下に戻りまして，泉坂下の2号土坑から出土した土器10，線描きで顔らしき表現がありますが，これは先ほど植木さんが指摘されたように，この遺跡の中では一番新しい。もし祖霊とかそういうものであれば，まずそれを置いて，そこにずーっと続くものとして代々墓を造っていくのでしょう。祖霊であればそういう考え方をします。そうではなくて，墓の最後の段階にこれを設けているというのは，これは祖霊像とはまた別な意味合いがあると考えざるをえません。なかなかすっきりはしませんね。

5　再葬墓を残した人たちのムラ

石川　この後，この泉坂下遺跡を残したムラはどうか，ということになりますが，いかがでしょうか。

私は昨日，自分の考えで，このような大きな墓を造る人たちは普段は住居1〜3軒位の非常に小さなムラで各地に分散していて，そして死者が出れば，それぞれのムラで一旦埋葬して，何年かに一度，泉坂下遺跡に集まって，共同で墓を，そして葬式あるいは法要を営み，そしてまたムラに帰るという，こういうイメージをお話ししたのですが，当時のムラと墓との関係をどのようにお考えでしょうか。

小林　2000〜2003年頃に，群馬県の安中市にある注連引原（しめひきはら）遺跡を発掘調査しました。妙義山の麓に再葬墓を造った人たちのムラが広がっていました。発掘の結果，狭い台地の一部の平坦面に集落が出てきました。何が出てきたかというと，無数の柱の穴です。柱の穴ばかりなのです。一方で竪穴式住居跡は1〜2軒，ないし数軒しかなく建物は数棟で，遺物の量もきわめて少ない。これはどうしたものかと考えると，縄文時代晩期の中頃を過ぎた直後，縄文の終りの頃から，突然大型集落が散り散りになり小規模になります。要するに小規模なムラが分散している状態が，晩期の終わりから再葬墓を造営する時代まで続いていたのです。まさに，先程の石川さんの話にもありましたように，縄文晩期には集住していたのですが，再葬墓の時期には人々は何らかの原因によって—おそらく一番の原因は寒冷化だと言われているのですが—散り散りになって住んでいたと思うのです。それが，この泉坂下にも当てはまるのではないかと思います。

石川　そういったムラの跡は，今のところ市内では見つかっていませんよね。泉坂下の再葬墓と同じ時期の土器の破片だけでも良いので，採集されている所はあるのでしょうか。中林さんお答えいただけますか。

中林　そうかなという破片は2ヵ所から見つけたことがあります。

石川　あることはあるということですね。

今，小林さんからお話がありましたように，発掘してもなかなか住居跡を見つけるのは難し

いです。非常に不思議な時期なのです。ですから，ムラの跡を探すのは大変なことだろうと思います。再葬墓と同じ時期には，泉坂下の中には住んでいないと思いますが，近隣の何処かに絶対に住んでいるはずです。それを探り当てるには，周辺一帯を歩き回り，泉坂下と同じ時期の土器片が落ちている遺跡を探して，そこをターゲットにして発掘してみるのが良いのでしょうか。掘る前に歩き回る。1回では探せないので，何回も何回も季節を変えて歩いて土器を拾ってという分布調査を重ねないと見つかってこないと思います。ですから，いずれそういう調査もやりましょう。遺跡の分布調査を行なうにあたって，ぜひ，地域の方々にもご協力いただけるとありがたいです。泉坂下遺跡は史跡指定になりましたが，これで終わりということではなくて，これから継続的に調べていく，泉坂下遺跡の中身を濃くしていくということが，とても重要なのではないかと思います。

おわりに

石川　最後に，泉坂下遺跡のこれから。泉坂下遺跡に関してどういうことをしたい，あるいはして欲しいか。その辺をお話いただけませんでしょうか。小林さんから順にお願いいたします。

小林　私は栃木にも長いこと通っていまして，そこで感じたのは，栃木や茨城の博物館に行くと，縄文時代の展示があり，気が付くと，すぐに古墳時代の展示になっているのです。何故かというと，やっぱり，弥生時代の文化が，栃木・茨城の辺りはあまりわかっていないからです。そのような中にあって，再葬墓を営んだ人たちの時代にはどういう文化があったのか。泉坂下の調査を契機として，是非，一般の人にもわかりやすく伝えるような展示施設をもつ博物館が欲しいですね。茨城県そして常陸大宮市の弥生時代というものを，もう少しアピールして欲しいと思います。

森嶋　出土遺物が重要文化財に指定されたということで，多くの遺物を多くの人に見ていた

だきたいと思います。現状では施設として、重要文化財を常時展示できる基準を満たしていません。時期限定で、限られた時しか皆様に見ていただけない。公共的な環境整備の問題で、これは常陸大宮市さんにご協力をお願いしたいところです。

石川　常時、泉坂下の資料と向き合える施設が欲しいということですね。今回、資料をかなり展示していますが、異例の措置です。国の重要文化財になると、取り扱いの条件があり、現在の施設だと常時展示するのが難しいと聞いています。財政問題もあるので大変かもしれませんが、「いずみちゃん」を初め、オールスタッフといつでも会えるような施設をぜひお願いしたいですね。

春成　泉坂下遺跡は、遺跡は国の史跡になり、出土品は国の重要文化財になりました。そして、こういったシンポジウムも開催されましたが、この現状で将来にわたって凍結してしまうということだけは、避けていただきたい。凍結保存して、あとは観光資源だけに終わらせる方向だけは、取らないようにして欲しいと思います。学問的な研究は継続し進歩することが大事で、今日のシンポジウムでも、こんなことも考えられる、こうも考えられるといったアイデアは出ましたが、結論は何も出ていません。現地は、保存のために範囲の確認調査をして、まだほかにも再葬墓があることを確認して、埋め戻しています。しかし、それでは研究者としては欲求不満が溜まります。この遺跡の本格的な分析を進めることはできないのです。

　再葬墓の世界をより解明していくためには、今後とも発掘調査が必要です。泉坂下遺跡も、今は盛り上がっていますが、5年、10年、15年と経つと皆さんの関心も薄れて、急速に風化していきます。国の特別史跡の吉野ヶ里遺跡も時々発掘調査を行なって、こういうのが見つかったと新聞に大きく取り上げられ、そのつどシンポジウムを開き、関心を集めています。それが観光資源にもなり、お客さんの目を引いてい

る。そこまでとは言いませんが、とにかく発掘を今後ともや行ない、そして研究を続ける。毎年少しでよいので、研究を継続するために、予算を確保する。体制を作り、今後とも泉坂下から何らかの情報を学界に、日本各地に発信していただきたい。これが私の希望です。よろしくお願いします。

植木　泉坂下遺跡につきましては、今まで皆さまからいろいろとお言葉をいただいたのですが、少し付け加えたいと思います。常陸大宮には硬玉（ヒスイ）製大珠が8点出ている遺跡があります。これは、全国で最多の出土量ということで、非常に素晴らしい縄文時代中期の遺跡があるのです。それから、晩期では、鈴木素行さんが最初に狙っていた石棒製作拠点も、泉坂下にまだ存在する可能性があるということですね。泉坂下遺跡全体、あるいは、いろいろな時代の遺物・遺構も含めて調査、それから普及、啓発活動などを、春成さんの言うとおり、毎年予算を付ける形で継続していっていただけたらなと思っています。それが最終的には、町の発展にも繋がっていくのかなと思っています。

石川　ヒスイの大珠がまとまって出ているのは、坪井上遺跡です。8点は全国でナンバーワンの出土数です。ほかにありません。次が5点でしょうか。そういったナンバーワンの資料がこの泉坂下以外に、常陸大宮にはあるのですね。泉坂下にだけではなくて、関連する資料にも、ぜひ目を向けていただきたいということです。

阿久津　今、茨城で一番欲しいのは、弥生時代中期前半の水田です。それからもう一つは石庖丁。実は、茨城県では水田が発見されていませんし、収穫に使う穂積み具である石庖丁の出土も非常に少ないのです。弥生の遺跡はかなりあります。米がはっきりと出てくるのは、後期に入ってから、ひたちなか市の東中根遺跡です。1軒の家から大量の炭化米が出ています。初期の弥生の中でも、籾圧痕がある土器も結構出ています。にもかかわらず、水田そのものがまだ発見されていません。ということで、泉坂下遺

なんだっぺ？ 泉坂下～再葬墓研究最前線～　145

跡については，これから立てていく整備計画の中で，集落の分布調査というのは非常に重要になってくるのではないかと思います。

　それから，できれば整備計画の中で，早いうちに重要文化財を展示できるような博物館クラスの施設を組み入れてもらえるのが一番いいかと思います。これは市町村の段階で，予算的な問題があり―茨城県内はどこも難しさを抱えておりますが―実際に，ある市では，遺跡が国指定になり市は市長も含めて博物館を造ろうという動きになったのですが，箱物はもう要らないと地元の住民からの反対が起こっています。そのような状況もあります。ですから，熱が冷める前に，色々な手当をした方がいいんじゃないかと思っておりますので，これから推進される方はぜひ，その辺を検討していただければと思っております。

後藤　当地では泉坂下遺跡を守る会ができ，活動を始めています。今，皆さまにご指摘ただいた整備あるいは研究，保存・活用には，市民の皆さんのご協力が必要になってくると思います。こればかりは，我々だけがどんなに頑張ってもできないものです。皆さんに「いずみちゃん」が愛されて，未来に繋いでいけるように，協力していただけるようになったらいいなと思っておりますので，どうぞよろしくお願いいたします。

石川　最後に文化庁記念物課の禰冝田佳男さんが，所用があって先程お帰りになりましたが，ぜひ皆さんにお伝えいただきたいという一言が

あります。それは，昨日の講演の中で触れられたのですが，「こんな素晴らしい遺跡，こんな素晴らしい遺物があるんだから，ぜひとも，再葬墓研究センター，そういった趣旨のものを考えて下さい」ということです。先程，箱物云々というのがありましたが，箱物だけでは駄目なんですね。活動をし，そしてそこに来れば泉坂下がわかる。そして一緒に泉坂下の謎を解く。協同で歩みを進める。重要なのはそういうことなのです。これはみなさんのご協力があればできると思うのです。箱物も当然必要でありますが，そういう活動をする。泉坂下を知り，探究する。さらにそれを知るための情報を集め，社会に，世界に発信する。ぜひそういう活動をして欲しいというのが，禰冝田さんの伝言の趣旨です。

　私もそれはまったく同感でありまして，史跡があってそれでよいということではありません。史跡になっても遺跡を発掘することは不可能ではありません。遺跡の発掘を通して新しい泉坂下遺跡の魅力を知り，解き明かし，そして，次に進む。そういうことが，現在の国の史跡指定では可能になっています。あとはそういう意志があるかどうかです。ぜひとも，皆様方のお力添えをいただいて，そのような道を歩み，進めることができればいいなと思います。そのためには，皆様，ぜひよろしくお願いいたします。

　以上をもちまして，2日間にわたりました記念シンポジウム「なんだっぺ？泉坂下」を閉会といたします。ご清聴，ありがとうございました。

編著者略歴

石川　日出志
明治大学文学部教授
1954 年生まれ。明治大学大学院文学研究科博士後期課程中退。修士。著書に、『農耕社会の成立』（岩波新書・2010 年），『「弥生時代」の発見　弥生町遺跡』（新泉社・2008 年），（共著）『日本発掘』（朝日新聞出版・2015 年），（共著）『考古資料大観 1 （弥生・古墳時代土器 1 ）』（小学館・2003 年），などがある。

執筆者紹介 （執筆順）

鈴木　素行
常陸大宮市教育委員会
文化スポーツ課嘱託職員

後藤　俊一
常陸大宮市役所総務部
税務徴収課主査

萩野谷　悟
常陸大宮市教育委員会
文化スポーツ課嘱託職員

山田　康弘
国立歴史民俗博物館教授

植木　雅博
千葉県船橋市教育委員会

設楽　博己
東京大学大学院教授

小林　青樹
奈良大学文学部教授

春成　秀爾
国立歴史民俗博物館名誉教授

角田　学
福島県石川町教育委員会

梶原　文子
元・福島県会津美里町
教育委員会

阿久津　久
常総古文化研究所顧問

森嶋　秀一
栃木県立学悠館高等学校
教頭

関根　史比古
群馬県安中市教育委員会

鬼塚　知典
埼玉県春日部市郷土資料館

荒井　世志紀
千葉県香取市教育委員会

中林　香澄（コーディネーター）
常陸大宮市教育委員会
文化スポーツ課主幹

季刊考古学・別冊 29

泉坂下遺跡と再葬墓研究の最前線

定　　価	2,600 円＋税
発　　行	2019 年 7 月 25 日
編　　者	石川日出志
発 行 者	宮田哲男
発 行 所	株式会社　雄山閣
	〒 102-0071　東京都千代田区富士見 2-6-9
	TEL 03-3262-3231　FAX 03-3262-6938
	振 替 00130-5-1685
	URL　http://www.yuzankaku.co.jp
	e-mail　info@yuzankaku.co.jp
印刷・製本	株式会社ティーケー出版印刷

Ⓒ Hideshi Ishikawa 2019　Printed in Japan
ISBN978-4-639-02659-4　C0321

N.D.C. 210 148p 26cm